Beiträge

zur

genaueren Kenntnifs

des Eisenhüttenwesens

in Schweden.

von

Dr. Moritz Meyer,
Königl. Preufs. Artillerie-Offizier.

Mit fünf lithographirten Karten und Zeichnungen.

Berlin, 1829.
Gedruckt und verlegt
bei G. Reimer.

Vorwort.

Mehr und mehr Ansprüche werden jetzt an den Hüttenbetrieb gemacht, und aufmerksamer als je blickt besonders der Eisenhüttenmann auf die Gegenden hin, wo er seine Kunst in höherem Maſse ausgebildet glaubt. England wird gerühmt in Bezug auf Menge und Vielseitigkeit der Fabrikation, Schweden dagegen in Hinsicht auf die Güte des Produktes und die Verfassung des Hüttenwesens. Die Hüttenbetriebe dieser beiden Länder recht genau und in allen Beziehungen kennen zu lernen, ist daher ein in neuerer Zeit vielfach ausgesprochner Wunsch. — Das englische Eisenhüttenwesen ist kürzlich mehrfach beschrieben worden, und wir fangen an klarer darin zu sehen; vom schwedischen Betriebe aber fehlt es bis jetzt noch an einer ausführlichen Schilderung. Verfasser dieses hatte Gelegenheit den letzteren Betrieb ein Jahr lang in Schweden selbst genau zu beobachten, und mancherlei Umstände erleichterten ihm sein

Studium mehr als andern Reisenden. Er glaubte daher, was er in jenem uralten Eisenlande gesehn den vaterländischen Hüttenleuten vorlegen, und dabei als Nicht-Hüttenmann auf schonende Nachsicht rechnen zu dürfen.

Mit Freuden ergreift der Verfasser zugleich die Gelegenheit den schwedischen Beamten und Hüttenbesitzern, die auch ihm mit ihrer so oft gerühmten Gefälligkeit und Güte entgegenkamen, seinen wiederholten Dank öffentlich auszusprechen. Er glaubt die ihm bereitwilligst mitgetheilten Notizen treu benutzt, und in seinen Schilderungen sich möglichst frei von irgend einer Partheilichkeit gehalten zu haben. Diefs schien ihm die passendste Art seinen Dank zu bethätigen.

Berlin im August 1829.

Der Verfasser.

Wenn im Folgenden bei Angaben von Maafs und Gewicht nicht ausdrücklich das schwedische bezeichnet worden, so ist überall das preufsische darunter zu verstehn.

Für Nichtkenner der schwedischen Sprache sei bemerkt, dafs in den schwedischen Worten die im Folgenden unverandert beibehalten worden, der Buchstabe å wie o, o mit einem Laut zwischen o und u, u zwischen u und ü, stj und skj wie tsch, eben so k vor ö, e und i, und sk vor eben diesen Vokalen wie sch ausgesprochen wird.

Inhalt.

Erster Abschnitt.

Aeufsere Verhältnisse des Eisenhüttenwesens in Schweden.

Zweiter Abschnitt.

Die Fabrikation auf den Hütten.

Erster Abschnitt.

Aeufsere Verhältnisse des Eisenhüttenwesens in Schweden.

I. Geschichte des schwedischen Eisenhüttenwesens.

Wenn es im Allgemeinen bei genauer Betrachtung eines jeden gröfseren als ein Ganzes geschlossenen Werkes von hohem Interesse ist, ehe man die Einzelnheiten näher beschaut, zu erfahren wie sich durch die geschichtliche Entwicklung eben Alles daran so gestalten mufste wie wir es sehen, ja wenn wir erst den eigentlichen Maasstab der Beurtheilung dafür, durch die Kenntnifs der vielen Hindernisse oder günstigen Einwirkungen erhalten, die in den verschiedenen Zeiten hier entgegengestanden und dort unterstützten, — wenn diefs überall schon von äufserster Wichtigkeit ist, so wird es in dem vorliegenden Falle, in der Schilderung des schwedischen Eisenhüttenwesens, zur unbedingtesten Nothwendigkeit.

Schweden hat durch seine geographische Absonderung von Europa, durch seine Verfassung und andere zufalligere Umstände, sich fast in jeder Richtung seiner staatsrechtlichen Formen Jahrhunderte hindurch beinahe unverändert erhalten. Die meisten Gesetze, Einrichtungen und Gebräuche sind uralt, und es ist nichts Ungewöhnliches, Entscheidungen von Rechtsfragen auf Statuten die vor drei oder vier hundert Jahren gegeben, fufsen zu sehen. Von einer längst ergrauten Zeit, die in Deutschland nur für die gebildetere Klasse lebt, spricht man in Schweden als sei sie jüngst vorüber gegangen, und Gustav Wasa und Gustav Adolph stehen mit ihren Zeitverhältnissen in der Erinnerung des Volkes und des ganzen Staatsgebäudes nicht entfernter und verdunkelter da als uns etwa Friedrich der Grofse.

So ist Gegenwart und Vergangenheit in Schweden in einem bei weiten lebendigerem Verbande als in andern europäischen Staaten; und es darf daher nicht verwundern, dafs auch in dem Eisenhüttenwesen diese innige Verknüpfung von einst und jetzt hervortritt, da es hier nicht wie in andern Ländern blos einen kaum beachteten Zweig der Technik, fondern einen fast für sich bestehenden Staat im Staate bildet, in dem sich Schweden mit allen seinen Eigenthümlichkeiten abspiegelt. Diefs grofse Gebäude hat daher seine Haupt-Gesetze und Einrichtungen aus frühen Zeiten fast unverändert mitgebracht; später mengten sich in diese volksthümlichen Grundformen durch mehrfache Einwanderungen mancherlei fremde Schattirungen, die aber mit den früheren sich nicht völlig verschmelzen konnten; und so gleicht denn das schwedische Eisenhüttenwesen einem alten gothischen Baue, dessen Hauptschiff aus einer fernen Zeit sein Gepräge entlehnt, dem aber jedes spätere Jahrhundert ein Nebengebäude nach seinem Geschmacke angehängt hat, und das nun in seiner verwunderlichen und unharmonischen Zusammenstellung nur durch seine Schicksale verständlich wird.

Schwedens Geschichte reicht nicht sehr hoch über Christi Geburt hinauf; die graueste Kunde aber spricht schon von eisernen Waffen und Geräthen. Sollte man dies vielleicht für Einmengungen halten, die die Volkspoesie einer späteren Zeit sich erlaubt, so sprechen doch die in den dichtesten Wäldern, unter den Wurzeln schon ergrauter Eichen gefundenen Schlackenhaufen, deren Erzeugung bei Eisenbereitung jedem Kundigen unbezweifelt ist, deutlich für die uralte Existenz dieses noch heute in Schweden so blühenden Betriebes. In England, das von jeher mit Schweden in dieser Hinsicht gewetteifert, fand man ähnliche Schlackenhalden unter Eichenwurzeln schon ums Jahr 1600; man nannte sie dort dänische Schlacken und andere ähnliche, die unter dem Namen „römische" bekannt waren, machten über 300 Jahre die eigentlichen Fundgruben für 20 Hohöfen aus *).

Für die graueste Urzeit der Eisenbereitungsgeschichte Schwedens sind keine nur einigermaßen sichere Angaben aufzufinden, doch scheint so viel gewiß, daß Odin die Kunst Eisen zu bereiten schon besaß, als er mit den Asastämmen vom schwarzen Meere kam, und daß er Eisengruben in Schweden anlegte. Edda und Havamal sprechen davon mit Bestimmtheit, auch beschreiben alte isländische Runen, von denen Magister Ganader in seiner Mythologia fennica unter dem Namen Ilmarinen und Luonotaret einige mittheilt, deutlich die Anwendung der Morasterze und die Ursache ihrer ungleichen Eigenschaf-

*) Auch in Oberschlesien sind solche alte Halden gefunden worden; namentlich liegt eine bei Creutzburger Hütte, die man genauer untersucht hat, und auf welcher eine Eiche schon an Alters Schwäche umgebrochen ist; es wurden am unteren Theile des Stammes derselben über sechs hundert Jahrringe gezählt.

ten. Im siebenten Jahrhundert heifst Schweden oder eigentlich Dalarne schon das **Eisenland** (Jernbära), und um dieselbe Zeit waren die gothischen Waffen sehr gerühmt und im Auslande gesucht.

Wie überall in früherer Zeit aus den Erzen unmittelbar Stabeisen dargestellt wurde, so auch in Schweden. Man hat später diesen einfacheren Procefs gegen den jetzigen zusammengesetzteren, aber in vieler Hinsicht vortheilhafteren ausgetauscht; dennoch hat sich in Schweden das Ausschmelzen der Erze in den niedrigen Oefen zu Stabeisen in Dalarne und anderen nördlichen Gegenden bis fast in die neueste Zeit bei den Bauern erhalten, ja in Norrbotten soll es heute noch geschehen. — Ob die Methode höhere Oefen anzuwenden sich in Schweden wie in anderen Ländern allmählig und eigenthümlich entwikkelt, oder ob sie aus Deutschland, wo sie früher gekannt gewesen zu sein scheint, bei dem Erzhandel der schon lange vor Gustav I. von Schweden aus nach Deutschland statt gefunden hat, nach Schweden übergegangen ist, wagen wir nicht zu entscheiden, doch hatte sich, so viel ist gewifs, ehe die deutschen, französischen und niederländischen Arbeiter einwanderten, schon eine eigenthümliche schwedische Hohofen-Construction gebildet.

Dafs die See- und Morasterze zuerst verarbeitet wurden sagen die alten isländischen Gesänge; es ist auch wohl leicht begreiflich, dafs man zuerst nach Erzen griff, die leicht zu gewinnen und zu bearbeiten waren, zumal da der Phosphor den sie enthalten, wie die Erfahrung lehrt, dem unmittelbar aus ihnen erzeugten Stabeisen nicht schadet, obwohl er Kaltbruch hervorbringt, wenn man das Stabeisen erst aus dem von ihnen erblasenen Roheisen darstellt.

Die ersten **bestimmten** geschichtlichen Nachrichten kennen aber auch schon Eisenbereitung in denjenigen nördlicheren Gegenden, wo fast ausschliefslich schwerer zu reduzirendes Magneteisenerz in festem Gesteine bricht. Von ihnen hat man anfangs wahrscheinlich wieder nur die leichtschmelzigeren oder die sogenannten **Quicksteine** verarbeitet, darauf scheinen wenigstens die grünen Schlacken die sich auf vielen sehr alten Halden finden, zu deuten. Es giebt im mittleren Schweden Gruben, die im Abbau und in der Menge des gebrochenen Erzes von grauem Alter zeugen. Auch kann man bei anderen durch Urkunden wirklich bis zum Anfange des 13. Jahrhunderts zurückgehen. Vielleicht hatte der Taberg der seine Schätze unverhüllt darbietet, zuerst den Blick auf die schwarzen Erze gerichtet, und dadurch veranlafst tiefer nach anderen zu forschen, die sich dann leichter handtirbar als das trägschmelzige arme Taberz Erz gezeigt, und daher von diesem abgezogen haben mögen.

Jene älteste Eisenproduktion nun, von der wir oben gesprochen, und die wir heute Rennfeuer, Luppenfeuer nennen, hiefs in Schweden **Osmund** Schmiede, (in alten Urkunden Åssmundz.) Es scheint, dafs man im Durchschnitt bei dieser Methode nur die Hälfte des im Erze wirklich enthaltenen Eisens ausgebracht habe, und dafs die andere Hälfte verschlackt sei, woraus erklärlich wird, dafs man, wie erwähnt, in England, wo der erste Betrieb ein ähnlicher war, Hohöfen anlegen konnte, die sich dieser Schlacken als Erze bedienten. Das in den niedrigen Oefen gewonnene Schmelzstück wurde in drei bis fünf aneinander hängenden Streifen zerhauen. 24 bis höchstens 29 solcher Streifen machten 1 Pfund der damaligen Zeit. Mehrere (in verschiedenen Zeiten verschiedene) Osmundstücke packte man in ein Fafs, das man Fat hiefs. Später wog ein solches Fat 20 Kubikpfund Viktualiengewicht (3,02 Centner Preufsisch). Diese Osmundstücke und Fat wurden lange Zeit als Münze gebraucht, doch scheint es, als sei das Eisen gewöhnlich noch einmal umgearbeitet worden, um sie zu besserem gleichförmigem Stabeisen zu machen; mit Bestimmtheit ist wenigstens anzunehmen, dafs in späteren Zeiten das Osmundeisen ein wirkliches Roheisen war, als solches ausgeführt und in Deutschland zu Stabeisen und Stahl verfrischt wurde.

Der Betrieb in den Gruben und Hütten war in den ersten Zeiten nicht sehr lebhaft, zumal da er durch Seuchen und Kriege viel litt; aber die Könige, die fast ohne Ausnahme sich sehr verdient um das Eisenhüttenwesen in Schweden gemacht, fingen schon früh an ihre Aufmerksamkeit darauf zu wenden. So wurden 1340*) von König Magnus die Bergwerke den Verbrechern als Freistatt angewiesen, (wovon jedoch Mörder, Diebe und Verräther ausgenommen), und sie konnten dort Eigenthum erwerben.

In derselben Zeit tritt eine eigenthümliche schwedische Einrichtung, die in ihren Hauptumrissen noch heute vollkommen besteht, als schon ausgebildet hervor, dafs es nämlich gewisse Landstriche um gröfsere Gruben herum gelegen giebt, die man B e r g s l a g nennt, und die die Verpflichtung haben Eisen zu erzeugen, dafür aber

*) Dies Dokument mit vielen anderen das Hüttenwesen betreffenden (wovon das älteste von 1304 für die Fahlugrube gegeben) werden noch jetzt, obwohl schon ganz verlöscht, in der Kirche zu Norberg, dem ältesten Eisenwerk der heute bestehenden Hütten aufbewahrt. — Sie sind abgedruckt in Kongl. Stadgar, Förordningar och Hushållningen vid Bergverken och Bruken. Stockholm 1736.

im Besitz gewisser, besonders früher grofser Vorrechte sind; diese Hütten wurden wie auch heute noch von Bauern betrieben, und standen früher unter sich wahrscheinlich in einer Art von Verbindung, daher Bergslag (Lag: die Verbindung Einzelner zu einer bestimmten Verrichtung, etwa unser Gewerk, Knappschaft u. s. w.)

König Magnus Smek befreite 1354 diese Bergslager von der Verpflichtung Reisenden Vorspann zu geben, wenn nicht der König oder sein Stellvertreter reisten; doch legte er dafür den Hütten unmittelbar einige Abgaben auf.

Die Habsucht der Geistlichkeit, der die meisten und besten Gruben gehörten, vernachläfsigte die Eisenerze um edleren Metallen nachzuspüren. Auch von der 1470 aufgenommenen Dannemora-Grube hatte sich der erzbischöfliche Stuhl von Upsala ein Viertel zuzueignen gewufst, unter der Versicherung, dafs St. Erik die übrigen drei Viertel desto mehr segnen würde; doch sollte die Grube, wenn man kein Gold und Silber darin fände, der Krone ganz zurückfallen. — Durch diese geringe Sorgfalt für Abbau der Eisenerze verringerte sich die Eisenproduktion sehr; dennoch war sie im Durchschnitt von Mitte des 14ten bis Ende des 15ten Jahrhunderts noch auf 80,000 Centner anzunehmen.

Gustav der I. Wasa führte eine neue Periode für den schwedischen Eisenhüttenbetrieb herbei. Man weifs aus den Urkunden jener Zeit, dafs es schon als er zur Regierung kam Roheisen in Schweden gab. Es wurde in Galten (Tacken) gegossen, woher es denn auch in den Urkunden Tackejern (Galteneisen) und heute Tackjern heifst. Diefs sowohl als das ihm damals schon sehr nahe stehende Osmundeisen, ja sogar die Erze wurden ausgeführt, und Schweden kaufte von Deutschland, besonders über Lübeck das Stabeisen zurück. Diefs Mifsverhältnifs konnte dem scharfen Auge Wasa's nicht entgehen, und er wandte alle seine Staatsklugheit und Energie an, um den Verdienst den die Deutschen an sich zu ziehen gewufst, dem jüngst befreiten Vaterlande als Aufhelf und künftige Stütze zu sichern. Er verbot sogleich die Ausfuhr des Erzes und des Roheisens. Das Osmund erkannte er als ein nachtheiliges Mitteldding von Roh- und Schmiedeeisen, suchte seiner Bereitung entgegenzuarbeiten, und im Allgemeinen Roheisen-Erzeugung an die Stelle zu setzen, um so mehr, da die kleinen Osmundhütten schlechten Wasserzugang zum Treiben der Balge, und nur immer höchst kurze Betriebe hatten, wodurch die Produktion sehr verringert wurde. So heifst die Weckuhütta (Wochenhütte) in Wermland noch heute nach dem Betriebe der nur eine Woche dauerte; Bornshütta (Brunnenhütte) hatte selbst noch in spaterer Zeit so geringen Wasserzuflufs, dafs man das Rad mit der Hand fest halten konnte u. s. w.

Gustav verlangte, dafs die Abgaben der Hütten an den Staat, die noch jetzt mit wenigen Ausnahmen in Eisen bestehen, nicht in Osmundeisen, sondern in Roheisen entrichtet würden, indem, wie in dem Befehl ausgesprochen, das Osmundeisen „im Inlande nicht zu brauchen sei, und im Auslande nicht geachtet werde."

Doch nicht blos dem durch diese Ausfuhrverbothe nothwendig im Lande erwachenden Betriebsfleifse überliefs er die Förderung der Eisenproduktion, er rief auch einen Theil jener Arbeiter die bisher in Deutschland das schwedische Eisen weiter behandelt hatten, nun herüber nach Schweden, ja sehr viele, z. B. aus der Gegend von Danzig, die bis dahin nur von dem Umschmelzen und Ausschmieden der Osmundstücke gelebt, wanderten durch dies Verboth brodlos geworden, freiwillig ein, und noch häufiger geschah diefs, nachdem auf dem Reichstage von Norrköping die Ausfuhr des Osmundeisens wiederhohlt verbothen worden war. So wurde die deutsche Frischmethode die auch jetzt noch in Schweden unter dem Namen Tysksmide mit einigen Modifikationen allgemein im Gebrauch ist, dort bekannt, und verdrängte allmählig die Osmundschmelzerei ganz, die sich nur in Dalarne, Herjeodalen und Westerbotten noch länger erhielt.

Gustav legte viele neue Gruben und Hütten an, war selbst Theilnehmer am Betriebe, und munterte dadurch die Vornehmen des Reichs auf, sich für einen Erwerkszweig zu interessiren, der bis dahin eigentlich nur in den Händen unwissender Bauern gelegen hatte.

Durch die oben genannten Einschränkungen mufste die Ausfuhr im Allgemeinen sehr abnehmen, da die Stabeisen-Fabrikation natürlich einiger Zeit zur Verbreitung bedurfte. Der König ging aber noch weiter; er bewog die Hüttenbesitzer 1554 ein Jahr lang auch kein Stabeisen auszuführen, und so die fremden Kaufleute zu zwingen, in Schweden selbst das Eisen zu festgesetzten hohen Preisen aufzukaufen. 1555 finden wir denn das Stabeisen zum erstenmale als Ausfuhrartikel aufgeführt, doch konnte selbst am Ende von Gustavs Regierung der jährliche Export noch nicht wieder über 30,000 Centner sich aufschwingen, während er wie erwähnt bei Antritt derselben, Gufs- und Osmundeisen in einander gerechnet, an 80,000 Centner betragen.

In den letzteren Jahren seines Lebens hatte er die Sorge für die Eisengruben und Hütten seinem Sohne Karl, später als Karl IX. bekannt, übertragen. Von gröfstem Interesse sind seine Briefe an ihn, die sich über

Einzelnheiten des Grubenbaues und Hüttenbetriebes aussprechen. Als Gustav die Theilung des Reiches unter seine Söhne anordnete, übergab er Karl diejenigen Provinzen als Herzogthum, wo der neu entstandene aufblühende Betrieb heimisch geworden war, und gab ihm dazu die Königlichen Hütten, so wie die schon gefundenen und noch etwa aufzufindenden Erzlager. Seine Wahl war scharfsichtig, denn Karl verlor selbst spater als König diese kräftig aufwachsende Pflanzung seines Vaters nie aus dem Auge; er legte viele neue Gruben und Hütten an, z. B. den ganzen Karlskoga Bergslag, und zog die durch General Flemming vertriebenen Finnländer zu ihrer Förderung heran. 1607 rief auf des Königs Befehl Chenon, ein geflüchteter französischer Hugonotte, viele seiner geschickten Landsleute und auch Wallonen nach Schweden, die sich bei Dannemora niederliefsen, und theils als Arbeiter aller Art dienten, theils selbst Hütten anlegten. Von ihnen stammen die vielen französischen Namen die man heute noch in den Familien der Eisenhütten-Arbeiter findet, auch manche Ortsnamen sind durch sie entstanden, so heifst z. B. die Pardixhütte nach den zehn Aktionären (par dix) die sie anlegten u. s. w. Ihre Thätigkeit zeigte sich deutlich durch die grofse Menge von Nageln, Harnischblechen u. s. w. die nun mit auf die Liste der Ausfuhr kamen. Es befanden sich unter ihnen Geschützgiefser, Hohöfner, Former, Drathzieher, Schmiede, die ganz neue Gewerbe einrichteten, und das Hüttenwesen bedeutend förderten.

Karl gab allen neu anzulegenden Hütten sechs Freiheitsjahre, entband sie von Werbung, befreite neue Gruben von Abgaben, und erbot sich ihr erster Erzkaufer zu sein.

Was Karl IX. überhaupt für die Eisen-Fabrikation geleistet hat, ist aus dem bedeutend vergröfserten Export von Stabeisen und Manufakturwaaren ersichtlich, der um so wichtiger wurde, da um dieselbe Zeit sich die Eisenbereitung in England, mit dem Schweden fast immer um den Vorrang streiten mufste, ebenfalls durch Einwanderer sehr gehoben hatte. — Mit welchen grofsen Schwierigkeiten aber trotz aller Begünstigung die Ansiedler in Schweden kampften, ersieht man aus der Antwort die jener Chenon dem Könige Gustav Adolph gab, als dieser ihm zur Belohnung für seine vielfache Bemühungen die Hütte die jetzt Storforfs heifst zum Lehn überlassen wollte: „der Hammer ist der Teufel und der Hohofen die Hölle" und es vorzog ärmlich auf dem Lande den Rest seines Lebens zuzubringen.

Abermals eine neue Periode erblühte für den schwedischen Eisenhüttenbetrieb unter der unruhigen aber seegensreichen Regierung Gustav Adolphs. Dieser grofse König verfolgte mit allem Eifer und aller Kraft die weisen Plane seiner Vorganger, und vergafs mitten in den Stürmen einer wild bewegten Zeit, und auf den blutigen Feldern Deutschlands nicht die fernen stillen Schachte, und die in den Waldern hämmernden Hütten, die seinem Reiche die festeste Stütze werden sollten. — Der Grubenbau war um jene Zeit in Schweden, wie er es jetzt leider wieder ist, weit hinter den kunstvolleren und dem Berghaushalt mehr entsprechenden Bauen anderer Lander zurück. Der deutsche Mineur-Hauptmann Grisback ward deshalb als Ober-Bergmeister angestellt; er ordnete einen kunstgerechten Grubenbau an, richtete bessere und ökonomischere Aufförderungskünste ein, besonders bei Sala, wo bisher die Förderungen, die nun durch Wasser geschahen, durch Pferdegöpel verrichtet worden waren, was dem Staate jährlich 3000 Tonnen Getreide und an 12000 Tagswerke gekostet hatte. — Die deutsche Frischerei bildete sich dabei um diese Zeit mehr aus. Während man bisher kleine und immer wandelbare Lederbälge gebraucht, zeigte Hans Steffens, ebenfalls ein Einwanderer, den Nutzen der hölzernen, wodurch der Betrieb um vieles erleichtert und verbessert wurde. Die Regierung erbaute neue Hütten, verpachtete sie aber, weil man wufste sie würden dann besser benutzt werden. Die Frischhütten mufsten sich aus den eigentlichen Berglagern auf die mehr von den Gruben entlegenen Landstriche wenden, damit die Wälder zunächst den Gruben nur für das Ausschmelzen der Erze benutzt werden konnten (ebenfalls ein noch bis heute bestehender Grundsatz); überhaupt wandte man ein aufmerksames Auge auf die Walder, in die leider noch jetzt, damals aber gewifs noch mehr, auf eine unwirthschaftliche Weise mit Feuer und Axt eingedrungen wird. Es wurde eine Art von Waldordnung eingeführt, und ein Oberjägermeister ernannt.

Ein nicht minder wichtiger Schritt war die Einrichtung eines besondern General-Bergamts 1630, das unter Königin Christine den Namen: Bergs-Collegium, den es noch führt, erhielt; bis dahin hatte das Kammer-Kollegium die Bergsgeschäfte mit unter sich gehabt, und ihnen bei seinen vielfachen anderweitigen Verrichtungen nicht die Aufmerksamkeit schenken können, die ihm eine eigends vorgesetzte Behörde widmete. Diese hatte nicht blos die Aufsicht über die der Krone selbst zugehörigen Bergwerke, sondern sie sollte die Bergleute, worunter man in Schweden die Bauern versteht die Antheile an Gruben und Hohöfen haben, auf den besten Betrieb aufmerksam machen, daher in den Provinzen junge unterrichtete Leute halten, und Reisende nach Deutschland und Niederlande, den damaligen Vorbildern für den Eisenhüttenbetrieb, schicken, um dort den Berg- und Wasserbau zu erlernen. Das Collegium bestand aus einem Präsidenten und vier Assessoren, die alle Edelleute und ohne Antheil an irgend einem Bergwerks-Betriebe sein mufsten. — Dieses Berg-Collegium arbeitete bald nach seiner Gründung die Instructionen für die Bergmeister, die Hohöfner- und Frischmeistergilde aus, die von der tiefsten und umfassendsten Kenntnifs zeigen, und der heutigen Verfassung und den Gesetzen dieses grofsen Eisenstaates, fast unverändert zum Grunde liegen.

Man wirft in neuerer Zeit, wo man alles gern so frei als den Vogel unter dem blauen Himmel sähe, dieser Verfassung vor, sie habe Privilegien und Korporationen hervorgerufen, die dem Gewerbsfleifse hemmend entgegen getreten seien. Es ist uns hier nicht vergönnt tiefer auf die allgemeine Frage einzugehn, ob überhaupt eine solche Freiheit wie sie heute oft gefordert wird, sich mit der Idee eines Staatsverbandes vertrage, und ob nicht dagegen bei einem zeitgemäfsen und wohlbegründeten Zunftwesen Gewerbefleifs und Industrie nicht allein bestehen, sondern sich sogar blühender entfalten können, als bei einem völligen sich selbst Ueberlassensein der Gewerbetreibenden, und bei absoluter Vereinzelung der Kenntnifs und der Kraft. Für den vorliegenden Fall lafst sich aber leicht nachweisen, dafs ohne diefs Zunftwesen es unmöglich gewesen wäre die vereinzelten Hütten, in denen jeder wieder sehr viele Theilnehmer jeder für sich schmelzen, von dem Verbrauchen der vielen roth- und kaltbrüchigen Erze abzuhalten. Wäre diefs geschehen, so würde schwedisches Eisen nie zu dem Rufe gekommen sein, der ihm den Absatz selbst nach Ländern denen es an eigenem Eisen nicht mangelt, sichert, der sogar noch bei ziemlich rohem Betriebe es wenigstens in der öffentlichen Meinung als etwas nie tauschendes, als etwas zugleich unerreichbares feststellte; — niemals wäre es ferner dabei gelungen den Fortschritten die Wissenschaft und Kunst im In- und Auslande machte Einflufs auf den Betrieb zu verschaffen, da heute selbst, wo jene Institutionen volle Befugnifs gegeben Verbesserungen zu befehlen, es dennoch kaum möglich ist sie allgemein zu verbreiten, und den vollen Nutzen den sie dem Einzelnen und dem Lande durch Kohlenersparung, gröfseres Ausbringen u. s. w. tragen könnten, davon zu ziehen.

Das Bergs-Collegium liefs Grund- und Bergbücher anlegen, es nahm alle Gruben, Ströhme, die als treibende Kraft zu benutzen waren auf, mafs die Walder, und suchte Platze für neue Anlagen; zugleich wurden Gesetze über das Verkohlen, über den Handel mit Erz, mit Roheisen und Kohle, über die Rechte des Auffinders neuer Erzstrecken, über das Zurückweisen des schlechten Eisens von der Ausfuhr u. s. w. entworfen oder neu zusammengestellt, so dafs der Frischfeuer-Besitzer vor Betrug der Roheisen-Verkaufer, und der Auslander wieder gegen Betrügerei des Hütten-Besitzers geschützt war. Das Frischfeuer wurde gesichert hinsichtlich seines Bedarfs an Gufseisen, und der Hohofen wegen Absatzes seines Produktes; kleine Abgaben an den Gruben machten für diese plötzliche Bauten und Reparaturen weniger unangenehm; bei den Hohöfen die von Gewerken betrieben werden, wurde dafür gesorgt, dafs der Eine nicht auf Unkosten des nach ihm im Schmelzen folgenden sich bereicherte; überhaupt wurde nun eine solche polizeiliche und juridische Verfassung festgestellt, dafs sie mit wenigen Aenderungen Jahrhunderten trotzen, und einen bisher unerschütterlichen inneren und äufseren Kredit begründen konnte.

Zu den Personen die auf Schwedens Eisenhüttenwesen, und somit auf Schwedens Wohlstand den mächtigsten Einflufs gehabt, gehört Louis de Geer, ja unter den Privatpersonen ist er, obwohl Ausländer, der Erste. Er war Hollander und in der Heimath in der Ausübung seiner Religion gekränkt, mit bedeutendem Vermögen nach Schweden eingewandert. Er streckte dem damals sehr geldarmen Staate bedeutende Summen vor, ja er rüstete sogar spater selbst eine Flotte aus. 1618 wurde ihm Finspång *) mit vielen anderen nahe gelegenen Kirchspielen vom Staate an Zahlungsstatt und 1640 die Gegenden um Dannemora für neuere Zahlungen abgetreten. In Finspång wo bis dahin nur ein kleiner Ofen gewesen war, liefs er zwei gekuppelte Hohöfen, oder wie man in Schweden sagt, einen Hohofen mit zwei Schachten bauen, bestimmte sie zum Geschützgufs und legte drei Bohrmaschinen an. Durch Anlage dieser sich nur mit Geschützgufs beschaftigenden Hütte, die also auch nur den Einen Gesichtspunkt vor Augen hatte: die zum Geschützgufs geeigneten Erze, und die vortheilhafteste Ausschmelzungsmethode aufzufinden, erwuchs Schweden ein neuer Erwerbszweig, der, wenn er auch weniger ergiebig war als die Stabeisenausfuhr, doch zum Rufe des schwedischen Eisens im Auslande bedeutend beitrug, und durch Bestellungen von allen Staaten Europas, ja sogar von Aegypten aus bis jetzt im regen Fortschreiten erhalten worden ist. Ein Glück für diesen neu aufblühenden Erwerbszweig ist es, dafs später (1739) als die Be-

*) In Ostgothland bei Norrköping.

sitzer der Geschützgiefsereien (Styckebruk) nebenbei Frischfeuer anzulegen wünschten, für die sie, wenn eben keine Geschütze bestellt seien, Roheisen blasen wollten, ihnen diefs untersagt, und ihnen der Gufs als einziger Fabrikationszweig zugewiesen wurde. Ihre Aufmerksamkeit blieb dadurch vollkommen ungetheilt, und nimmt man eine besondere Geneigtheit der Erze ein haltbares und hartes Geschützeisen bei einem natürlichen Hohofengange zu geben hinzu, so wird es dadurch erklarbar, wie man ohne grade zu irgend einer früheren Zeit absichtliche vergleichende Versuche anzustellen, allmählig doch und gewissermafsen von selbst auf die Erze und Prozeduren kam, die ein Geschütz liefern das man wenigstens für besser hält als die in anderen Ländern erzeugten, und wie man sogar zuletzt Feldgeschütz zu giefsen wagen durfte, was eben nur in Schweden mit einiger Hoffnung zuerst versucht werden konnte.

L. de Geer brachte nach dem verarmten Godegård-Kirchspiel die um Lüttich verbreitete Handschmiedekunst, wo Nägel, Hufeisen, Hufnägel, Sensen u. s. w. fabrikmäfsig gemacht werden. Man war Anfangs sehr gegen dies Gewerbe eingenommen, gewöhnte sich aber spater daran, und nahm es allgemein an, als es sich bei einbrechenden drückenden Zeiten als ein sicherer Ernährer bewahrt *) hatte; die Kirchspiele Hammar und

*) Ein alter Vers spricht sich über dies Finden in die drükkende Nothwendigkeit ziemlich naiv aus. Er lautet in seinem Genre nachgeahmt etwa so:

Der Grubenbau hat ganz aufgehört
Wovon wir sonst uns gut ernährt;
Wir schmieden neue Nagel und derlei
Und kommen just nicht um dabei.

Lerbäck haben diesem Nahrungszweige später auch viel zu danken.

Sehr viel that L. de Geer für Dannemora's Aufkommen. Obwohl die Gruben schon lange angebaut waren, so hatte man doch nur Rennfeuer dort gehabt, und 1552 waren nur 328 Centner Stabeisen ausgeschmiedet worden. L. de Geer verschrieb nun Eisenarbeiter aller Art aus dem Pays des Vallons *), die die dort gebräuchliche Frischerei, die sogenannte Wallonenschmiede, die mit einer Abart, der Halbwallonenschmiede, noch heute ausschliefslich bei den Dannemora-Werken besteht, einrichteten, und dadurch ein viel gröfseres Ausbringen der Frischerei, als bei der deutschen Methode möglich ist, herbeiführten. Sie brachten dadurch und durch die guten Eigenschaften des Produktes die dortigen Hütten bald in Flor, in dem sie sich bis heute erhalten haben.

Die Wallonen führten eine längere Blasezeit ein, und mit Hülfe der hölzernen Bälge die Steffens mitgebracht, wurde auch das tägliche Ausbringen vermehrt, so dafs man nun wohl schon 30 Wochen blies, statt der früheren 8, und statt eines täglichen Ausbringens von höchstens 26 Centnern schon auf 41 kam. Wie weit

---

An Käs' und Butter thuts wohl nicht fehlen
Doch bekommen wir kein Geld zu zählen *).

*) Die Schmiede werden nämlich fast ganz in Lebensmitteln bezahlt s. w. unten.

*) Diese Wallonen erhielten sich lange von den schwedischen Familien abgesondert, und verheiratheten sich bis vor etwa zwanzig Jahren nur unter sich; bei den Dannemora-Werken ist noch heute ein Artikel Paye de Vin unter der Ablohnung der Arbeiter, auch sind in die technische Sprache noch mehrere andere französische Ausdrücke übergegangen z. B. Tournée für Schicht u. s. w.

man in dieser Hinsicht heute gediehen ist, werden wir später genauer angeben, um aber doch einen ungefähren Vergleichspunkt zu haben, sei hier nur gesagt, dafs die Blasezeit selten jetzt jene 30 Wochen überschreitet, dafs aber auf den Bergsmannshütten wohl Kampagnen von 6 Wochen und noch kürzere vorkommen. Das Ausbringen ist sehr verschieden, die armen und trägschmelzigen Tabergserze geben bei gutem Betriebe 34 Centner, die Dannemora-Erze dagegen bis 132 Centner täglich.

Zur weiteren Verarbeitung des Eisens waren schon 1626 die Gewehrfabrik in Norrtelge, später die Klingenschmiede in Vira, die Ankerschmiede in Söderforss, und sehr viele Fabriken angelegt worden, nachdem schon die ersten Anfänge von Manufakturschmieden, z. B. die Bereitung von Wagebalken, Sägeblättern, Ankern u. s. w. bei Hennicke, die Stahlbereitung in Hüttelf unter Gustav Wasa angelegt waren; nun vermehrten sich diese Anlagen bedeutend, und die Landstriche, welche die ganz Europa verwüstende Pest seit fast zwei Jahrhunderten öde gelegt hatte, fingen an sich wieder zu bevölkern und aufzunehmen. 1680 war die Eisenausfuhr schon jährlich auf 395,000 Centner gestiegen. 1687 hatte Nora Bergslag der jetzt nur mit 14 Hohöfen blafst, deren 44, die jährlich 37,000 Centner Gufseisen erzeugten, während die jetzt bestehenden über 80,000 Centner liefern, da im Durchschnitt jeder Ofen 20 Wochen blafst und täglich 42 Centner gewinnt.

Unter der Regierung der Königin Christine, der wir schon vorgegriffen haben, wurden noch einige wichtige Gesetze entworfen; so wurde z. B. festgesetzt, dafs Niemand Frischer bleiben durfte, der nicht in einer Wochenschicht wenigstens 28 Centner Roheisen oder 35 Centner Osmundeisen (was ohngefähr mit dem sehr weifsen zu

Wallonenfrischerei bestimmten Roheisen gleichen Kohlengehalt haben mochte) verfrischte. Von 384 bis 400 Pfund (was später auf 416 vermehrt wurde) mufsten bei Strafe 320 Pfund Stabeisen gewonnen werden. Wer dagegen mehr als diefs verfrischte sollte belohnt werden. Es wurde befohlen, dafs jede Hütte ihr Eisen mit besonderem Stempel bezeichnen solle, und dafs es den Metallwagen zustehe schlechtes Eisen zurückzuweisen, und den durch den Stempel erkannten Verfertiger zur Strafe zu ziehen, auch wurden zu dem Ende besondere Eisenbeschauer bei den Wagen angestellt.

Wiederholt wurde die Ausfuhr des Osmunds verbothen, doch mufs es auch damals noch nicht ganz aufgehört haben, da 1739 (?) ein erneuertes Verbot, und zwar mit Androhung von Strafe gegeben ward.

Unter Karl X. wurden durch einen Deutschen, Rademacher, die Werke von Gustav-Adolphsstadt bei Eskilstuna errichtet, und viele Schwarz- und Feinschmieden angelegt.

Der grofse Reichshaushalter Karl XI. vermehrte die Ausfuhr innerhalb 16 Jahren von jährlich 395,000 Centnern bis zu 600,000. Unter ihm geschah durch Hjärne viel für Mineralogie und Chemie, durch den genialen Polhem ward die Mechanik umgestaltet, Odelius vervollkommnete den Bergbau, Geiser die Markscheidekunst u. s. w. 1734 wurde eine vorzüglich gute Waldordnung gegeben, worin die Schonung des Waldes und Wiederbepflanzung der kahlen Stellen befohlen ward, und die, wenn man ihr getreu nachgelebt hätte, manchem Misstand der sich noch jetzt zeigt wahrscheinlich schon damals abgeholfen haben würde.

Unser Blick falle nun auf das mit Schweden wettstreitende England. Die Eisenproduktion hatte sich dort sehr vermehrt, und auf Schonung des Holzes war kein Rücksicht genommen. Die Hütten wurden von einem Orte zum anderen verlegt, allein schon war fast kein Stelle mehr wo die Alles verschlingenden Hohöfen noch auf einige Zeit hätten Nahrung finden können. — Schon vor Cromwell hatte man es vielfach versucht nach Steinkohlen zu greifen, allein es scheint nicht als sei es damit geglückt. Um 1615 hatte man in England 300 Hohöfen die nach Duddley in seiner Abhandlung über das Eisen 2,450,000 Centner, nach anderen aber nur 1,050,000 Centner erzeugten, und 500 Frischfeuer, die nach Duddley 1,450,000 Centner Stabeisen, nach anderen nur 790,000 Centner, bereiteten. 1630 hatte man noch etwa 800,000 Centner jährlich in England erzeugt, und einen Theil davon ausgeführt, dagegen um 1700 mufste man, um nur den eigenen Bedarf zu decken, schon 395,000 Centner jahrlich einführen, wodurch sich der starke Eisenhandel unter Karl XI. leicht erklaren lafst. — Doch hatte sich in dieser Zeit der russische Eisenhüttenbetrieb um Moskau bereits so sehr gehoben, dafs viel Eisen von dort nach England verschickt ward, und also Schweden mit Rufsland die Vortheile theilen mufste.

Karl des XII. Kriege entvölkerten das Land, hemmten die Schifffarth und brachten den Geldkurs sehr ins Schwanken. Nur Alte und Krüppel arbeiteten noch. Trotz Englands Bedarf für die Flotten, trotz Frankreichs Eisenconsumtion in seinen zahlreichen Manufakturen, waren die Eisenpreise doch sehr unsicher. Von 1703 bis 1711, wo man allein von Gothenburg aus jahrlich 149,000 Centner verschifft hatte, war der Preis bis $4\frac{1}{2}$ Thaler Silber pro Centner gewesen. 1718 fiel er bei geringer Ausfuhr auf 3 Thaler, dann kam er 1725 auf 6 Thaler. 1737 stand er wieder $4\frac{1}{4}$ Thaler. Um nur einigermafsen den aus so sehr ungleichen Preisen und Exportsquantitäten nothwendig hervorgehenden Verlegenheiten der Hüttenbesitzer abzuhelfen, war erlaubt worden gegen Pfandlegung des Eisens Anleihen in der Bank zu machen *); diese Anordnung gab aber zu vielen Mifsbräuchen Anlafs; die Besitzungen fingen an Gegenstand des Tauschhandels zu werden, sie kamen, und mit ihnen die Hütten in schlechte Hände; der Eisenhandel wurde fast nur von Agenten fremder Häuser betrieben, die den Preis unter sich nach Belieben feststellten. Nach 1743 zeigten sich schon die schädlichen Wirkungen dieses unvortheilhaften Zustandes, und es scheint hier zuerst die Idee der Errichtung einer Schutzwehr dagegen entstanden zu sein.

So wurde denn in Folge dieser beunruhigenden Aussichten 1745 beim Reichstage der Beschlufs gefafst, die Hüttenbesitzer die schon von längerer Zeit her eine Corporation unter dem Namen der Bruks-Sozietät unter sich gebildet hatten, zu veranlassen unter sich Summen zusammenzuschiefsen, und sich gestützt auf diese die Eisenpreise auf einem gewissen mäfsigen Standpunkte gegenseitig zu garantiren. Zur Verwaltung der Fonds, und Ausführung der Prozeduren die zum Erhalten der Preise auf diesem Punkte nöthig sein dürften, wurde eine eigene Deputation, die sich immer in Stockholm aufhalten sollte, erwählt. Das ganze Institut erhielt den Namen des Eisen-Comptoirs (Jernkontor). Die Abgabe zur Bildung eines Fonds bestand in einem Kupferthaler (heute etwa $10\frac{1}{8}$ Pfennig preufsisch) von jedem Schiffpfund das auf die Wage gebracht wurde; nach einem späteren Abkommen mufste der Käufer diese Abgabe erlegen. Mit diesen Summen sollten auf den Eisenmärkten Einkäufe

*) Ebenfalls heute noch gebräuchlich.

gemacht werden, wenn der Preis unter den bestimmte Satz zu fallen drohte; dabei sollten die Hüttenbesitze das Recht haben, wenn sie nicht zu ihnen genehmen Preisen verkaufen konnten, ihr Eisen zu deponiren, und gegen 4 Prozent Zinsen Summen darauf aufzunehmen — Es wurde festgesetzt, dafs die Vorsteher des Eisen komptoirs, die Bevollmächtigten, bei der all drei Jahr statt habenden Versammlung der Bruksso- zietät gewählt werden, und dafs diese sich selbst dann noch einen vierten erwählen sollten. Spater wurde noch als sich die Manufakturschmieden (diejenigen Frischereien wo die feineren Eisensorten, Nagel, Bleche u. s. w. bereitet werden) an dieses Institut anschlossen, ein fünfter Bevollmachtigter hinzugefügt *). Die Rechnungen des Comptoirs sollten durch Deputirte der Brukssozietat revidirt und dechargirt werden.

Man beschlofs das Schiffspfund Stabeisen nicht unter 43 Thaler Kupfergeld weggehn zu lassen; gleich beim ersten Markte zeigte sich das Vortheilhafte dieser Einrichtung. Die Gothenburger Kaufleute boten nur 40 Thaler, da aber das Eisenkomptoir eine Quantitat aufkaufte, und auf das Andere Gebote machte, stieg der Preis bis auf 46 Thaler, was nun auch von den Gothenburgern bezahlt wurde. Das Eisenkomptoir hatte dabei nur 1200 Schiffspfund wirklich gekauft, ein Quantum das kaum etwas mehr als die Halfte seines damaligen Vermögens in Anspruch nahm. Diefs vermehrte sich aber schnell, indem es von der Stockholmer Wage allein binnen drei

*) Bei dieser Gelegenheit ward eine Medaille geprägt, deren eine Seite das Brustbild König Friedrichs, die andere ein Frischfeuer mit der Devise: bortor amare focos zeigte, und an besonders fleifsige Arbeiter vertheilt.

Monaten 100,000 Thaler Kupfergeld einnahm. Der Betrag des ersten Jahres war überhaupt 300,000 Thaler Kupfergeld gewesen.

Man ging später 1766 von dem ursprünglichen Plane ab, die Eisenpreise nöthigenfalls durch Ankäufe nicht unter gewisse Mittelsätze kommen zu lassen, wahrscheinlich weil man dies Mittel für auf die Dauer unzureichend oder auch unausführbar hielt, und suchte dagegen Verlegenheiten der Hüttenbesitzer und dadurch erzwungenes Losschlagen zu niedrigen Preisen durch Vorschüsse vorzubeugen, was man sehr gut bis auf den heutigen Tag durchführen konnte, da die Fonds sich bedeutend mehrten, und überdiefs dem Eisenkomptoir von den Reichsständen ein Credit von 300,000 Thalern (Preufsisch) zu geringen Zinsen bei der Hauptbank eröffnet wurde.

Neben diesem wesentlichen Vortheile den das Institut dem schwedischen Eisenhüttenwesen vor dem aller anderer Länder sicherte, möchte man die Ausbildung der Hüttenkunde die man diesem herrlichen Institute zu danken hat, einen noch viel gröfseren und wichtigern nennen. Auf bewundernswürdige Weise hat es diese Ausbildung bewirkt, theils durch Besoldung beaufsichtigender und belehrender Personen, theils durch das kräftigste Unterstützen aller Forschungen, aller Versuche, die oft nur entfernte Aussicht auf tieferes Eindringen in die mannichfachen Dunkelheiten der Eisenproduktion verhiefsen, ferner durch Aufmunterung aller Art, die selbst den niedrigsten Hüttenknecht nicht vergifst, und endlich durch Verbreitung der Fortschritte des Auslandes bis in die fernste Hütte die an Lapplands Fjällen liegt. Das Wirken und Streben dieses vortrefflichen Institutes giebt uns ein nachahmungswürdiges Muster von zusammenhaltender Kraft und eng verbundenem Fortschreiten Vieler zu einem Ziele. Im schwedischen Eisenhüttenwesen finden wir nicht, wie in so vielen Ländern, das vereinzelte Streben des Einzelnen in seiner besonderen Richtung, ohne dafs ihm dabei das durch Andere schon Errungene, was gewöhnlich mit dem Erringer wieder ausstirbt, zu Hülfe kommt. Hier sehen wir nicht das Zurückhalten mit Wissen und Verstehen was in vielen Landern vielleicht den Einzelnen vorübergehend mehr Vortheil sichert, aber durch die egoistische Ansicht dem Vaterlande und den Mitbürgern selbst dann noch entzogen wird, wenn es dem Einzelnen eben schon nicht mehr nützen kann; hier tritt würdiger an dessen Stelle ein dem Staatenverbande entsprechendes Zusammenwirken aller zu einem Zwecke, zum Wohlstande des Vaterlandes, der dem Einzelnen seinen Seegen auch nicht vorenthalt.

In seiner bisherigen Existenz scheint dem wohl begründeten Institute nur Ein Sturm und zwar bald nach seinem Entstehen gedroht zu haben. Auf dem Reichstage von 1756 debatirte man viel darüber es ganz abzuschaffen, weil es den Wechselkurs verderbe. Obgleich nun dieser Vorschlag zurückgewiesen ward, so gab man dem Comptoir doch eine neue Verfassung, die es sehr abhängig von den Ständen machte, allein die alte Form wurde bald (1769) wieder hergestellt. — Einkaufe hat es, so viel wir erfahren, nur 1770 noch einmal gemacht, die zwar zu seinem Nachtheil ausgefallen sind, doch für den Eisenhandel vorheilhaft gewirkt haben.

Wenn es auch spateren Abschnitten überlassen bleiben mufs, die wichtigsten durch die Bemühungen des Eisenkomptoirs und der Brukssozietat entstandenen Einrichtungen genauer zu betrachten, so gehört in die Entwickelung der Geschichte nothwendig doch ein kurzer Ueberblick alles dessen was sie für Verbesserung und

Fortbildung des Eisenhüttenwesens gethan, weil eben diess den Standpunkt bedingt, auf dem wir es heute finden.

Die der Zeit nach erste und den Folgen nach bedeutendste Einrichtung die von dem Eisenkomptoir ausging, war die Anstellung von eigenen Beamten neben denen schon von der Regierung mit der Aufsicht über die Hütten beauftragten. Wenn diese Letzteren vermöge ihres Amtes eigentlich nur die Verpflichtung hatten die juridischen Verhältnisse theils der Hütten unter sich, theils der Hütten gegen den Staat zu beachten, daher die Erzeugung von schlechten Produkten zu verhüthen, die Autorisationen zu Anlage neuer Gruben und Werke, die Abgaben an die Regierung u. s. w. anzuordnen und zu reguliren, so hatte das Eisenkomptoir die Absicht belehrende Beamten auf eigene Kosten anzustellen, die dafür sorgten, dafs die Hütten nicht blos nicht gesetzwidriges sondern möglichst gutes und dabei möglichst wohlfeiles Eisen produziren möchten; es sollte, da die in Schweden vorkommenden Erze sich so sehr verschieden im Schmelzen verhalten, jeder Hütte gezeigt werden, wie sie die ihr sich darbiethenden am vortheilhaftesten behandle, wie schlechten Hohofengängen am besten vorzubeugen sei u. s. w. Es hatte sich was die Einwanderer an Kenntnifs mitgebracht durch Tradition in der Hohöfnerzunft erhalten, und durch die zum Gesellen- und Meisterwerden nöthigen Prüfungen hatte man sich zwar immer versichert, dafs die angestellten Arbeiter wenigstens nicht ganz ohne alle Kenntnifs seien, allein sehr vermehrt konnte sich bei diesem blos handwerksmäfsigen Verpflanzen des praktischen Verfahrens vom Meister auf den Lehrling, der kleine Fond den die Einwanderer in jener frühen Zeit mitgebracht, nicht haben; es hatten sich im Gegentheil die allgemeinen Erfahrungen in den verschiedenen Gegenden sehr vereinzelt und auf bestimmte Fälle gerichtet, und dadurch sowohl, als auch durch das mit Unwissenheit gewöhnlich verschwisterte Vorurtheil und Hangen am Hergebrachten, hatte sich eine Menge von Unbedeutenheiten in der öffentlichen Meinung als wichtige Dinge festgestellt; diefs beweist z. B. das Beibehalten der verschiedenen Ofenconstruktionen die die Einwanderer der zwei oder drei Nationen aus ihrem Vaterlande mitgebracht, bis weit über die Mitte des vorigen Jahrhunderts. Fortschaffen dieser Vorurtheile und Einführen eines allgemeinen richtigen Prinzips war der Eine Hauptzweck, Forschungen um das von Vorurtheilen befreite Gewerk nun auch auf systematischem, und gewissermafsen schon wissenschaftlichem Wege rüstiger als bisher einer höheren Vollkommenheit zuschreiten zu lassen, der Andere. Insbesondere wollte man die Roheisenbereitung, die in der Ausbildung weit hinter dem Frischprozefse zurückgeblieben war, fördern. — Bei der allgemeinen Zusammenkunft der Brukssozietät im Eisenkomptoir 1751, wurde daher, nachdem schon 1749 der den Eisenhüttenleuten aller Nationen rühmlichst bekannte Swen Rinmann nach Roslagen geschickt worden, um dort die Gufseisenproduktion zu beaufsichtigen, das Bergscollegium gebeten, einen praktisch und wissenschaftlich gebildeten Eisenhüttenmann wahrend dreier Jahre auf Kosten der Gesellschaft zu Anstellung von Probebetrieben im Hohofen zu bestimmen; es sollte dieser zugleich die übrigen Hütten bereisen, und die Hohofenmeister so wie die andern Arbeiter über den besten Verbrauch ihrer Erze, über die beste Ofenconstruktion und Zustellung belehren. — 1753 wurde ein solcher Beamter interimistisch angestellt, und mit einer Instruktion des Bergcollegiums versehen. — 1755 hatte sich schon der Nutzen so bewährt, dafs man noch einen zweiten Hüttenmann interimistisch anstellte, und 1757 beschlofs die Sozietät, dafs für immer solche Beamten unter dem Namen Oefvermasmästare (Oberhohofenmeister) angestellt, und von dem Eisenkomptoir besoldet werden sollten; es wurden also förmlich drei solcher Oberhohofenmeister bestallt, worunter sich auch Rinmann befand, und dabei festgesetzt, dafs das Eisenkomptoir das Recht haben solle, passende Subjekte zu den erledigten Stellen vorzuschlagen, dafs aber der König die Bestatigung geben müsse. 1760 wurde ein vierter Oberhohofenmeister angestellt, und nun die Gegenden Schwedens wo sich Hohofen befinden in vier Distrikte getheilt, deren Ausbreitung man auf der Karte No. I. ersieht. Die Details der Obliegenheiten dieser Oberhohofenmeister werden spater angegeben werden. Hier genügt es zu sagen, dafs ihnen zu ihrer belehrenden auch eine Art obrigkeitlicher Autoritat zugestanden ward, um ihren Anordnungen ein gröfseres Gewicht zu geben.

Die guten Folgen dieses abgesonderten Beamtenetats waren zu auffallend und wichtig, als dafs man nicht hatte bemüht sein sollen sie noch mehr allgemein zu machen, und sich für diese so einflufsreichen Stellen immer geeignete Subjekte heranzuziehen. Es wurde deshalb die Aufsicht der Oberhohofenmeister auch auf die Frischhütten mit ausgedehnt; 1805 stellte man einen besondern Direktor über sämmtliche Eisenwerke an, der alle drei Jahr von der Brukssozietat aus der Zahl der Oberhohofenmeister erwählt wird; die Schwarzschmieden, wozu alle weiteren Eisenmanufakturen gehören, bei welchen die Waare nicht feiner geschliffen und polirt wird, erhielten auch einen eigenen Direktor; zum Beistande und künftigen Ersatze der Oberhohofenmeister wurden Eleven angestellt; zur praktischen Unterstützung noch besonders Werkmeister. Auch die Bergmechanik, ein so wichtiger Gegenstand, blieb nicht unbeachtet, und es ward für diesen Zweig ebenfalls ein eigener Beamtenetat eingerichtet.

Aber nicht bloſs mit Anstellung dieser Beamten lieſs es das Eisenkomptoir bewenden, auch durch Aufmunterung und Unterstützung, die es kenntniſsreichen Mannern zuwandte, forderte es diese theils zur Ausarbeitung allgemein verstandlicher Handbücher, theils zu tieferen wissenschaftlichen Untersuchungen und deren öffentlichen Bekanntmachung auf, und trug die Kosten des Druckes und Papieres. Um dieſs Verdienst und seine Wichtigkeit anschaulich zu machen, müssen wir uns einige Worte über den schwedischen Buchhandel zu sagen erlauben.

In Schweden konnte der Buchhandel von jeher zu keiner sicheren Begründung gelangen; der wesentlichste Grund scheint Mangel an Paketposten im Lande zu sein; dadurch sind die Buchhandler unter sich in keinem Verkehr, dadurch ferner im Auslande schwer schwedische Werke zu erhalten, und hierdurch wieder ist die Bekanntschaft mit der schwedischen Sprache und Literatur im Auslande sehr gering; man ist also hinsichtlich des Absatzes auf die wenigen Leser in Schweden und höchstens in Norwegen beschrankt, kann deshalb nur sehr kleine Auflagen, gewöhnlich von 3 bis 500 Exemplaren machen, und da diese nur Unbedeutendes einbringen, so kann auch dem Schriftsteller kein Honorar gebothen werden das ihn aufmunterte oder auch nur ihn kümmerlich schadlos hielte. In noch höherem Maſse ist dies nun mit den Werken der Fall, die, wie z. B. die mit Eisenhüttenwesen sich beschaftigenden, nur einen kleinen Theil des ohnehin kleinen Publikums interessiren, und noch durch Kupferplatten vertheuert werden. Aus diesen

Gründen waren früher bis auf einige Abhandlungen, die sich in chemische lateinisch geschriebene Werke, oder wenn sie schwedisch waren, in die Schriften der Akademie der Wissenschaften mit untergebracht, eigentlich keine Abhandlungen über Eisenhüttenwesen in Schweden erschienen, und was jene mit durchgebrachten Arbeiten betrifft, so konnten sie nur wissenschaftlich oder staatsökonomisch sein, und hatten daher für den eigentlichen praktischen Hüttenmann wenig Werth.

Das Eisenkomptoir aber, immer bereit verdiente Männer zu unterstützen und ihnen die Arbeit leicht und erfreulich zu machen, rief nun eine ganze Reihe ausgezeichnet guter Werke hervor, die besonders in neuerer Zeit auch in Hinsicht der aufseren Form alles übertreffen was bis dahin in Schweden erschienen; der gröfste Theil dieser Werke mit den saubersten Kupferstichen versehen, wurde nicht blos zu wohlfeilen Preisen verkauft, sondern auch umsonst an die Beamten des Bergkollegiums und Eisenkomptoirs so wie an die meisten Hütten vertheilt, und auf diese Weise gemeinnützig gemacht, was in anderen Ländern nur in den Handen der reicheren Hüttenbesitzer sich befinden kann.

Um von den vielen gröfseren und kleineren Schriften die jenem Institute die Existenz verdanken, nur die bedeutenderen zu nennen, müssen wir mit Rinmanns in Deutschland vielfach gekannten und gerühmten Untersuchungen den Anfang machen. Er erweiterte was Schéele und Bergmann Einzelnes gefunden durch eigene Forschungen zu einem gröfseren Ganzen, hielt aber, seinen Zweck vor Augen habend, sich mehr an die praktische Seite, und gab neben gröfseren Werken, als Jernets Historia, Bergwerkslexikon u. s. w. auch andere nur praktisch belehrende, z. B. über Stahl- und Eisenveredlung, die sehr vielen Nutzen stifteten, heraus. Fast eben so bedeutend für seine Zeit und einflufsreich waren Nordwalls Werke über Wasserbauten u. s. w. — Noch wichtiger aber wurde für die praktische Richtung Garney's Handbuch des schwedischen Hohofenbetriebes; dieses Buch, was wirklich auf jedem Ofenkranze und bei jeder Timpelflamme gelesen wurde, und noch jetzt des Hüttenmannes Rathgeber bei allen schwierigen Vorfallen ist, hat die bis zu seinem Erscheinen (1791) immer noch bestehenden, durch die mehrfachen Einwanderungen mitgebrachten verschiedenen Prinzipe des Hohofenbaues und die vielen Vorurtheile allmahlig fast ganz verdrangt, und die beigegebenen Kupferstiche mit allen ihren Buchstaben sind so ins Hüttenleben übergegangen, dafs man bei der neuen Umarbeitung 1814 durch Lidbek es vorzog die alten obwohl schlechten Platten unverandert wieder abzuziehen, als neue stechen zu lassen, um nicht den Hüttenmann durch einen ihm weniger vertrauten Anblick zu stöhren, oder zu entfremden. Ueber dieses Werk ist im Inlande nur Eine Stimme, und das Ausland selbst, für das es nur einen mittelbaren Werth haben kann, hat durch Uebersetzen in mehrere Sprachen gezeigt, wie hoch es ihm stehe. Garney konnte bei der Bearbeitung kein auslandisches Werk, ja kaum einige inlandische Aufsatze von Algulin, Christiern, v. Stockenström und Quist benutzen, und es ist also rein aus der Praxis Schwedens hervorgegangen, ist ein geläutertes Resumé, und mufste deshalb eben so leichten und kraftig wirkenden Eingang finden.

Die völlig vergriffene erste Auflage machte eine zweite und nach den heutigen Fortschritten umgearbeitete nöthig, die wie erwähnt, 1814 vom Oberhohofenmeister Lidbek im Auftrage der Brukssozietät übernommen ward. So viel Gutes dem Guten in dieser Umarbeitung zugeflossen ist, so ist sie doch wie es scheint, mitunter tiefer in theoretische Erläuterungen eingegangen, als es für den bloſsen Hüttenarbeiter passend wäre; allein wenn, als Garney die erste Auflage schrieb, die Theorie noch wenig tieferen Aufschluſs über die Prozesse der Technik gab, und daher mit ihr verbrüdert in ein und demselben schlichten Gewande auftreten konnte, so ist sie heute höher gestellt, und der Hüttenbesitzer oder Hüttendirigent muſs billiger Weise mehr wissen von den Gesetzen der Natur, als der schlichte Arbeiter, dem es genug ist zu lernen wie er jene Gesetze eben in seinem Falle benutzt. Man hat deshalb mit Recht aus dieser neuen Umarbeitung einen catechetischen Auszug: „Handbuch für Hüttenarbeiter" gemacht und vertheilt, der die besten Dienste leistet.

Mit Unterstützung des Eisenkomptoirs erschien von 1806 bis 1811 eine Zeitschrift: Samlingar i Bergvetenskapen, herausgegeben von Svedenstjerna und Lidbek, die theils inländische, theils ausländische Fortschritte in leicht faſslichem Tone mittheilte, und Vorschläge zu Verbesserungen machte, unter welchen besonders Einführung des Abwägens der Erze statt des bisher gebräuchlichen Abmessens zu nennen ist, da in neuerer Zeit so viel über diesen Gegenstand verhandelt worden. Vorzüglich gut ausgefallene Betriebe wurden mit allen Details zum Muster aufgestellt, auch wurden schon einige Erz-Analysen mitgetheilt.

Svedenstjerna und Broling gaben ihre Reisen durch England heraus. Letzterer beschrieb die Guſsstahlbereitung und die englischen Gieſsereien überhaupt ausführlicher, als sie unseres Wissens noch in anderen Sprachen erschienen.

Der jetzt dem schwedischen Eisenhüttenwesen vorgesetzte, sehr verdiente Direktor David af Ure machte 1811 bis 1813 auf Kosten der Brukssozietät Versuche über die vorheilhafteste Verkohlungsart, und gab einen ausführlichen Bericht darüber, und eine neue Modifikation an den Meilern 1814 ebenfalls auf Kosten der Sozietat heraus (Berättelse om Kolnings Försök). Er entwarf zugleich auf Wunsch der Sozietät einen Auszug für die Köhler selbst (Handbok för Kolare) der jetzt schon seine dritte Auflage erlebt.

Ueber den Zustand der Bergsmechanik entwarf der sie dirigirende Gustav af Ure 1817 einen Bericht den das Eisenkomptoir drucken liefs.

Um das fliefsende Wasser, das bis jetzt fast ausschliefslich die bewegende Kraft der Geblase und Hammer in Schweden ist, durch eine geschickte Anwendung und durch die richtigste Construktion der Rader u. s. w. möglichst kraftig zu benutzen, wurden 1811 bis 1815 auf Kosten der Sozietat von eben so gewandten Mathematikern und Mechanikern als gescheuten Hüttenleuten (Lagerhjelm, af Forselles und Kallstenius) bei den Gruben zu Fahlun Versuche angestellt. Die daraus hervorgehenden Resultate machte die Sozietat durch den Druck 1818 bekannt (Hydrauliska Försök).

Zur Belehrung der Frischer gab die Sozietät heraus: Underattelse för Bruksagare och Hammarsmede; rörande Stångjernsmidet af Lars Rosborg) die nun schon wieder aufgelegt wurden.

Englands Eisenbereitung neuerdings wieder mit Schweden wetteifernd, hatte die Augen der Sozietat auf sich gezogen, insbesondere aber der Puddlingsprozefs, und da einige frühere Versuche glücklichere Resultate als die gewöhnliche Frischerei zu geben schienen, so wurde beschlossen einen Versuch im Grofsen, der zu sicherem Resultate führte, anzustellen. Die Ausführung wurde dem Director David af Ure übertragen, der eigends deshalb nach England reiste, und endlich die nicht günstig für die Puddlingsfrischerei ausgefallenen Versuche 1825 dem Publiko vorlegte (Berättelse om de på Bruks-societätens Bekostnad åren 1819 till 1822 vid Skebo Bruk anställda Puddlingförsök, jemte några upplysningar om Jerntillverkningen i England).

Das Wichtigste aber für die Kenntnifs des heutigen Zustandes des Eisenhüttenwesens in Schweden ist die seit 1816 erscheinende Zeitschrift: Jern Contorets Annaler, die schon mehrere Herausgeber gehabt hat, jetzt aber von dem Professor und Vorstand der Bergschule Dr. Sefström redigirt wird. Alljährlich kommen ein bis zwei Bände von unbestimmter Bogenzahl (zuweilen bis zu 24) heraus. Diese Zeitschrift enthält verhältnifsmäfsig wenig Ausländisches, dagegen sehr viele Originalschriften, worunter besonders zu nennen die alljährlichen ausführlichen Auszüge aus den Berichten der Oberhohofenmeister über den Zustand in dem sie die Hütten gefunden, über die vorgenommenen Verbesserungen, über Probebetriebe die sie mit neu aufgefundenen Erzen angestellt u. s. w., ferner neue theoretische und praktische Ideen der schwedischen Eisenhüttenleute, Analysen der Erze und Schlakken u. s. w. Wenn Schwedens Hüttenbetrieb, wie zu hoffen steht, binnen Kurzem bedeutende Resultate gewinnen dürfte die ihn zur Wissenschaft erheben, so glauben wir sei man den Dank dafür besonders dieser Zeitschrift schuldig, denn erst seit sie die Mittel der Mittheilung und öffentlichen Besprechung, des Vergleiches der Resultate die auf den verschiedenen Hütten aus verschiedenen Erzen auf demselben Wege erreicht werden, darbietet, seit sie die Aufmunterung die dem Einen sorgfältigen Hohöfner für das Führen von Journalen u. s. w. geworden, Allen bekannt macht, ist es möglich theoretisch fortzuschreiten, und die Facta der Praxis, die sonst auf den wenigsten Hütten zuverlässig oder brauchbar waren, zu benutzen.

Obwohl zu den Jern Contorets Annaler gehörig, doch ein eigenes Werk von 36 Bogen bildend, sind die Versuche die Dichtigkeit, Gleichförmigkeit, Widerstandsfähigkeit, Dehnbarkeit und Starke des gewalzten und geschmiedeten Stabeisens zu untersuchen von Lagerhjelm, eine der ausgezeichneten Schriften der neueren Zeit, die sich auch jetzt schon durch Pfaffs Uebersetzung in den Handen der deutschen Mechaniker und Hüttenleute befindet.

Binnen Kurzem wird eine neue ausgezeichnete Bearbeitung der Rinmannschen Anleitung zur Kenntnifs der Eisen- und Stahl-Veredlung, durch seinen nun verstorbenen Sohn Karl Rinmann begonnen und dem Oberhohofenmeister Starbäck beendet, erscheinen. Projektirt seit mehreren Jahren, aber noch nicht begonnen ist ein Handbuch für Hüttenbaumeister.

Wenn diefs nun die wichtigsten Werke sind die das Eisenkomptoir dem Publikum gegeben, ja man möchte wohl sagen geschenkt hat, so müssen wir hier noch andere Mittel erwähnen, deren man sich seit jene Fonds zusammengeschossen sind, bediente, die Fortschritte des Eisenhüttenwesens von dem rohen handwerksmafsigen Treiben auf dem es sich vor 50 bis 60 Jahren befand, zu einem geregelten Betriebe, der bestes und ökonomischstes Produkt liefert, zu fördern. Besonders bestehen diese angewandten Mittel in Ausschickung Reisender nach England, Deutschland und Frankreich, in Belohnung besonders verdienter Beamten und fleifsiger Arbeiter, in Aussetzen von Prämien, Anlegung von Modell-Mineralien- und Produkten-Sammlungen, Aussetzungen von Pensionen für alte Hüttenleute oder ihre hinterlassenen Familien u. s. w. Schon 1767 waren Summen zu folgenden Gegenständen bestimmt: 1) Verstärkung der Fonds der gröberen Eisenmanufaktur, 2) Besoldung der Oberhohofenmeister und des übrigen Etats, 3) Prämien zu Aufmunterung der Frischerei, 4) Ermuntern der Köhlerei, 5) der verfallenen Malmletare- (Erzaufsucher-) Kunst, 6) Nachrichten und Sammlungen von ausländischem Hüttenbetriebe. — Aufserdem unterstützte das Komptoir verunglückte Hütten und gröfsere Unternehmungen, wie z. B. früher die Manufakturanlagen in Eskilstuna; neuerdings wieder bewilligte man 20,000 Thaler schwedisch Banko als Anleihe im Anfange, und die Hälfte davon später zum Geschenk für die Anlage eines Ankerketten-Walzwerkes. Es schofs das Eisenkomptoir zu den Exportprämien die früher den Manufaktur-Eisenwaaren gegeben, bedeutend zu, gab Preisaufgaben und zahlte freiwillig jährlich 3333 Thaler Banko an die Staatskasse als Unterstützung. Es hat zu Anlagen von Wasserkommunikationen bedeutend beigetragen, den Grubenbau verbessert, neue Handelswege eröffnet u. s. w. So gab es ferner vor der Einrichtung des Eisenkomptoirs fast kein Eisenmanufakturwerk in Schweden, und dieser nun blühende Handelszweig dankt sein Gedeihen nur diesem nach allen Seiten gleich uneigennützig und kräftig wirkenden Institute.

Sollte man nun aber nach Durchsicht der in Folgendem entworfenen möglichst getreuen Schilderung des heutigen Standpunktes des schwedischen Eisenhüttenwesens finden, dafs Schweden darin im Allgemeinen auf keiner höheren Stufe der Ausbildung als andere Lander stehe, ja dafs sogar in vielen Einzelnheiten es dem Auslande nicht gleich komme; und sollte man nun wie billig fragen: wie kommt es denn, dafs bei einem Institut wie dieses, dessen kein anderes Land sich erfreut, bei einem rastlosen und kraftigen Hinstreben auf Vervollkommnung das Resultat dennoch kein höheres ist? so sei es uns erlaubt, diese Frage nach den Gründen die wir dazu haben auffinden können, gleich hier beantworten zu dürfen.

Forschen wir genauer nach der Quelle aus dem die höhere Vollkommenheit in andern Landern geflossen, so finden wir, dafs dies England sei. Dort aber verdankt man die höhere Ausbildung nur dem allmahligen Untergange der Walder. So lange England sein Eisen mit Holz bereitete, war es, so viel wir wissen, in der Kunst der Eisenbereitung nicht weiter als Schweden. Der Holzzugang wurde geringer von Jahr zu Jahr, und man war gezwungen aus dem alten gewohnten Gange sich gewaltsam herauszureifsen, und nach neuen Mitteln zu forschen. Nach vielen vergeblichen Versuchen, bei denen allen man aber, obwohl sie nicht zum Ziele führten, doch viel lernte, gelang es endlich die Steinkohle an die Stelle der Holzkohle zu setzen, die nun eine bei weitem sichrere und vortheilhaftere Bereitung darbot, aber zugleich einen sehr regelmafsigen, genauen Betrieb, starke Geblase und solide Oefen erforderte. Zu den starken Gebläsen fehlte es im Ganzen an von der Natur gegebenen Kräften, man mufste zu künstlichen greifen, zu den schon für andere Zwecke sehr ausgebildeten Dampfmaschinen; dadurch wieder konnten nur reiche Leute Hütten haben, die mehr für Fortschritte empfanglich und bemüht sind, und die nun auch alle die einzelnen Nebenzweige, Formerei, Walzwerke u. s. w. als zu ihrem Erwerb unumgänglich nöthig mit Unterstützung aller anderen schon für sich so weit gediehenen technischen Künste, weiter ausbildeten. Von England hohlten dann die anderen Länder theilweise den Steinkohlenbetrieb, und von diesem wieder ward auch ihr Holzkohlenbetrieb belehrt, und zur Nachahmung angefeuert; überall sind mehr oder weniger Begüterte die Besitzer, die meisten Hohöfen sind neu angelegt, und benutzten bei ihrem Entstehen schon alle bis dahin gewonnenen Resultate.

Wie ganz anders war es und ist es dagegen in Schweden. Hier lag der Hohofenbetrieb mit wenigen Ausnahmen ursprünglich ganz, und bis zur neusten Zeit noch zur Hälfte in den Händen armer und unwissender Bauern. Die Erze gaben bei ungekünstelter Prozedur ein gutes Produkt, die vielen Seen und Bäche bothen hinreichende Kräfte für die schwachen Gebläse, die die kleinen Oefen zur Genüge füllten. Der Verdienst war klein aber hinreichend in einem wohlfeilen Lande; von jeher fehlte es an Geld und an Händen; die anderen technischen Künste schlichen ihren langsamen Gang fort, der Verkehr und die Mittheilung war gering; die Hohöfen bestanden einmal in ihrer möglichst wohlfeilen Construktion, die allenfalls jeder Hohöfner selbst baute; — wie sollte da Veranlassung entstehen grofse Verbesserungen vorzunehmen, und wo sollte man die Kräfte finden sie auszuführen. Allmählig nur konnte die Vervollkommnung vorschreiten, und das hat sie denn auch, zumal in dem letzten halben Jahrhundert, in dem die Wirksamkeit des Eisenkomptoirs nur sichtbar werden konnte, gethan, und wie der Vergleich zeigt, die besten Resultate herbeigeführt. Es ist gelungen, mit wenigen Oefen und weniger Kohle dasselbe in noch kürzerer Zeit zu leisten al zuvor; man baut besser und zweckmäfsiger als sons man benutzt die Naturkräfte mit mehr Vortheil, und in dem man das Wasser besser anwenden lernte, konnte man einen grofsen Theil der in Schweden so kostbaren Erde die zu den Dammen verwendet worden, dem Ackerbau zurückgeben; Erze die man sonst als unbrauchbar ver warf, hat man jetzt mit grofsem Nutzen verschmelzen gelernt; durch die verringerte Kohlenkonsumtion, aber auch durch verbesserte Verkohlung und Verminderung des Verlustes dabei, hat man eine gröfsere Schonung des Waldes bewirkt, und dadurch Schwedens Hüttenbetrieb vor dem ihm gefährlichsten Feinde, dem Holzmangel, mehr gesichert; durch allmähliges Einführen des Abwägens der Erze, statt des bisher gebräuchlichen Abmessens, hat man eine Gleichmäfsigkeit des Ganges und des Produktes herbeigeführt, die früher unbekannt war; man hat nach und nach bessere und stärkere Gebläse eingerichtet, — und hat also, um hier schon abzubrechen, mehr geleistet mit den geringen Hülfsmitteln als irgend zu hoffen, oder bei geringer kräftigen Anstrengungen zu erreichen gewesen wäre *).

---

*) Mit welchem Vorurtheile man selbst heute noch zuweilen zu kämpfen hat, möge das folgende kleine Beispiel beweisen. In Wermland sollte 1826 ein verfallener Hohofen umgebaut werden. Die Gewerkschaft verstand sich zu manchen selbst kostbaren Veränderungen; als man aber die Lage des Hohofens in sofern ändern wollte, dafs statt wie bisher die Brustseite nun die Rückseite gegen das Wasser gekehrt werden sollte um eine kürzere Radwelle und gröfseren Hüttenraum zu gewinnen, widersetzte sich die Gewerkschaft, weil sie glaubte nur bei der alten Stellung des Ofens glückliche Kampagnen erhalten zu können. Gründe für diese Meinung hatten sie nicht,

Wenn wir nun in flüchtigen Umrissen die Wirksamkeit des Eisenkomptoirs, als des Centralpunktes der Bruks-sozietät, und den Nutzen den es gestiftet bis in eine neuere Zeit verfolgten, so mufsten wir der Geschichtserzählung nothwendig theilweise vorgreifen, und es bleibt uns jetzt erst nachzuhohlen, wie sich die kommerziellen und überhaupt äufseren und anderweitigen Verhältnisse der Hütten seit 1750 bis heute gestalteten. Wenn unsere in Folgendem vorgelegten Nachrichten darüber etwas lückenhaft sind, so bitten wir es mit den sparsamen Hülfsquellen die sich dafür vorfinden, entschuldigen zu wollen.

Kurz vor 1750 hatte sich die Ausfuhr wieder sehr vermehrt, obwohl Rufsland auch bedeutende Summen exportirte. Aus schwedischen Hafen waren 1750 831,900 Centner Stabeisen, 52,000 Centner Manufaktureisen und 13,000 Centner Gufswaaren, worunter viele Kanonen *), ausgeführt worden. England brauchte für seine Flotten und grofsen Bauten ungeheuere Eisenmengen, und hatte selbst von seinen 300 Hohöfen nur noch etwa 59 die 340,000 Centner Eisen gaben. — Auf dieser Höhe hielt sich, einige kleine Aenderungen abgerechnet, die Eisenausfuhr Schwedens. Der schwankende Geldkurs der aus früheren Mifsgriffen hervorging, brachte aber nun dem

---

aber es gelang auch nicht durch Gründe sie vom Gegentheile zu überzeugen, und der Ofen mufste die alte Lage erhalten.

*) Holland nahm damals, besonders für Kauffahrer, sehr grofse Quantitäten Geschütze, die alle über den Kern gegossen, und wenn sie nur die Probeschüsse aushielten, hinsichtlich der Dimensionen nicht weiter untersucht wurden. Finspång allein führte um diese Zeit jährlich mehre Tausend Geschütze aus.

Betriebe grofsen Schaden, und er erhielt sich nur durch die grofse Nachfrage vom Auslande her.

Die um diese Zeit neu umgearbeiteten Hohöfner- und Frischhütten-Verordnungen, halfen vielen Mifsbräuchen die sich allmahlig eingeschlichen ab, und nahmen Rücksicht auf die Modifikationen, die Zeit und einige wiewohl nicht so sehr bedeutende Fortschritte in der Hüttenkunde nothwendig gemacht. Diese Verordnungen gelten noch heute, und wenn auch ein oder der andere Hüttenmann eine abermalige Umarbeitung, die er eine Zeit gemafsere nennt, wünscht, so ist doch der gröfsere und bewährteste Theil der Hüttenmänner der Meinung, dafs obwohl vielleicht einige wenige Modifikationen daran vorzunehmen seien, doch es mehr an zu lauer Handhabung der an sich vortrefflichen Verordnungen, als an diesen selbst liege, wenn der Zweck derselben nicht immer erreicht werde.

Um 1770 hatte sich der Betrieb von einem durch die genannten Kursschwankungen schlechten Jahrzehent kaum erhohlen können, da die Getreidepreise gestiegen waren, was für die Hüttenbesitzer, die ihren Arbeitern einen Theil des Lohns in Getreide zu einem festgesetzten niedrigen Preise entrichten müssen, einen grofsen Schaden herbeiführt. Der Krieg in Amerika aber belebte den Handel, der Getreidepreis sank wieder, und der Wohlstand hob sich von Neuem.

Viele glückliche Umstände trugen dazu bei, die Zeit von 1780 bis 1800 zu der blühendsten für Schwedens Eisenbetrieb zu machen. Die Getreidepreise fielen, die französische Revolution führte Rüstungen herbei, sie stöhrte die Manufakturen in Belgien und am Rhein, es wurden Verbesserungen im Betriebe gemacht u. s. w. Der Durchschnitt der Ausfuhr von 1792 bis 1800 betrug

890,000 Centner Stabeisen, 92,000 Centner Manufaktur und kleinere Gegenstände für 66,000 Thaler schwedisch Banko (35,200 Thaler.) Man glaubte, daſs diese Produktion, die wenn man die Consumtion im Inlande mitrechnet, bis nahe an 1,300,000 Centner steigt, die gröſste ist die Schweden überhaupt bei nicht übermäſsigem Angreifen des Materials, besonders des Holzes, hervorbringen kann.

Ueberall entstanden neue Eisenhütten. Frankreich von aller Zufuhr zur See abgeschnitten, muſste selbst Eisen erzeugen, und kam auf 197,000 Centner Stabeisen; in Schlesien machte der um dieſs Land so sehr verdiente Minister von Reden die Anlagen Friedrichs des Groſsen zu sehr bedeutenden Werken; Süddeutschland hob seine Eisenproduktion und schiffte nach dem mittelländischen Meere aus. Spanien führte an 230,000 Centner nach den Colonieen. Ueber alle hinaus wuchs nun aber England, dem seine Steinkohlenöfen und Puddlingfrischerei gelungen war. Wenn 1740—1788 nur noch 26 Hohöfen mit einer Produktion von 197,000 Centner übrig gewesen, und erst 53 für Steinkohlen mit 70,000 Centner Produktion erbaut waren, so standen 1796 schon wieder 121, die 1,700,000 Centner jährlich erbliesen. 1802 betrug die englische Eisenbereitung 2,300,000 Centner, und es wurde dabei von 1797 bis 1802 jährlich für drei Millionen Thaler Guſswaaren und grobe Manufaktur erzeugt, dabei aber doch etwa für 130,000 Thaler fremdes Stabeisen eingeführt. 1805 bestanden 220 Hohöfen, wovon 169 im Gange waren die 3,400,000 Centner Guſseisen bereiteten, und die Stabeisen-Fabrikation stieg auf 18 bis 2,100,000 Centner; der Import von ausländischem Eisen betrug etwa 500,000 Centner. In neuester Zeit beträgt die Produktion 5,479,000 Centner.

Den Import in England theilte Schweden fortdauernd bis jetzt mit seinem Nebenbuhler Rufsland, und bald mufste es ihm mehr bald weniger davon abtreten; auch hatten die beiden Lander gegenseitig auf die Eisenpreise Einflufs; im Allgemeinen scheint der Preis des englischen Eisens jetzt durch die Kosten so aufgetrieben zu werden, dafs das schwedische Eisen, obgleich Ausfuhrzoll, Einfuhrzoll, Transport, Assecurance und alles eingerechnet in England es um 50 Prozent theurer machen als in Schweden selbst, doch nur etwa 18 Prozent mehr kostet als das englische. Die geringe Güte, die Rothbrüchigkeit und Unzuverlassigkeit des englischen Stabeisens haben England immer genöthigt fremdes Material zu den feineren Arbeiten und zu denen wo es auf gröfsere Sicherheit ankommt, zu kaufen, obwohl Einzelne behaupten, dafs z. B. Harpunen, Anker u. s. w. besser von gegerbtem englischen als von schwedischem gemacht werden.

Auch in Deutschland und Frankreich wird für Arbeiten die ein ganzes, dichtes und festes Eisen fordern das schwedische gesucht, und meist theurer als das inlandische bezahlt. So ging auch schwedisches Eisen bis nach dem Mittelmeer, Afrika, ja bis Isle de France.

Die glückliche Periode von 1780 bis 1790 hatte ein allgemeines Ringen nach Theilnahme an diesem so vortheilhaften Geschafte in der Nation erregt, und würde gewifs von einem grofsen Nutzen für Betrieb und Land gewesen sein, wenn man Erweiterung des Gewerbes zugelassen hatte, indem die Industrie die vortheilhaftesten Conjunkturen sicher genügend benutzt hatte, und Anlagen bis in den entfernteren und waldreicheren Theilen des Landes entstanden waren. Allein man glaubte das Gegentheil, und die Hüttenbesitzer hatten sich von Gustav III. eine Verordnung ausgewirkt, die 1000 Thaler

Banko Strafe auf blofses Ansuchen um neue Privilegien setzte. Man hatte sich deshalb andere Kanale allmahlig eröffnet, um eine gröfsere Menge zu bereiten, und als endlich 1803 die langersehnte Erlaubnifs, ja sogar eine Ermunterung kam neue Frischhütten anzulegen, waren die günstigen Verhaltnisse bereits verschwunden; dazu kam, dafs das lange Sehnen nach Erlaubnifs Veranlassung wurde, dafs man der Privilegien so viele auf einmal erbat, dafs die Gufseisenfabrikation lange nicht zureichte; es konnte daher ein Theil dieser Privilegien viele Jahre lang gar nicht benutzt werden, und die wirklich neu angelegten Frischereien arbeiteten, da sie doppelte Abgabe gaben, lange Zeit mit dem gröfsten Schaden. Diese durch 1803 entstandenen neuen Frischereien sind auf 148,288 Centner gegen doppelte Abgabe (2 Prozent) in Eisen zu zahlen, und 61089 Centner gegen baare Abgabe priviligirt worden.

Die Kasse des Eisenkomptoirs, um dessen wieder zu gedenken, hatte sich um 1796 schon ein so grofses Kapital gebildet, dafs die Brukssozietat eine weitere in solchem Maafse fortschreitende Vergröfserung für unzweckmafsig hielt, und daher verordnete, dafs man jedem Brukspatron eine Unterstützung zur Bestreitung des Transportes (forsellhjelp) von etwa drei Pfennigen für den Centner ($2\frac{1}{4}$ Schillinge pro Schiffspfund) der die Eisenkomptoir-Abgabe gegeben, zurückzahlen sollte, so lange die Kasse darunter nicht leide; diese Unterstützung ist fast die ganze Abgabe die früher an das Eisenkomptoir gemacht wurde, da diese nur wie gesagt 1 Kupferthaler = $2\frac{1}{4}$ Schilling Banko pro Schiffspfund ausmacht.

Als sich nach 1803 die neuen Schmieden bildeten entstand die Frage, ob und wie diese mit Antheil an der

Kasse des Eisenkomptoirs gewinnen könnten, und die Brukssozietät liefs sich überaus billig finden. Sie verlangte nur, dafs die Eintretenden, die ihre Einkaufssumme baar bezahlen wollten für 17½ Jahr den Kupferthaler pro Schiffspfund ihres Privilegiums nachzahlten (während die Alten schon seit 1750 bis 1793 zahlten, von wo an die zurückerstattete Forselhjelp die Abgabe aufwog); wer aber nicht gleich baar diese Summe entrichten wollte, der solle für 20 Jahre zahlen, doch so, dafs ihm dies von der Anleihe die er nun aus der Kasse zu entnehmen berechtigt ward, in der Art abgezogen werde, dafs in fünf Jahren sein Beitrag entrichtet sei. — 1814 hatten sich schon für 11706 Schiffspfund neue Frischereien eingekauft. — 1820 wurde der Einkaufspreis auf 30 jahrige Erstattung erhöht.

Der Export *) schwankte von 1800 an mehrfach, doch ist der Absatz immer hinreichend grofs geblieben. 1803 bei einem Steigen des Preises von 7 bis 9 Thaler Banko pro Schiffspfund wurden versendet 1,123,602 Centner. 1804 934,200 Centner. 1805 stieg er wieder auf 1,065,311 wogegen er 1806, nachdem der Preis sich aber bis 10 Thaler erhöht, auf 888,241 Centner zurücksank. — Es fehlen uns nun die Angaben auf mehrere Jahre, doch wissen wir, dafs das Schwanken sich nicht viel von diesen mittteren Summen entfernte. 1817 finden wir auch wieder eine Ausfuhr von 862,277 Centner, und 1818 von 1,049,535 Centner. Diese Mittelzahlen halten sich auch bis auf die neueste Zeit. 1820 war der Export 942,112 Centner, und für die Jahre 1821 bis 1824 folgende:

*) Das im Inlande jahrlich verbrauchte Stabeisen beträgt im Durchschnitt 140 bis 150,000 Centner.

Jahr	Stabeisen	Gröbere Manufaktur	Summa
	Centner	Centner	Centner
1821	831139	68832	899971
1822	915082	73258	988340
1823	1060880	74128	1135008
1824	911458	75242	986700

Von 1826, dem letzten Jahre dessen Berechnung bereits zu erhalten war, fügen wir sie um einen deutlichen Begriff des Exportes zu geben, im Detail bei.

An Gufseisen wurde exportirt:

Kochgeschirre	3537	Centner
Oefen	73	—
Kanonen	1437	—
Roheisen	17894	—

Verschiedene Waaren für 10943 Thaler

An Stabeisen und Manufaktur wurde exportirt:

Stabeisen	865,369	Centner
Anker	1196	—
Bandeisen	11175	—
Bund-, Rundeisen	20300	—
Hammer	136	—
Platten aller Art	8457	—

Nägel	19353	Centner
Eisenkugeln	4683	—
Eisen- und Stahldrath . . .	39	—
Stahl	10016	—
Eisenerz	28917	— *)

Diverse Waaren für 36230 Thaler.

Import.

Diverse Eisenwaaren für 1480 Thaler

Gufsstahl	146	Centner
Eisen- und Stahldrath	2	—

Die Manufakturschmiede hat von 1795 bis jetzt zwischen 70,000 und 145,000 Centner Export geschwankt. Das Mittel aus diesen Jahren war 119,769 Centner. Die Schwarzschmiede (Aexte, Sensen, Achsen u. s. w.) exportirte von

1760	bis	1770	im	Durchschnitt	jährlich	37981	Centner
1771	—	1780	—	—	—	53419	—
1781	—	1790	—	—	—	101029	—
1791	—	1800	—	—	—	95025	—
1801	—	1805	—	—	—	110475	—
1806	—	1810	—	—	—	53604	—
1811	—	1815	—	—	—	82760	—
1816	—	1820	—	—	—	100255	—

Der Manufaktureisenexport ist in der letzten Zeit bedeutend gesunken. Wie man glaubt haben die ge-

*) Durch den Friedenstractat von 1809 zwischen Rufsland und Schweden ist es den Hutten in Finnland erlaubt, Erz in Schweden von denen Gruben zu kaufen, von denen sie es früher entnommen, doch nicht uber 62,479 Centner; damit ist die genannte Erzausfuhr zu erklaren. Auch Gufseisen konnen sie bis zu 26,246 Centner ausführen, daher der angeführte Gufseisenexport.

walzten englischen Sorten wegen ihrer genaueren Dimensionen die schwedischen geschmiedeten verdrangt; man hofft deshalb, dafs das jetzt in Schweden anzulegende Walzwerk wieder den alten guten Absatz, ja vielleicht einen noch bedeutenderen herbeiführen werde.

Der Export dehnt sich über ganz Europa, ja über die anderen Welttheile aus, besonders in neueren Zeiten hat Amerika grofse Quantitaten bezogen, wodurch eine Zeit lang, da die Amerikaner selbst in Gothenburg aufkauften, dort der Preis des Schiffspfundes Stabeisens einen Thaler höher war als in Stockholm.

Wie sich die Exportsumme im Auslande vertheilte möge man aus folgender Liste ersehen, deren Summen aber mit den obigen nicht ganz zusammenfallen, wie diefs bei den meisten der in Schweden zu erhaltenden Angaben der Fall ist. Es wurden exportirt:

	1787	1788	1801	1802	1823	1824
	Centn.	Centn.	Centn	Centn.	Centn.	Centn.
Nach den Ostseekusten .	141988	148040	349285	248592	150208	179481
Nach England	481434	512589	431606	597755	111033	127303
Nach Holland	41138	36610	10344	30305		
Nach Frankreich, Spanien und dem mittellandischen Meer . .	358529	318314	97659	266534	265601	350947
Nach Westind.	5239	6106	24211	2805'	524161	312743
Nach Ostindien	—	—	144	473	1227	2682
Summa	1028328	1021659	913249	1171710	1052230	973156

Unter dem nach England ausgeführten Stabeisenquanto sind etwa 62000 Centner sogenanntes Oeregrund-Eisen, d. h. solches, das auf den Roslags-Werken aus Dannemora-Erz bereitet und in Oeregrund verschifft wird. Es ist ausschliefslich zur Stahlbereitung bestimmt, und mit geringer Ausnahme kauft ein englisches Haus Syks et Comp. in Hull die Gesammtsumme. Dem Preise nach zerfällt es in drei Klassen, doch sind die Unterschiede nicht bedeutend. Man empfing zwar von jeher mehr für diese Eisensorte als für die übrigen, ist aber jetzt allmählig bis über das Doppelte gekommen, und doch hat das englische Haus noch einen unberechenbaren Gewinnst, denn nur aus diesem Eisen kann man in England den vortrefflichen Brenn- und Gufsstahl darstellen, den Europa, und mit ihm Schweden, von daher bezieht. Die Engländer haben das Aeufsere dieses Eisens so vortrefflich, selbst im Bruch und Farbe nachgeahmt, dafs sogar einer der kundigsten Hüttenbesitzer der Dannemora-Gegend es nicht eher vom achten unterscheiden konnte, als bis es in den Stahlofen kam, wo es sich als vollkommen untauglich zeigte. In Sibirien scheint ein drohenderes Ungewitter aufzusteigen, indem man dort ein den Dannemora-Erzen völlig gleiches (?) gefunden haben soll; schon waren Hüttenleute von dort bei Dannemora, um die Frischmethode zu lernen. Doch weifs man hierüber nichts Sicheres, und jedenfalls ist die Gefahr noch weit entfernt, wenn überhaupt eine vorhanden.

Wem die Natur einen solchen Schatz gegeben, der ihm ein Monopol vor allen Ländern sichert, von dem sollte man vermuthen, er werde sich dies auch gut zu Nutzen machen, zumal wenn er sonst an Hülfsquellen nicht reich ist. Leider ist diefs mit dem Dannemora-Eisen nicht der Fall, es geht als rohes Stabeisen aufser

Lande und kommt als fertiger Stahl zurück, wo man dann erstens die Provision die das schwedische Haus vom englischen für die Versendung erhält (soll 5 Prozent des Werthes betragen), zweitens den ungeheuren Gewinnst des englischen, drittens den Transport nach und von England, viertens den Vortheil den alle die Einzelnen durch deren Hände es geht, daran haben, fünftens die theueren Fabrikationskosten u. s. w. bezahlt, und freiwillig England von ganz Europa bezahlen läſst, während man mit geringer Mühe dieſs alles sich selbst sichern könnte. Die Dannemora-Werke sind in den Händen weniger, sehr reicher und für den Vortheil des Vaterlandes warm interessirter Besitzer, es bedürfte nur des gemeinsamen Entschlusses Nichts von ihrer Produktion mehr auszuführen und einige Brennstahlöfen anzulegen, so würde Europa und mit ihm England bald gezwungen sein nach Schweden zu kommen und Stahl zu holen; es ist unberechenbar welche Vortheile dieſs für Schweden haben müſste. Alle Schwierigkeiten der Fabrikation, die einem jeden solchen Vorschlage entgegengestellt werden, sind wie leicht zu zeigen, nur unübersteiglich für den, der den Versuch sie zu übersteigen nicht machen will. Es bedarf sicher nur, daſs die Besitzer jener Werke überzeugt werden, daſs sie die Möglichkeit jenen groſsen Schlag zu führen in Händen haben, um ihn auch wirklich und mit aller Entschlossenheit ausgeführt zu sehen. — Dieſs wäre unstreitig der bedeutendste und einträglichste Fortschritt den das schwedische Eisenhüttenwesen in neuerer Zeit machen kann, und wäre ein würdiges Seitenstück zu dem den Gustav des I. Verbot gegen die Ausfuhr des Roh- und Osmund-Eisens (dem man die Ausfuhr des Dannemora-Eisens dreist gleich stellen kann) Schweden sicherte, und wodurch sein wichtigster Nah-

rungszweig heute sich in dem blühenden Zustande befindet in dem wir ihn sehen.

Den Schlufs dieses geschichtlichen Entwurfes möge eine kurze Schilderung des wissenschaftlichen Strebens in dem letzten Dezennium, und des Standpunktes den das schwedische Eisenhüttenwesen hinsichtlich des Betriebes eben heute einnimmt, bilden. Wir haben schon oben angedeutet, wie erst in neuerer Zeit sich wissenschaftliche Forschung um das lange blos handwerksmässige Treiben der Hütten bemühte, und wie der Verkehr und der geistige Austausch der Ideen besonders durch die Jern Contorets Annaler geweckt und gefördert wurde. Was durch diese ersten aber ernsten Anstrengungen für Aufklarung in einzelnen Richtungen gewonnen worden, mufs in seiner weiteren Ausführung den folgenden Abschnitten überlassen bleiben, allein allgemein können wir wohl andeuten, dafs man sich, was Roheisenerzeugung betrifft, hauptsachlich damit beschaftigt hat zu untersuchen: welches ist die Hohofenconstruktion, welches die Kraft des Geblases, die Röstung, die Gattirung u. s. w. die bei u n v e r a n d e r t e r G ü t e des Produktes die gröfste Menge desselben in kürzester Zeit und bei geringstem Preise sichern. Man ist bis jetzt aber noch nicht zu d e r Frage gediehen: ist es überhaupt möglich aus unseren Erzen noch b e s s e r e Produkte als unsere bisherigen, darzustellen? und dies ist allerdings, wenn man die an und für sich gute Beschaffenheit der Erze, die selbst bei rohem Betriebe kein schlechtes Eisen geben, und die Handels- und übrigen Verhaltnisse Schwedens scharf ins Auge fafst, erst eine spätere Frage. Dafs man bei allen diesen Untersuchungen nur das zum Verfrischen bestimmte Eisen, das wir im Folgenden **Roheisen** nennen werden, vor Augen hatte, und das so sehr viele Berücksichtigung verdienende Gufswaareneisen (**Gufseisen** wie wir es ausschliefsend nennen wollen), dagegen weniger beachtete, ist sehr leicht begreiflich, wenn man aus dem oben angeführten Export-Verzeichnifse von 1826 ersieht, dafs wirkliches Gufseisen nur 5047 Centner, dagegen verfrischtes Roheisen 865369 (die kleinen Artikel die in Geld angeschlagen nicht einmal berechnet) ausgeführt worden. Wir sehen ferner, dafs in diesen 5047 Centnern 3610 aus Kochtöpfen und Oefen bestehn, zu denen jedes Gufseisen allenfalls taugt, wenn es nur dünnflüssig und dicht ist, und dafs nur 1437 Centner Kanoneneisen dabei befindlich sind, welches allein vielen Anforderungen zu entsprechen hat, und das daher vielleicht ausschliefslich genauere Beachtung der Gufseisenproduktion erfordert. Diese Exportverhältnisse werden das Bemühen um das Roheisen, und das Hintenansetzen des Gufseisens wohl entschuldigen. Dennoch wäre zu wünschen dafs auf diesen wichtigen Gegenstand, welchem das schwedische Eisen einen sehr grofsen Theil seines Rufes dankt, sich auch bald ein aufmerksames Auge richten möge. Man meinte lange Unverbesserliches in dieser Beziehung zu leisten, indem sich der allgemeine Glaube verbreitet hatte, ein schwedisches Geschütz sei so sicher vor dem Zerspringen als ein bronzenes, und man hoffte durch den Gufs leichter Feldgeschütze, die nun schon über 20 Jahre sich im Dienste der Armee befinden, das Ultimatum oder wenigstens doch die irgend jemals erforderliche Höhe erreicht zu haben. Dafs dem nicht ganz so sein dürfte lehrt die Erfahrung, nach welcher auch ältere und neuere schwedische Geschütze während und nach der Probe springen, und wenn auch die im Gebrauch der Armee befindlichen Feldgeschütze bis jetzt gehalten haben, sind doch die Anzahl Schüsse die damit geschehen noc lange nicht hinreichend, um vor jedem Zerspringe bei aufserer scheinbarer Unverletztheit si cher zu sein, ein Gegenstand, der wie sich jetzt be vielen Artillerien zugleich gezeigt, beim eisernen Ge schütz überaus zu beachten ist. Ueberdiefs ist es wahr scheinlich, dafs selbst von schlechterem Eisen ein leichtes Rohr, wenn es nur die erste Probe der Kohäsion überstanden, besser auf die Dauer hält, als ein gröberes Geschütz von demselben Eisen, da diese Haltbarkeit auf die Dauer mehr durch die Elastizitat bedingt wird als durch die Kohasion, und eine dünne Metallwand unter übrigens gleichen Umstanden immer gröfsere Elastizitat haben wird als eine dicke. — In neuerer Zeit hat man über die Fabrikationsweise des haltbaren Gufseisens viel gesprochen, doch lassen sich grofse Verschiedenheiten der Ansicht über die verschiedenen Prozesse, so wie manches Unverstandliche in den Prozeduren bei Erzeugung dieses Eisens darthun; die gewonnenen Resultate stehen oft so ganz ohne alle Stütze in der Praxis, und als blofse Behauptung da, dafs man wohl Ursache hatte sich naher zu überzeugen, ob man denn wirklich der heute erreichbaren Vollkommenheit schon so nahe sei als man glaubt, und ob denn jene Angaben über nothwendige Wahl der Erze und ihre Behandlung wirklich alle wahr und richtig, oder blofse Annahmen seien. — Einen kleinen aber sehr einzeln stehenden, und wie es scheint nicht weiter benutzten Anfang, machten af Ure's Vergleichsversuche der Tragkraft der Gufseisenstangen, die aus verschiedenen Oefen gegossen waren, und die wenigstens doch schon Ein Axiom widerlegt haben, dafs nämlich nur arme Erze ein haltbares Gufseisen geben könnten.

Weniger noch als für die Roheisenfabrikation ist für den Frischprocefs bisher geschehen. Die alte Klage, dafs oft in Einer Stange körniges und sehniges Eisen abwechsele, dauert noch fort, und fordert zu genauerer Beachtung auf, die auch jetzt mehrfach vorbereitet wird. Ure, gewifs ein kompetenter Richter, sagt in einer kürzlich erschienenen kleinen Schrift, dafs, wenn im Allgemeinen der Hohofenbetrieb fortgeschritten sei, die Frischerei auf dem alten Punkte stehe, und eher zurückgekommen sei, was man der sehr vergröfserten Produktion, der geringeren Genauigkeit bei der Bereitung und Untersuchung, dem Streben nach möglichst wenig Abbrand, und der Gleichgültigkeit des Käufers der gute und schlechte Waare mit Einem Preise bezahle, zuzuschreiben habe. — Ein wichtiger Schritt war die Untersuchung der Festigkeit und mehrerer anderen Eigenschaften des schwedischen Stabeisens im geschmiedeten und gewalzten Zustande, die Assessor Lagerhjelm vorgenommen und in dem schon oben genannten Werke bekannt gemacht hat. Man kann als eine Folge dieser Untersuchungen es ansehen, dafs Lagerhjelm die Erlaubnifs geworden ein grofses Walzwerk am Mälaren anzulegen, um die fertigen Schmelzstücke statt durch den Hammer mit der Walze zu strecken, was vielleicht auch vortheilhaften Einflufs auf die gleichmäfsigere Vertheilung der Eisenarten im Innern der Stange haben wird, wobei aber zu bemerken dafs theils die Kosten des Frischens nicht unbedeutend vermehrt werden dürften, theils auch vielleicht gewalztes schwedisches Eisen im Auslande mit Vorurtheilen zu kämpfen haben möchte.

Eine ganz neue Richtung der wissenschaftlichen Behandlung des Eisenhüttenwesens, eine chemisch-theoretische nämlich, ist erst in jüngster Zeit entstanden. Die Entdeckungen Mitscherlichs und Berthier's und auch die Untersuchungen Starbäck's und Bredberg's leiteten die Aufmerksamkeit auf die Schlakkenbildung, uud es zeigte sich grofse Hoffnung durch sie Aufschlufs über manches Geheimnifs des Hohofens zu gewinnen. Die neu entstandene Bergschule, an deren Spitze der eben so praktisch erfahrene als chemisch ausgerüstete Sefström steht, hat bei ihren zur Uebung angestellten chemischen Analysen diesen wichtigen Gegenstand aufgefafst, und einen andern eben so interessanten nämlich die Analyse der Erze, damit in Verbindung gebracht. Obgleich nun dies so sehr viel versprechende Institut nur erst wenige Jahre besteht, so sind der Analysen doch bereits sehr viele gemacht, und es ist schon möglich einen tieferen Blick in die Gesetze zu werfen, denen die Schlackenbildung folgt. Dafs eine praktische Anwendung von diesen wissenschaftlichen Entdeckungen zu machen sei, daran kann nicht gezweifelt werden, ja es steht sogar nach den bisherigen raschen Fortschritten in dieser Disziplin zu erwarten, dafs die gewonnenen Aufschlüsse sehr bald zu praktischer Benutzung reif sein, und auch einen leichten Eingang finden werden, da alle Praktiker einstimmig die grofse Wichtigkeit dieser tieferen theoretischen Einsicht anerkennen, und grofse Resultate für die Technik davon erwarten. Doch ist auch auf der anderen Seite nicht zu laugnen, dafs man sich wohl übereilt, wenn man schon jetzt bei den ersten aufgehenden Lichtfunken volle Klarheit gewonnen zu haben glaubt, und diese Wegweiser zur Norm schon als Norm selbst gebrauchen will.

So steht auf diesem Wege eine rationelle, gewifs von der heutigen in mancher Hinsicht abweichende Gattirung und Beschickung zu erwarten; es sind neue Versuche über das Rösten und Verkohlen im Werden, die nicht ohne bedeutendes Resultat und gewiſs nicht ohne Umgestaltung dieser Betriebszweige in irgend einer Hinsicht enden werden. Die mehr und mehr Eingang findende Wage zu Bestimmung der Gichten an der Stelle der Schaufel muſs den Hohofengang nothwendig ändern; die Gebläse werden bald auf ihr richtiges Verhältniſs gebracht sein, die Hohofenconstruktion vereinfacht und verbessert sich mehr und mehr, und was für Dannemora schon gelungen, die Auffindung nämlich der besten Construktion für ein bestimmtes Erz, wird nun um so schneller allgemein erreichbar werden. — Für die Frischerei werden bedeutende Versuche vorbereitet, und die Walze dürfte bald (wenn auch nur für Manufakturwerke) den langbenutzten Hammer verdrängen. — Schwedens Eisenhüttenwesen befindet sich also eben jetzt in einer Krisis die zu bedeutenden Resultaten führen muſs; es ist von groſsem Interesse die vielfachen sich kreuzenden und doch harmonischen Anstrengungen des Vorwärtsdringens in der Nähe zu sehen, und gewiſs sehr erfreulich, als theilnehmender Zuschauer einen glücklichen Ausgang vorhersagen zu können.

2) Gewicht und Maaſs.

So wie das schwedische Eisenhüttenwesen in mancher andern Hinsicht in seinem Vaterlande abgesondert steht, so auch in Gewicht und Maaſs die ihm eigenthümlich sind, und die sonst im gemeinen Leben und anderweitigen Verkehr nicht vorkommen. Einer ausführlichen Schilderung dieses Eisenreiches wird also eine Angabe seiner Gewichte und Maaſse nicht fehlen dürfen, obwohl wir uns im Folgenden überall mit Ausnahme einiger nicht gut veränderbaren Angaben, der Preuſsischen bedient.

a. Gewichte.

Das älteste schwedische Gewicht besteht heute noch unter dem Namen Viktualiengewicht, und wird allgemein im Verkehr gebraucht. Es war früher das einzige und bestand auch bis 1605 gesetzlich allein. Die vielen Einwanderer brachten verschiedene Gewichte mit und brauchten sie bei ihrem Verkehr. Dadurch mufsten nothwendig im Eisenhandel viele Mifsbrauche entstehen. Die Regierung beauftragte Karl IX. der damals noch Herzog war mit der Regulirung der Gewichte für das Hüttenwesen, stellte dabei aber das sonderbare Prinzip auf: sie sollten so eingerichtet werden, dafs zur Erleichterung des Hüttenbetriebes das Eisen, wie man es nannte: sich selbst frachtete, das heifst, dafs das Schiffpfund womit das Stabeisen auf der Hütte gewogen wird (Berggewicht) um so viel schwerer sein müsse als das Schiffpfund in den Uppstadten *), als die Summe die der Transport von der Hütte zur dortigen Wage gekostet in Eisen beträgt, so dafs in den Uppstädten trotz des Transportes der Preis des Schiffspfundes noch derselbe bleibe der er in der Hütte war. Derselbe Unterschied sollte nun wieder zwischen dem Uppstadgewicht und dem Gewicht der Stapelstadt wohin das Stabeisen nach dem Wiegen zur Verschiffung geführt wurde, bestehen, so dafs der Brukspatron gar keine Transportkosten zu tragen brauchte, indem, wenn diese z. B. 10½ Prozent des Eisenwerthes betrugen, er nur die Auslage zu machen hatte, und den Betrag dadurch ersetzt hielt, dafs

*) Uppstadte sind solche die im Inlande liegen, oder doch, wenn sie am Meere befindlich sind nicht das Recht haben Seehandel zu fuhren und daher nur mit dem Inlande verkehren. Die Stapelstädte liegen aber alle am Meere und haben das Recht auf eigenen Schiffen Waaren aus- und einzuführen.

wenn seine Schmiedesgerechtigkeit 100 Schiffpfund betrug, er diese 100 Schiffpfund bis nach der Stapelstadt gebracht hatte und dort wieder wiegen liefs, er nun $110\frac{1}{2}$ Schiffpfund statt der früheren 100 hatte, durch welchen Ueberschufs seine Auslage ersetzt war. Demnach hatte für jede Hütte ein anderes Gewicht gemacht werden müssen, und das wollte man anfanglich auch. Karl IX. nahm aber auf die einzelnen Hütten keine Rücksicht, sondern richtete nur ein Berggewicht, ein Uppstadt-, ein Stapelstadtgewicht ein, und gründete alle drei auf das beibehaltene Viktualiengewicht. Königin Christine führte zwar jene seltsame Idee wirklich aus, und gab für jede Hütte ein anderes Gewicht; aber unter Karl XI. Minderjahrigkeit wurde die frühere Einrichtung schon wieder hergestellt.

Spater kam zu diesen Gewichten noch ein anderes, das Roheisengewicht. Um namlich alle Rechnungen zwischen dem Brukspatron und dem Frischer möglichst zu vereinfachen, rechnete man zum Schiffspfunde (Berggewicht) nach welchem das Stabeisen gewogen wird, den gesetzmafsig erlaubten Abbrand von 23 Prozent dazu (also da das Schiffpfund 20 Lispfund hat 6 Lispfund), und nannte diese 26 Lispfunde Berggewicht ein Schiffpfund-Roheisengewicht. Der Frischer empfangt nun sein Roheisen in Roheisengewicht, und liefert sein Stabeisen ab in Berggewicht; er mufs daher gerade so viel Schiffpfund Stabeisen abliefern, als er Schiffpfund Roheisen empfangen.

Ware also diese Einrichtung vollkommen erhalten und durchführbar, so wüfste der Brukspatron, dafs so viele Schiffspfund Roheisen er erzeugt, so viele Schiffspfund Stabeisen werde er verschiffen, und der Abbrand so wie das Fuhrlohn würden durch das immer kleiner werdende Gewicht gedeckt. — Allerdings wäre diese Rechnungsweise sehr einfach und bequem, da aber die Entfernungen verschieden sind, die Fuhrlohne sich nicht gleich bleiben, und der Kohlenaufgang zum Frischen nicht mit gedeckt ist, so dient diese Gewichts-Verschiedenheit zu keiner Erleichterung, sondern giebt nur zu mancherlei Verwirrungen Anlafs, und erschwert die Uebersicht statt sie zu vereinfachen. Man hat daher schon mehrfach daran gearbeitet die Maafse und Gewichte in Eins, auf das Dezimalsystem begründete, zu verwandeln, doch ist es noch nicht ausgeführt. Das Bergscollegium hat sich gegen Veränderung der Metallgewichte ausgesprochen, indem sehr viele Berechnungen im Lohne der Arbeiter, im Transporte, in dem Kohlenanschlage u. s. w. auf die alten und verschiedenen Gewichte sehr einfach gegründet sind, und, wenn sie auf ein anderes Gewicht übertragen werden sollten, sehr unangenehme Berechnungen geben würden. Allein trotz dem wird doch wohl binnen Kurzem das Viktualiengewicht als das allgemein und allein geltende aufgestellt werden.

Für den Augenblick sind nun noch die im Folgenden bezeichneten im Gebrauch. Man mufs besonders deshalb sie genauer kennen, weil in den schwedischen Schriften die Angaben des Gewichtes gewöhnlich in Schiffspfunden geschehen, ohne dabei zu sagen welches Schiffspfund gemeint sei. Für Schweden bedarf es dieser näheren Bestimmung nicht, da man je nach dem gewogenen Gegenstande immer mit Gewifsheit die Art des Gewichtes das angewandt worden, kennt. Der Unkundige wird aber nur zu leicht verleitet, alle diese Schiffpfunde nach demselben Werth in unser Gewicht zu übertragen, was, wie man aus dem Folgenden ersieht, zu den gröfsten Irrthümern Veranlassung geben würde.

1) Das Viktualiengewicht. Im Eisenhüttenwesen wird es nur beim Ankauf des nicht metallenen Materials, bei Ausgabe der Naturalverpflegung an die Arbeiter u. s. w. gebraucht. Die höchste Einheit ist wie bei allen schwedischen Gewichten das Schiffpfund. Das Schiffpfund Viktualiengewicht ist = 360 preufsischen Pfunden. Es zerfällt in 20 Lispfund, jedes derselben in 20 Mark, jede Mark in 32 Loth.

2) Das Bergsgewicht, ist das Grundgewicht des Eisenhüttenwesens. Die Gichten, das Stabeisen, der Zuschlag, die Erze und alle Metallmaterialien, mit Ausnahme des Gufseisens, werden anf den Hütten mit diesem Gewichte gewogen. Das Schiffpfund Bergsgewicht ist = 320 preufsischen Pfunden. Es hat alle Unterabtheilungen wie das Viktualiengewicht, nur dafs die Mark gewöhnlich Skålpund genannt wird.

3) Das Roheisengewicht. Es wird nur das Roheisen auf den Hütten damit gewogen, auch berechnet man danach die Produktion der Hohöfen sowie überhaupt alles unverarbeitete Roheisen. Es verhalt sich, wie erwahnt, das Schiffpfund Roheisengewicht zum Schiffpfund Bergsgewicht wie 26 : 20, und zwar auf die einfache Weise, dafs das Schiffpfund des ersteren aus 26 Lispfunden Bergsgewicht besteht, während das Schiffpfund des Letzteren nur 20 eben derselben Lispfunde hat. Die Skålpfunde und Lispfunde an und für sich sind daher bei beiden Gewichtsarten genau dieselben, blos die Schiffpfunde sind verschieden. Das Schiffpfund Roheisengewicht ist = 416 preufsischen Pfunden.

4) Das Stapelstadtgewicht ist das Gewicht für alle Eisenausfuhr, sowohl Gufs- als Stab- als Manufaktureisen; in diesem Gewichte wird daher auch in allen amtlichen Schriften und anderen Angaben der Export

ausgedrückt. Das Schiffpfund ist = 290⅓ preufsischen Pfunden. Es wird ebenfalls in 20 Lispfunde, und jedes von diesen wieder in 20 Skålpfunde getheilt.

Die Erze werden an den Gruben theils gewogen, theils gemessen, und diefs zwar in jeder Provinz anders. So ist in Nora und Lindes Bergslag das Schiffpfund Erz zu 27 Lispfund Bergsgewicht gerechnet, das kleinere Malmlafs zu 80, das gröfsere (hop) zu 96 Schiffpfunden. Bei vielen Gruben verkauft man nach Zirkelhaufen, d. h. kegelförmigen Haufen von bestimmtem aber je nach der Grube verschiedenen Durchmesser und Höhen. In Philippstadts Berglag mifst man mit Tonnen, deren Inhalt 2 Schiffpfund wiegt, jedes zu 56 Lispfund Bergsgewicht. In Oester und Westerbergslagen ist das Lafs zu 81 Lispfunden Bergsgewicht gerechnet; 30 Tonnen heifsen auch wohl ein Löa u. s. w.

b. Maafse.

Die Längenmaafse sind mit den im Lande üblichen gleich. Der Fufs (= 0,958 preufsisch) wird in 12 Zoll und dieser in 12 Linien getheilt; 2 Fufs machen eine Elle (= 1,916 preufsische Fufs) die bei allen Angaben die Grundeinheit ist; sie wird sehr haufig in Viertel getheilt (Quarter), und in diesen das Maafs ausgedrückt. Der Famn, das Maafs für Gruben ist = 3 Ellen (= 5,748 preufsische Fufs). Von den Flachenmaafsen gehört hierher nur das Tunnland zur Messung der Walder, es ist = 14000 Quadrat-Ellen = (51394 preusische Quadrat-Fufs). — Die körperlichen Maafse sind theils dem Eisenhüttenwesen eigenthümlich, theils sind es dieselben wie im übrigen Verkehr. Das Holz wird nach Famn und Stafrum gemessen. Der Stafrum wonach man Stammholz mifst ist 3¼ Elle hoch und breit, auch das Holz ist 3¾ Elle lang. Der Famn (wonach gehauenes Holz gemessen wird) ist 4 Ellen lang, 3 Ellen hoch und die Scheite sind meist ¾ Ellen lang (doch ist dies verschieden). — Die Kohlen werden auf den Hütten nach Tonnen zu 36 Kappar gemessen, die Kappe zu 175 schwedischen Kubikzollen; die Tonne faſst 6,3 schwedische Kubikfuſs = 5,52 preuſsischen, und bildet einen regelmaſsigen Zylinder dessen Höhe und Durchmesser 20,02 schwedische Dezimalzoll beträgt. In Stora Kopparbergs Lan sind die Tonnen zu 32 Kappen (Zylinder von 19,25 Dezimalzoll Höhe und Durchmesser). Im Handel werden die Kohlen in Stieg, Läster u. s. w. berechnet, wobei aber groſse Verschiedenheiten vorkommen. Gewöhnlich ist ein Last = 12 Tonnen, die Skrinda = 18 Tonnen, die Stiege = 24 Tonnen (zuweilen auch 12), das halbe Ryss = 20 Tonnen, das ganze = 40 Tonnen (zuweilen = 24 Tonnen). Der Kalk wird nach Tonnen gemessen, die nur 34 Kappen halten *).

Nicht ganz überflüssig dürfte es sein hier auch kurz wenigstens die Art und den Werth des schwedischen Geldes anzugeben, weil in Folgendem oft die Preise in schwedischer Münze angegeben werden muſsten. — Man rechnet im gemeinen Leben in Schweden nach Papiergeld von dem es zwei Arten giebt, das eine unter Garantie der Bank (Bankozettel) das andere unter der der Stande (Ricksgeldszettel). Auſserdem kommen in den Rechnungen auch Silber- und Kupfermünze vor. Im auslandischen Handel ist immer von Banko die Rede, beim

*) Wo im Folgenden von Meilen gesprochen wird ist überall die schwedische zu verstehen. Sie ist 6000 Toisen lang, also etwa 1½ deutsche.

Ablohnen der Arbeiter und anderen inländischen Ausgaben von Ricksgeld. Alle diese Münzen werden nach Thalern gerechnet; 1 Thaler Banko = $1\frac{1}{2}$ Thaler Ricksgeld = 6 Thaler Silber = 18 Thaler Kupfer = $\frac{16}{30}$ bis $\frac{17}{30}$ Thaler preufsisch. Die Thaler Banko und Riksgeld haben jeder 48 Schillinge Banko oder Riksgeld und jeder Schilling 12 Rundstücke. Eine Tonne Gold, ein Ausdruck der häufig vorkommt, ist 100,000 Thaler Silbermünze also $16666\frac{2}{3}$ Thaler Banko = etwa 9300 Thaler preufsisch.

Die Bergleute (in dem schwedischen Sinne des Wortes) bezahlen übrigens sehr viele Bedürfnisse als Kohle, Erz, ja sogar Getreide mit ihrer eigenthümlichen Münze, dem Roheisen.

3) Ausdehnung des Bergbaues und Hüttenwesens.

Ehe wir zu der Verfassung, dem Personale und den Einzelnheiten des schwedischen Eisenhüttenwesens übergehen, wird es nützlich sein erst ein allgemeines Bild seiner Ausdehnung und Vertheilung im Reiche zu geben, was auch um so interessanter scheint, da über diesen selbst für die Statistik so wichtigen Gegenstand so viel wir wissen Nichts öffentlich bekannt gemacht, und es uns selbst im Lande sehr schwer geworden deutliche und bestimmte Aufschlüsse darüber zu erhalten. Alle hierher gehörige Papiere sind in den Händen eines sehr beschäftigten Beamten, der nur höchst selten über einzelne Punkte Aufschlufs giebt, so dafs sogar die dirigirenden Hüttenleute nur sehr einzelne Materialien zu einer allgemeinen Berechnung besitzen, und diese stimmen obenein noch selten unter einander.

Der gröfste Theil Schwedens besitzt Eisenwerke. Von den 24 Lan in die das Reich eingetheilt ist, haben 16 Hohöfen und 18 Frischfeuer, 6 sind ohne alle Eisenwerke. Davon ist der eine die Insel Gottland und 5 (Blekinge, Malmöhus, Christianstad, Götheborg und Halland Län) bilden die südlichen Küsten.

a. Erzgewinnung.

Wie viel Eisenerz in Schweden jährlich gewonnen wird, ist kaum mit einiger Genauigkeit zu ermitteln, da selbst dem Staate die Summen immer nur in Pausch und Bogen angezeigt werden. Es giebt darüber durchaus keinen öffentlich bekannt gewordenen Ueberschlag; wir haben daher aus den Akten des Bergscollegium die Geschwornen-Berichte hervorgesucht, und aus diesen so gut es sich thun liefs die Erzmengen berechnet die in jedem Bezirke gewonnen und in jedem nach einem andern Maafse angegeben werden, das sich nur mit geringer Genauigkeit in Gewicht feststellen läfst. Die Liste No. I. giebt eine Uebersicht dieser Mengen, doch sind See- und Morasterze nicht darin aufgenommen.

b. Wald.

Zum schwedischen Eisenhüttenwesen gehört nothwendig auch der Wald; er giebt das einzige Brennmaterial das Schweden in hinreichender Menge besitzt, er ist also mit einer der wichtigsten und am meisten zu berücksichtigenden Stützen der Eisenproduktion. Auch steht er unter Aufsicht der Hüttenbehörde, und wird durch Verwaltung, Jurisdiktion, Eigenthumsrecht u. s. w. völlig in den Kreis des Hüttenwesens hineingezogen. — Die üble Wirthschaft die damit getrieben worden, hat ihn merklich verringert, und bei der zunehmenden Bevölkerung ist diese Schwachung des Waldes mehr und mehr zu fürchten. Doch bleibt der Bestand immer noch so sehr bedeutend, dafs das nächste Jahrhundert vollkommen gesichert scheint, und in dieser Zeit wird es wohl gelingen Anstalten zu treffen, die auch die folgenden völlig sicher stellen.

Die wirkliche Gröfse des jetzt mit Wald bestandenen Landes ist sehr schwer zu bestimmen, da die Wälder nicht vollstandig gemessen sind, doch sagt ein glaubwürdiger Schriftsteller, es sei jedenfalls noch so viel, dafs Schweden von der Höhe einiger Meilen betrachtet als ein grofser Wald erscheinen müfste, was aber ein Anderer nur von einigen Provinzen zugesteht, und dagegen als schon sehr entblöfst Südschonen, Halland, Bohuslan, einige Theile von Westgothland, die Ebene von Wadstena, Upsala und Norrköping anführt. — Die Angaben über die Gröfse der Waldflache sind daher verschieden, so viel aber scheint gewifs, dafs sie mindestens 23,000,000 Tunnland = 1000 schwedischer Quadratmeilen umfafst, wahrend das Ackerland nur 1,700,000 Tunnland einnimmt (= 74 schwedische Quadratmeilen).

Wenn man nun die jahrliche Stabeisenproduktion zu 400,000 Schiffpfund, und pro Schiffpfund Stabeisen 42 Tonnen Kohlen rechnet, so kann man wenn man weifs, dafs ein Stafrum Holz 24 Tonnen Kohle geben, und dafs im Durchschnitt das Tunnland Wald jahrlich etwa $\frac{1}{5}$ Stafrum Holz giebt, annehmen, dafs der Eisenfabrikation ungefahr 1,166,666 Tunnland Wald das Brennmaterial liefern, also etwa $\frac{1}{20}$ des ganzen Waldwuchses in Schweden. Dazu ist nun aber noch das Holz das die Gruben bedurfen, so wie alles Bauholz zu rechnen, das wir aus Mangel an nur einigermafsen sicheren Angaben nicht zu schatzen wagen. Lejonmark giebt an, dafs die gesammte Bergshandtierung, wozu die Kupferwerke mit gerechnet sind, jahrlich 2 Millionen Laster Kohlen bedürfe, was nach seinem Anschlage von 12 Laster pro Tunnland und 50 Jahr zum Wiederanwuchs, eine Waldfläche von 360 Meilen also $\frac{1}{3}$ der ganzen in Schweden vorhandenen in Anspruch nimmt, diefs ist aber unbedingt zu viel.

c. Roheisenbereitung.

Die Aufsicht über den Betrieb der Hohöfen ist, wie wir schon oben gesagt, 4 Oberhohofenmeistern übertragen, und danach eine Eintheilung in 4 Distrikte getroffen. Oerebro Län ist dabei getheilt worden, um die Distrikte mehr untereinander auszugleichen. Auf der Karte No. I. sind die Hohöfen mit rothen Punkten bezeichnet, doch konnten der Enge des Raumes wegen nicht alle bezeichnet werden. Zur genaueren Uebersicht der Oefen und ihrer Produktion dient die Liste No. 2. Um zu zeigen wie ungleich die letztere in verschiedenen Jahren sein kann, haben wir die Produktion zweier Jahre nebeneinandergestellt, und dann die Durchschnittssumme von 6 Jahren *) berechnet. Offiziell bekannt ist nur die Zahl der Blasetage, nicht wie viel der Ofen im Tage erblasen. Wir verdanken dem Oberhohofendirektor af Ure die Angaben der mittleren Produktion der Oefen in den verschiedenen Gegenden, nach denen wir die Roheisenmengen aus den Blasetagen berechnet; die Brüche der Blasetage haben wir in die Berechnung, nicht aber in die Liste aufgenommen.

d. Frischhüttenbetrieb.

Die Gröfse des Frischhüttenbetriebes ist aus der Liste No. 3. ersichtlich. Wir haben darin, was die Zahl der Hütten betrifft, immer diejenigen die ein gemeinschaftliches Privilegium haben als Eine betrachtet.

*) Es sind diefs die Jahre 1815, 1816, 1817, 1818, 1819, 1822.

Da das Dannemora-Stabeisen so hoch im Preise steht und sowohl hinsichtlich der Güte des Materials, als auch der Sorgfaltigkeit der Arbeit die Blüthe der schwedischen Eisenfabrikation genannt werden kann, haben wir die Produktion der Dannemora-Werke in der Liste No. 4. einzeln zusammengestellt.

Der Unterschied von Stabeisen und Materialeisen den die Liste No 3. macht, besteht darin, dafs ersteres als solches ausgeschifft werden darf, das zweite aber weiter verarbeitet werden mufs, und daher eigentlich nur als ein Uebergangspunkt vom Roheisen zum Manufakturei-sen, (worunter man Band-, Rund-, Bundeisen, Nagel, Platten u. s. w. versteht), betrachtet wird.

Der Unterschied von Stabeisen und dem eigentlichen Manufaktureisen ist gesetzlich der, dafs alle Manufaktur-eisensorten mit Ausnahme des Rundeisens höchstens $\frac{5}{8}$ Zoll im Gevierte und das Bandeisen $\frac{5}{6}$ Zoll dick sein dürfen. Sind sie starker, so werden sie als Stabeisen betrachtet. Was die Genauigkeit der bei den Privilegien angegebenen Zahlen betrifft, so können wir nicht unbemerkt lassen, dafs wir besonders drei detaillirte Angaben von gleich mit dem Gegenstande vertrauten Mannern erhalten haben, die in der Hauptsumme unter sich um 4 und 6000 Schiffpfund differiren.

Wirklich ausgeschmiedet wird oft bedeutend mehr als hier angegeben, da es den Frischereien gestattet ist 5 Prozent Ueberschufs zu haben, und die Behörden nur von dem Eisen erfahren, das wirklich zur Wage geführt wird und zur Versendung bestimmt ist. Was im Lande verbraucht wird, verkauft man sehr haufig in der Hütte selbst, und schmiedet doch die privilegirte Quantität zur Verschiffung aus, diefs kann nur schwer kontrollirt werden; auch wird Ein Prozent über das Privilegium als

Abgabe an den Staat ausgeschmiedet, was dann ebenfalls in den Handel kommt. — Daher die häufig sich zeigenden Ueberschüsse über das Privilegium.

e. Beschäftigte Arbeiter.

Man giebt etwa 30000 Menschen als mit der Gesammtheit des Eisenhüttenwesens beschäftigt an Folgender Ueberschlag den Stockenström 1767 der Akademie der Wissenschaften vorlegte, kann noch heute fast unverändert gelten.

Beträgt die gesammte Stabeisen-Bereitung Schwedens im Durchschnitt . . . 400,000 Schiffpfund
so ist, da ungefähr 3 Schiffpfund Erz zu 1 Schiffpfund Stabeisen gehören, der Erzbedarf . . . 1,200,000 —
und da 3½ Läst Kohle zu 1 Schiffpfund Stabeisen aufgeht . 1,400,000 Läster

Der Arbeiter bricht im Durchschnitt 1¼ Schiffpfund Erz im Tage, rechnet man 250 Arbeitstage im Jahr, so giebt diess . . . . . . 4000 Arbeiter

Nimmmt man den Kohlenmeiler zu 30 Läst Kohle, so gehören dazu 24—27 Stafrum Holz. Ein Arbeiter fällt, spaltet und stapelt zum Trocknen ¼ Stafrum am Tage, es bedarf also zum Hauen u. s. w. des Holzes zu Einem Meiler 36 Tagewerke; das Aufsetzen des Meilers beschäftigt zwei Menschen 6 Tage, fordert also 12 Tagewerke, Das Schwelen, Bewachen u. s. w. des Meilers erfordert 10 Tagewerke, diess giebt also für jeden Meiler zu 30 Läst Kohlen 58 Tagewerke. Das ganze

Latus 4000 Arbeiter

Transport	4000	Arbeiter
Quantum erfordert also 2,720,000 Tagewerke. Rechnet man abermals 250 Tagewerke im Jahre, so erfordert die Köhlerei	10800	—
Beim Hohofen sind acht Arbeiter beschäftigt. Giebt der Hohofen im Durchschnitt 8 Schiffpfund in 24 Stunden (dygn), so brauchen die 400,000 Schiffpfund Roheisen die zu 400,000 Schiffpfund Stabeisen gehören, 50,000 dygn besetzt mit acht Arbeitern jeden zu 250 dygn .	1600	—
Das Anfahren der Erze erfordert, wenn man 2 Schiffpfund pro Fuhre rechnet, 600,000 Fuhren; da aber manche auch zwei mal im Tage fahren, auch bei gutem Wetter mehr laden, so rechnet Stockenström nur 450,000. Also eben so viele Tagwerke zu 1 Mann giebt getheilt mit 250	1800	—
Auf Kalk, Thon, Röstholz rechnet er 15000 Fuhren, also zu 250 Tagwerke im Jahre	60	—
Kohlenanfuhr schlagt er auf 1000000 Fuhren an. Mit 250 getheilt geben sie	4000	—
Beim Frischen sind an jedem Feuer 6 Frischer, sie schmieden in 250 Arbeitstagen aus 1000 Schiffpfund, also sind erforderlich zum Frischen	2400	—
Summa	24660	Arbeiter

Stockenström hat bei dieser Berechnung alle mit dem Bau beschäftigten Arbeiter, die vielen Privatbeamten auf den Hütten, die Erzauflader u. s. w. nicht mit in Anschlag gebracht. Legt man diese so wie die, durch die jetzt gegen damals um 10 Prozent vergröſserte Eisenproduktion verhältnifsmäfsig vergröfserte Arbeiterzahl zu jenen 25000 hinzu, so dürfte die Berechnung mit der Wahrheit ziemlich übereinkommen. Dafs er überall nur 250 Arbeitstage im Jahre angenommen, liegt in den vielen Hindernissen, die den verschiedenen Arbeiten nicht mehr Zeit übrig lassen. Wassermangel, bald durch Frost bald durch Hitze, und dadurch verursachtes Stillestehen der Hämmer, der Hohöfen, der Erzförderungsmaschinen, die schlechten Wege im Herbst und Frühjahr und so viele andere Umstände werden von den 313 Werkeltagen des Jahrs kaum im Durchschnitte 250 übrig lassen. — Nach neueren aber leider sehr vereinzelten Angaben beschäftigen die Hohöfen jetzt 1600 Menschen, die Frischereien 5400 (?) die Eisen- und Stahlmanufakturen 2500, die Giefsereien 150, die Gewehrfabriken 400. — Ein sehr grofser Theil des schwedischen Volkes wird durch diesen Eisenhüttenbetrieb ernährt, da, wenn man das fertige Eisen nun weiter verfolgt, die Masse der noch in den Städten damit beschäftigten Menschen, alle die Fuhren die das Roheisen zu den Frischfeuern bringen, und die es von den Frischfeuern nach den Stapelstädten schaffen, (oft auf eine Entfernung von 30 Meilen), berechnet werden müssen, was vielleicht noch 10 bis 15000 Menschen sein dürften, die ihre Familien davon ernähren und zu obigen 30,000 Menschen hinzukommen.

Es scheint als könnte man nach einigen Berichten die ganze Menschenmenge (mit Frau und Kindern) die von diesen Arbeitern weiter ernährt wird, ziemlich richtig durch Multiplikation der gesammten Arbeiterzahl *)

*) Da die meisten Arbeiter und Bergmänner verheirathet sind, so würde man wohl im Durchschnitt viel mehr rechnen können als drei Personen pro Arbeiter, da aber die Frauen in

mit 3 erhalten. Rechnen wir also als Minimum 40,000 Arbeiter, so ist die ganze durch die Eisenproduktion ernährte Menschenmenge 120,000. Von den 2,751,000 Seelen die Schweden besitzt, bleiben nach Abzug des Adels, des Militairs, des Lehrstandes, der Standespersonen, der Bürger und der Lappen für den Bauerstand und die Arbeiter nur 2,300,000. Vergleicht man diese Zahl mit der oben gefundenen, so sieht man dafs der zwanzigste Theil der arbeitenden Klasse durch den Eisenhüttenbetrieb ernährt wird.

Es ist ein seltener Anblick der nur Schweden mit seinem Eisenhüttenbetriebe, den vielen Gruben, Waldern, Hütten und Seen eigen ist, den Winter der in allen anderen Landern den Verkehr lahmt, eben hier den lebhaftesten erwecken zu sehen; die Seen sind dann gefroren und dick mit Schnee bedeckt, und tausende von Erz- und Kohlenschlitten kreuzen sich auf der ebenen Flache in allen Richtungen; die neu gebahnten Wege haben bald den Anschein als leiteten sie seit Jahrhunderten den bunten Verkehr, und sie halten noch lange aus wenn auch die Sonne schon wieder hoch steht, und in Deutschland langst dem Schiffe seinen Wasserspiegel wiedergegeben. Nur eben im Winter bei den so sehr gekürzten und geebneten Wegen, die in einem bergigen Lande wie Schweden so sehr die Fahrt erleichtern, können alle die nöthigen Anfuhren leicht und bequem geschehen, daher ist die Blasezeit der Hohöfen die mit Ausnahme der Giefsereien in den Winter fallt, danach eingerichtet, und

---

vielen Gegenden auch starken Theil an der Arbeit nehmen, (in Lindes und Norabergslag Gruben arbeiten fast nur Frauenzimmer) und da selbst die Kinder schon Erze pochen, so wird der durch die Erfahrung festgestellte Satz erklärlich.

deshalb sieht man auch an dem ersten kalten Wintertage so freudige Gesichter, und hört so häufig die bei uns ziemlich seltene Bitte um einen langen Winter. — Als ein Beispiel dieses bei uns wohl ungekannten Verkehres mag die Kohlenanfuhr in Finspång gelten, allerdings einer der gröfsten Hütten Schwedens, die während des Februars 1828 nicht weniger als 520 Schlitten beschäftigte. So rechnet man auch in Stora Kopparbergslän für das Erzbrechen und Kohlenfahren, wenn die Schlittenfarth offen ist, einen täglichen Verdienst von 8 bis 10,000 Thaler.

f. Einkünfte.

Nach den unten näher bezeichneten Abgabesätzen berechnet die Krone sich blos von der wirklichen Eisenbereitung jährlich 122,699⅔ Thaler Banko (68711½ Preufsisch) Einkommen, doch sind die Schwankungen bedeutend; so betrug z. B. 1825 diese Revenue 88978⅔ Thaler (49847 Preufs.) mehr als es nach den mittleren Zahlen angeschlagen.

Den Hüttenbesitzern fällt in Schweden ein grofser Gewinnst ab; die Angaben sind sehr verschieden, doch scheint es, als könne man bei gutem Betriebe, eigener Erzeugung des Roheisens und eigenen Wäldern wenigstens 12 Prozent Renten vom Kapital rechnen, ja nach einzelnen Angaben kann sich diefs wohl bis 18 Prozent ausdehnen. Im Durchschnitt kostet ein Schiffpfund Roheisen dem Produzenten 5 Thaler, und er verkauft es zwischen 6 bis 8 Thaler; das Schiffpfund Stabeisen kostet dem Produzenten der das Roheisen kauft im Durchschnitt 12 bis 14, und er verkauft es in den letzten Jahren für 17 bis 19 Thaler Banko. Legt man die Einnahme die Schweden durch seinen Eisenexport 1826 hatte zum

Grunde, und schlägt man dabei von dem ausgeführten Stabeisen 24000 Schiffpfund als Dannemora-Eisen an, so beträgt die Gesammteinnahme nach unserer Rechnung etwa 7 Millionen Thaler Banko; allerdings eine grofse Summe, aber auch fast die einzige auf die Schweden rechnen darf, und womit es die Masse der Artikel die das Bedürfnifs und der — Luxus aus dem Auslande holt, aufwiegt.

4) Verfassung und Verwaltung.

Die Verfassung des schwedischen Eisenhüttenwesens ist für den Ausländer von besonderem Interesse, weil sie das grofse Getriebe in einem ruhigen gleichmafsigen Gange erhält, und gewissermafsen als Bürge des Hüttenwesens in seinen Beziehungen gegen den Staat und das Ausland auftritt. Sie ist in dieser Hinsicht einzig in ihrer Art, und dürfte des Studiums der Kammeralisten in mehrfacher Beziehung sehr werth sein.

Metall und Holz sind die einzigen reichlich sprudelnden Quellen auf die Schweden rechnen darf; aber auch sie versiegen bei aller ihrer Ergiebigkeit, wenn sie regellos und über die Gebühr angegriffen werden; nur mit Mäfsigung benutzt nähren sie die Nation sicher und dauern auch für eine ferne Zukunft. — Aber diese mäfsige Benutzung bleibt ohne Früchte, wenn der Abnehmer, das Ausland, den Glauben verliert an der Güte des Produktes; — also auch auf Erhaltung des Kredites der Waare mufs gewirkt werden. — Dies sind die beiden wichtigen Punkte die die schwedische Hüttenverfassung schon im grauesten Alter ins Auge gefafst, und es ist bei der Einfachheit der Prinzipe und ihrem absoluten Zusammenfallen mit den unverandert obwaltenden Umständen nicht zu verwundern, dafs sie noch heute die tiefste Grundlage aller hierher gehörigen Gesetze und Institutionen bilden. Zu ihrer Aufrechthaltung dient das von dem Staate angestellte Personal, wobei eine Nebenrücksicht der Institute und des Personals das Einziehen der Beiträge ist, welche die Hütten zum Staatshaushalt liefern, und zwar auf eine ihn möglichst leicht werdende Weise.

Neue Zwecke für das Eisenhüttenwesen sind seit 50 bis 60 Jahren zu diesen uralten, die schon in Verordnungen von 1354 aufgestellt worden, hinzugekommen, nämlich: Vervollkommnung des Produktes, Erreichung des niedrigsten Produktionspreises, und Schutz vor dem Wechsel der Handels-Verhältnisse. Diese Zwecke werden blos von den Hüttenbesitzern verfolgt, und die Mittel sie zu erreichen schliessen sich daher nur an die Verfassung des Staates an, ohne einen Theil derselben auszumachen. Dadurch hat sich auch ein neuer Personaletat gebildet, der diese Zwecke vor Augen hat, der aber, wenn der erst genannte befiehlt, nur rathen darf und zu helfen sucht. Die Verfassung des Eisenhüttenwesens zerfällt also in zwei Haupttheile, in die staatsrechtliche und in die durch privates Uebereinkommen gebildete.

Diese Verfassung nun, die so eigenthümlich, und durch ihre Konsequenz durch fünf Jahrhunderte so uralt und erprobt noch heute das gröſste technische Staatsgebäude (so kann man das schwedische Eisenhüttenwesen wohl nennen) erhalt und befestigt, glaubten wir wenigstens in kurzen Umrissen unsern Schilderungen beifügen zu müssen, da ohne diese Grundlage manche Einzelnheiten kaum verstandlich werden.

I. Die staatsrechtliche Verfassung und Verwaltung.

a. Die Produzenten.

Der erste Blick sei dem Volke dieses Eisenreiches gewidmet. Wenn wir dies in die Klassen der Herren und Diener theilen, und von Letzteren, den Arbeitern, in späteren Abschnitten sprechen, so sollen hier nur die ersteren, die Produzenten selbst, naher betrachtet werden.

Die Regierung darf in Schweden keine Eisenhütten besitzen. Die ihr unter den früheren Königen zugehörigen, wurden an de Geer und Andere abgetreten. Das Eisenhüttenwesen ist daher jetzt in den Händen der Nation und zwar aller Klassen; die Produzenten zerfallen jedoch nur in zwei Hauptklassen:

1) Die des Bauernstandes, die Bergleute (bergsmän) heifsen und

2) Diejenigen die entweder dem bürgerlichen oder adligen Stande zugehören, und unter dem Namen der Standespersonen (Ståndsperson) zusammengefafst werden.

Mit wenigen Ausnahmen produziren die Bergleute nur Roheisen zum Verkauf. Die Standespersonen haben entweder Frischfeuer und Manufakturwerke auf denen sie das von den Bergleuten erkaufte Roheisen verarbeiten, oder sie besitzen neben ihren Frischfeuern selbst Hohöfen, die aber dann nur für ihre eigenen Frischereien erblasen und kein Roheisen verkaufen dürfen, es sei denn als Gufseisenwaaren verarbeitet, womit sich die Bergleute wieder mit wenigen Ausnahmen fast gar nicht beschäftigen. — Wenn die Bergleute Frischereien besitzen so sind es meist solche die in dem Bezirke der Bergslager liegen, und eigentlich nur auf den Bedarf dieser Bergslager berechnet sind, doch führen die Bergleute auch Stabeisen aus, wiewohl nicht beträchtlich.

Während die Standespersonen, oder wie sie gewöhnlicher heifsen, Brukspatrone (Hüttenbesitzer) über den ganzen Theil Schwedens verbreitet sind der Eisenwerke besitzt, haben die Bergleute nur einzelne Striche um die gröfseren Gruben inne (die Bergslager).

Die Bergleute haben in denen ihnen angewiesenen Strichen Grundbesitz (Hemman) und es war früher nur dem Bauernstande erlaubt diese auf Bergbau und Roheisenbereitung gegründeten Landstellen zu besitzen. Auf dem Reichstage von 1809 aber, wo sich der Adel vieler Rechte entäufserte, gab auch der Bauernstand dieses Alleinrecht auf, und Jedermann kann jetzt einen Bergmannshemman besitzen und Theil an dem Blasen des zugehörigen Hohofens nehmen.

b. Die Behörden und Beamten.

Die höchste Behörde über das sämmtliche Berg- und Hüttenwesen ist seit 1630 das Bergscollegium. Es besteht nach seiner jetzigen Zusammensetzung aus einem Präsidenten, einem Vicepräsidenten, drei Bergräthen, dem von der Brukssozietät angestellten Direktor über die Gufs- und Stabeisenbereitung *) und vier Assessoren. Es gehört ferner das Advokatfiscal- und das Notariatskomptoir dazu. Unter seiner Aufsicht steht die Probirkammer, das Markscheiderkomptoir und das sogenannte mechanische Laboratorium.

Das Bergscollegium hat die oberste Direktion über alle Bergwerke, sie seien welcher Art sie wollen, so auch über die Wälder die den Bergwerken zur Benutzung angewiesen sind; dies Collegium ertheilt die Privilegien und sorgt für die Entrichtung der Hüttenabga-

*) Die Einführung dieses Beamten in das Bergcollegium ist nur personell und nicht für immer angeordnet.

ben. Bei Gesuchen die dem Könige vorgelegt werden, fordert dieser das Gutachten des Collegiums. Alljährlich machen einige Mitglieder Reisen durch die Bergwerke und Hütten; außerdem hält es sich durch die Berichte die die Bergmeister und Geschworenen, so wie die Oberhohofenmeister jährlich einsenden, in genauer Kenntniſs von den Fortschritten und dem Standpunkte des Berg- und Hüttenbetriebes, und überreicht jährlich dem Könige eine genaue Uebersicht davon. Es hat die Aufsicht über die Wagen auf denen das Eisen vor der Ausfuhr gewogen wird, und stellt die Eisenbeschauer dabei an. Es läſst genaue Karten über die Gruben aufnehmen, und sorgt dafür, daſs fortwährend die neuen Arbeitsstrecken darauf nachgetragen werden. Es war bisher das höchste Gericht in allen das Berg- und Hüttenwesen angehenden Streitigkeiten und Vergehen, und führte als solches die Aufsicht über die Untergerichte. Um kräftiger dem technischen Theile vorstehen zu können, hat es aber jetzt diese ganze juristische Parthie dem Hofgerichte abgetreten. Das Collegium hatte bisher, besonders in Kriminal-Angelegenheiten, wie das Hofgericht das Recht der Milderung der Strafe. Für manche Gegenstände war es die erste Instanz, als z. B. bei Beschwerden über den Ausspruch der Landshöffdinge (Provinzgouverneur) in Angelegenheiten die den Bergbau mit betreffen.

Das Collegium ist mit Ausnahme zweimaliger Ferien im Jahre immer versammelt. Die Geschäfte sind so getheilt, daſs jedes der Mitglieder gewisse Bergslager zu bearbeiten hat, in allem was irgend darin vorkommen kann; der Vicepräsident bearbeitet den Zweig der Kupferwerke bei Fahlu und das Silberwerk zu Sala als die ausgezeichnetsten. Alle besondere Geschäfte werden durch Loosen vertheilt. Die Advokat-Fiskale sehen auf die

Befolgung der Privilegien und Pflichterfüllung der Unterbeamten, und machen bei Uebertretungen die Ankläger. — Das Notariatskomptoir besorgt die Protokollführung u. s. w. Das Markscheidereikomptoir hat die Aufsicht über die Grubenkarten; das mechanische Laboratorium ist aus mehreren Stipendiaten zusammengesetzt, die Bergmechanik studiren.

Die mannigfachen Nebengeschäfte die dem Collegium oblagen, insbesondere die gerichtlichen Angelegenheiten, waren Ursache, daſs es sich nicht mit ungetheilter Kraft der höheren Kultur des Hüttenwesens widmen konnte, daher auch lange nicht den vortheilhaften Einfluſs darauf äuſserte, den man von so ausgezeichneten Männern die hintereinander Mitglieder desselben waren, hatte erwarten können.

Der Beamtenetat der unter dem Bergscollegium steht (Bergsstaten) ist beträchtlich, und seine Besoldung beträgt etwa 19000 Thaler schwedisch Banko, die Zulagen ungerechnet, welche die Beamten bei steigenden Getreidepreisen erhalten. Auſserdem ziehen die Beamten von Stora Kopparberget und Sala von den Interessenten noch Zulagen, die zusammen etwa 7000 Thaler B. betragen.

Der ganze Bergwerksbereich ist in folgende 11 Theile getheilt.

1) Fahlu Bergslag.
2) Stora Kopparberg Bergslag.
3) Nya Kopparberg Bergslag.
4) Oester och Wester Bergslag.
5) Nora och Lindes Bergslag.
6) Wermelands Bergslag.
7) Södermannland och Oestergothland Bergslag.
8) Upland och Roslagen Bergmästaredöme.
9) Skåne och Kronobergs Bergmästaredöme.

10) Wester Norrland Bergslag.

11) Wester och Norrbotten.

In No. 1. und 2. sind Berghauptleute, in den anderen Bergmeister als oberste Beamten. In jedem der Theile sind ein bis zwei Geschworene, ein bis mehrere Bergvögte und in einigen ein Kunstmeister angestellt. — Wir werden möglichst kurz den Geschäftskreis dieser Beamten angeben.

Der Bergmeister. Wann zuerst Bergmeister angestellt worden ist nicht zu ermitteln, in den ältesten vorhandenen Urkunden ist schon von diesen Beamten die Rede. Die erste Instruktion für die Bergmeister in den Eisenbergslagen ist vom Bergscollegium 1669 ausgefertigt; seit dieser Zeit ist sie nicht erneut, und nur einzelne Befehle und Verordnungen haben sie modifizirt. — Der Bergmeister ist Vorsitzender in den Berggerichten. Er führt ein Buch über die eingegangenen und abgemachten Prozesse und Klagen und reicht diefs alljährlich dem Bergscollegium ein. Er hat die spezielle Aufsicht über die Gruben, die er zuweilen selbst besuchen mufs, und über das ganze Hüttenwesen. Er reicht alle Jahre dem Bergscollegium einen sehr genauen Bericht ein über den Fortgang des Betriebes, über die Auffindung neuer Erzstrecken, Anlagen neuer Hütten, wie es mit den Giessereien geht u. s. w.*) Aufserdem überreicht er noch alle fünf Jahre einen summarischen Rapport. Bei Auffindung neuer Erzstrecken untersucht er das Erz, giebt den Mu-

*) Die Artikel dieses Berichtes sind 1) Grubenbau, 2) edlere Werke (Silber, Kupfer u. s. w.) 3) Roheisenproduktion und Giefserei, 4) Frischerei und Manufakturwerk, 5) übrige Bergwerkseinrichtungen, 6) Gewonnene Metallmenge, 7) Waldwirthschaft, 8) Kronbelehnungen, 9) Neue Privilegien, 10) Bergsbetrieb im Allgemeinen.

thungszettel, und steckt das Feld aus in dem es dem Auffinder abzubauen erlaubt ist. Bei Anlage neuer Hütten untersucht er ob Wasserfall genug an dem ausgewahlten Platze vorhanden, ob die veranschlagten Erzlager und Walder zureichen u. s. w., und giebt dem Bergscollegium darüber sein Gutachten. Er führt die Aufsicht über alle zum Hüttenbetriebe bestimmten Wälder, und sorgt dafür, dafs sie zu nichts Anderem verwendet werden, als zu dem Betriebe der Hütten zu dem sie angeschlagen sind. Eben so führt er die Aufsicht über die Köhlerei, er halt die Gildenversammlungen der Hohöfner und Frischer ab, und prüft die zu befördernden Arbeiter; er verbietet den Gebrauch sehr heifsgehender, kupferhaltiger, roth- und kaltbrüchiger Erze ganz oder zum Theil, und lafst die Letzteren höchstens zu Gufswaaren zu. Er ist einigermafsen verantwortlich für die Güte des in seinem Bezirke erzeugten Eisens, und hat den alten Verordnungen nach, die aber in neuerer Zeit nicht mehr so streng in Kraft zu kommen scheinen, eine sehr grofse Gewalt, insbesondere über die Bergmannshütten, über die er und der Oberhohofenmeister gleichsam als Vormünder gesetzt sind, und bei denen er sogar die Dimensionen zu den Blasebalgen angeben kann wenn er es für nöthig findet. Der Bergmeister ist verpflichtet den Hütten auf Ansuchen mit Rath und That beizustehen, streitige Arbeitslöhne festzustellen u. s. w.

Ein grofser Uebelstand scheint es, dafs seiner Stellung nach der Bergmeister mehr Jurist als Hüttenmann sein mufs, woher es denn kommt, dafs manche nur Juristen sind, und in technischer Hinsicht wenig für ihre Bezirke thun können; dadurch geht der grofse Vortheil den ein gewiegter Hüttenmann auf diesem Posten den Hütten bringen könnte oft ganz verloren. Vielleicht befreit man später auch den Bergmeister von diesem Geschäftszweige, wie man es jetzt schon beim Bergscollegium gethan.

Der Bergsgeschworne. Unter ihm stehen sämmtliche Gruben im Bezirke, sie mögen Corporationen oder Einzelnen gehören, er ordnet den Abbau an und befiehlt wo Pfeiler und Bergvesten stehen bleiben sollen; er sorgt dafür, dafs der Abbau möglichst regelmäfsig geschehe, um mit dem Erze mehr hauszuhalten als es bisher geschehen. Bei den Gruben der Corporationen mufs man ihm in allen Anordnungen gehorsamen, bei den Gruben von Privatleuten ist man nur in soweit dazu verpflichtet, als seine Vorschriften die Sicherheit des Baues betreffen; doch wird ihm gewöhnlich gern die Anordnung des Ganzen überlassen. Er ist nach dem Bergmeister der erste Beamte und vertritt ihn. Bei Anbruch roth- oder kaltbrüchiger oder heifsgehender Erze hält er beim Bergmeister um Verbot an.

Der Bergsvogt. Er ist die executirende Behörde für den Bergmeister und gewissermafsen der Fiskal des Bezirkes. Als solcher sieht er danach, dafs die Frischhütten nicht mehr ausschmieden als ihre Privilegien bewilligen, und dafs diejenigen die laut Privilegium sich selbst das Roheisen erzeugen wollten, keins kaufen. Er verauktionirt das dem Staate als Abgabe eingekommene Eisen, taxirt die Bergmannshemman die zum Verkaufe kommen, und ist bei den Berggerichten der Ankläger in den fiskalischen Angelegenheiten.

c. Jurisdiction.

In jedem der oben genannten 11 Distrikte werden alle von dem Hütten- und Bergwesen ausgehenden Civil- und Kriminalsachen nicht von dem gewöhnlichen

Civilrichter, sondern von einem selbstständigen Bergsgerichte abgeurtheilt. Es kommt diefs in jedem Distrikte einmal im Jahre, nach vorhergegangener zehnwöchentlicher Anzeige von allen Kanzeln, zusammen, und heifst Bergsting *). Es besteht aus dem Bergmeister als Wortführendem, und wenigstens sieben, gewöhnlich zwölf Beisitzern, nämlich aus dem Oberhohofenmeister, wenn er anwesend ist, aus dem Altmeister der Hohöfner und Frischerzunft, und so vielen Bergleuten als nun noch an der Zahl fehlen. Der Angeklagte hat das Recht einzelne dieser Beisitzer, ja selbst den Bergmeister zurückzuweisen, doch während die ersteren unbedingt zurücktreten müssen, ist es des Bergmeisters eigener Beurtheilung überlassen, ob er die gegen ihn angeführten Gründe für gültig erkennt und zurücktritt, oder nicht. — Die Mitglieder schwören den Richtereid, und besuchen gemeinschaftlich vor dem Beginn ihres Geschäftes einen eigends für sie gehaltenen Gottesdienst. Die Zeit wie lange des Tages Sitzung gehalten werden mufs ist genau bestimmt, und die Verrichtungen des Bergmeisters sowohl als des ganzen Gerichtes werden aufmerksam kontrollirt. Die Gerichte gehen nicht eher auseinander, als bis alle schwebenden Untersuchungen abgeschlossen sind.

Vor das Forum des Berggerichtes gehören hauptsächlich folgende Angelegenheiten:

1) Alle Klagen die zwischen den Hütten- und Grubenbesitzern und ihren Dienstleuten vorkommen, eben so Verbrechen, Diebstähle, Zänkereien die zwischen dem Hüttenvolke während der Arbeit vorfallen

2) Klage über verursachten Waldbrand, oder unerlaubte Benutzung der zu dem Bergbetriebe angeschlagenen Wälder.

*) Ting ist ein altes Wort für Versammlung.

3) Streitigkeiten der Gewerkschaften unter sich über ihre Antheile an Grube, Hütte und Wald.

4) Streitigkeiten über Vorschuſs der zum Hütten- oder Grubenbetriebe gemacht.

5) Verstöſse gegen die Hohöfner- und Frischverordnung.

6) Anklage wegen unerlaubten Roheisen- oder Kohlenhandels u. s. w.

Der Rechtsgang ist übrigens der bei allen schwedischen Gerichten übliche. Die Gesetze bestehen aus vielen einzelnen Verordnungen, Briefen und gelegentlichen Bestimmungen, die in drei Bänden unter dem Titel: Kongl. Stadgar, Förordningar, Bref och Resolutioner angående Justitien och Hushållningen vid Bergverken ock Bruken, gesammelt, wovon der erste Band 1736, der zweite 1786 und der dritte 1800 (?) erschienen ist. In neueren Zeiten sind alle diese Einzelnheiten in ein Ganzes geordnet worden, das unter dem Titel: Sammandrag af Bergsförfattningar 1822 herausgegeben worden. — In Kriminal-Angelegenheiten gilt das allgemeine Gesetzbuch.

Bei diesen Versammlungen werden zugleich die Vorschüsse die Bergleuten gemacht worden, auf ihren Hemman eingezeichnet; eben so werden alle angestellten Arbeiter dort angemeldet und notirt.

Bei groben Verbrechen, bei sehr verwickelten Gegenständen die in der gewöhnlichen Zeit der Gerichtsversammlung nicht abgemacht werden können, und bei besonderen Fällen wo Einzelne die Kosten tragen wollen, werden auch auſser der Zeit Bergsgerichte (urtimma) versammelt, doch kommt dieſs nicht sehr häufig vor.

Betreffen Prozesse Gegenstände deren Werth über $16\frac{2}{3}$ Thaler schwedisch Banko beträgt, oder glaubt man, daſs bei Kriminal-Untersuchungen Fehler im Rechtsgange vorgekommen, so kann man von diesen Bergtings-Gerichten an das Obergericht, das bisher das Bergscollegium war, appelliren. Bei bedeutenderen Gegenständen steht auch unter Stellung von Bürgen für Kosten und Schadenersatz, die letzte Appellation an den König offen.

d. Die Hohöfner- und Frischerzunft.

Die Hohöfnerzunft. Wie lange sie besteht ist nicht zu ermitteln, so viel scheint aber sicher, daſs die Verordnungen der Königin Christine sie nicht erschufen, sondern das Altbestehende nur regelten. 1766 wurde diese Verordnung neu umgearbeitet, und seit der Zeit sind wieder einige Modifikationen hinzugekommen, doch in der Hauptsache ist sie die ganz alte, und alle Veränderungen beschaftigen sich nur mit dem Beiwerke.

Zur Hohöfnerzunft (Masmastare Embetet) gehören: Hohofenmeister (Masmastare), Schachtaufsetzer (Stegresare), Hüttenknechte, Gichtenführer oder Aufgeber, Erzpocher und Rostbrenner. Alle diese Arbeitsklassen sind in jedem Bergrevier zu einer eigenen Innung verbunden. An der Spitze derselben steht der aus der Zahl der Meister gewählte Altmeister (Åldermann). Alljährlich wird wenn die Blasezeit vorüber ist die Zunft versammelt (Möte). In dieser Versammlung die der Bergmeister oder der Oberhohofenmeister abhalt, statten der Altmeister und die Meister Bericht ab über den Verlauf der letzten Kampagne, über den Zustand der Hütten, Gebläse, Rostbühnen u. s. w. so wie auch über Zustellung, Gattirung, und alles was einer Prüfung bedarf; der Oberhohöfner ordnet bei dieser Gelegenheit Veränderungen im Betriebe so wie in der Gattirung an, und belehrt die Arbeiter im Allgemeinen. Von allen zünftigen Hüttenarbeitern halt der Oberhohofenmeister ein Verzeichniſs, das bei der

Versammlung vorgelesen wird, damit man von geschehenen Veränderungen oder Beförderungen Kenntnifs erhalte. Von den Abgaben bei Beförderungen, den Strafgeldern u. s. w. wird die Innungskasse gebildet, aus der bei den Versammlungen kranke und alte Hüttenarbeiter und ihre Wittwen Unterstützungen erhalten; auch werden die Ueberschüsse zur Belebung des Geschaftes und zur Aufmunterung fleifsiger und geschickter Lehrlinge verwandt.

Der Altmeister wird besonders vereidet und erhält vom Bergmeister die Bestallung. Er mufs im Herbste alle Hütten besonders die der Gewerkschaften besuchen, die Hüttenleute revidiren, sie bei vorkommender Gelegenheit belehren, und darauf halten, dafs die Verordnungen des Oberhohofenmeisters befolgt werden. Er sieht auf die nöthigen Reparaturen, die er gegen besondere Bezahlung auch selbst besorgen kann; er ist dafür verantwortlich, dafs der Besitzer bei Zeiten von der Baufälligkeit seines Ofens unterrichtet werde. Wird er besonders berufen mufs er sich sogleich einfinden, geniefst aber dafür besondere Bezahlung: er mufs den Oberhohofenmeister auf dessen Verlangen auf den Reisen begleiten. Ist er nachlassig oder trifft er schlechte Anstalten, so ersetzt er den Schaden und bezahlt noch Strafe. Er hat keinen festgestellten Sold, doch erhalt er bei jeder Beförderung in der Gilde eine bestimmte Abgabe; von jeder Hütte die er besucht bekommt er vier Thaler Banco, ferner geniefst er die Bezahlungen für seine Reparaturen. Ueberdiefs ist er wahrend der Blasezeit gewöhnlich frei, und dient dann bei einem Hohofen als Meister. — Der Oberhohofenmeister kann ihn entlassen.

Die Hohofenmeister müssen ehrliche, erfahrne und zuverlassige Leute sein. Deshalb mufs der Hüttenarbeiter der Meister werden will, zuvor zur Zufriedenheit seiner Vorgesetzten beim Rösten gearbeitet, und endlich bei zwei Kampagnen zugestellt und den Gang besorgt haben. Kann er nachweisen dafs er diefs gethan, so wird er vom Oberhohofenmeister in der Innungsversammlung geprüft, und zwar ungefähr über folgende Gegenstände: ob er die im Revier vorkommenden Erze und die mitbrechenden Bergarten kennt, ob er weifs was sie für einer Röstung bedürfen, wie sie gepocht werden, wie sie sich beim Schmelzen gegenseitig verhalten, was man für Eisen von ihnen erwarten kann, ob er die Kennzeichen der feuerfesten Steine die sich zum Bau des Ofenschachtes und zur Zustellung eignen, versteht; ob er weifs welcher Arten von Kalksteinen man sich bedient, ob er versteht die Form einzusetzen und bei allen Vorfallen gehörig zu richten, ob er sich bei schlechten Gängen des Ofens zu helfen weifs u. s. w. Von dem Bau der Hohöfen mufs er wenigstens wissen wie die Luftzüge gelegt werden, wie man beschadigte Mauern ausbessert, er mufs die Speichen des Wasserrades zu verkeilen und die Schaufeln zu stellen wissen, auch den inneren Bau der Balge kennen. Nach wohl bestandenem Examen und vorgezeigtem Atteste seines Wohlverhaltens im früheren Dienste erhalt er den Meisterbrief versehen mit der Unterschrift des Oberhohofen- und des Altmeisters. Er wird entweder beim Bergsting oder der Möle vereidet. Der Inhalt des Schwurs ist: treue Pflichterfüllung als Meister, insbesondere sorgfaltiges Aussuchen eines guten Gestellsteines, Aufsicht über das Rösten und Pochen, Bestimmung der Erzgicht, Oekonomie mit Kohlen, Belehrung seiner Untergebenen und genaue Angabe der Tage die der Ofen überhaupt im Gange gewesen, um danach die Besteuerung zu regeln. — Es giebt noch viele Hohofenmeister die das Zustellen nicht verstehen, und die blofs Wächter heifsen. — Den eigentlich wichtigen Dienst hat der Meister bei den Gewerkshütten, bei denen denn auch besonders darauf gesehen wird, dafs sie zur Zunft gehören. Der Meister mufs hier darauf halten, dafs das Gestelle für die Winterkampagne schon im Sommer oder Herbst vorher eingesetzt werde, ehe die Winterkalte hinderlich wird oder der Mauer schadet; zu dem Ende mufs die Gewerkschaft zur rechten Zeit die Steine die der Meister dazu auswählt herbeischaffen. Er mufs ferner darauf sehen, dafs der Vorrath von Erz, Kohle und Kalk seine gehörige Güte habe, gutgeartetes Erz soll er nicht verwerfen, findet er abes schlechtes oder verbotenes, so lafst er es sogleich wegschaffen. Unbekanntes Erz, dessen Güte man aus den äufseren Kennzeichen nicht beurtheilen kann, soll er bei Gewerkshütten nicht verbrauchen ohne besondere Erlaubnifs des Oberhohofenmeisters; will aber bei dem Ofen eines einzelnen Besitzers (Brukspatrons) dieser die Gefahr entweder schlechtes Eisen oder einen verunglückten Gang durch den Verbrauch zu erhalten auf sich nehmen, so mufs er den Verbrauch dem Meister schriftlich befehlen. — Der Hohöfner soll in einen schlechten Schacht, oder wo sonst Gründe sind einen schlechten Gang zu erwarten, kein neues Gestell mehr einsetzen. Er soll nicht mit zu kleinen oder nicht luftdichten Balgen blasen, und soll das Geblase nicht eher einbringen, bis der Ofen vollkommen durchgewärmt ist, wobei bei neuem Schachte noch besondere Aufmerksamkeit zu verwenden. Er hat auf das sorgsamste darüber zu wachen, dafs die Bergleute sich gegenseitig nicht Schaden thun, und dafs der Aufgeber nicht zu Gunsten des Einen oder Anderen an dessen Blasetage mehr Erz aufgiebt als die Kohle gehörig tragen kann, und dadurch dem in der Tour folgenden schade. Er soll sich nicht unterfangen der leichteren Arbeit im Gestelle wegen mehr Kalk aufzugeben als das Erz verlangt, oder den Wind steigen zu lassen, wodurch die Kohle schneller verzehrt wird. Er muſs dafür sorgen, daſs das Hüttenzeichen in jedes Eisenstück eingedrückt werde, und daſs die Stücke nicht über 13 bis 15 Schiffpfund schwer werden, weil sie sich sonst zu schwer frischen. Wo die Schlacke sich dazu eignet, muſs er auf Anfordern des Gewerkes oder Besitzers Schlackenziegeln machen, doch muſs er dafür besonders belohnt werden. — Läſst ein Meister das Gesagte auſser Acht, oder stellt er schlecht zu, übersetzt er den Ofen, erkaltet die Schlacke vor der Form, oder leidet der Schacht durch unrichtige Stellung des Windes, so bezahlt er den Schaden, und kann er dieſs nicht, so arbeitet er mehrere Jahre als niederer Arbeiter unter einem anderen Meister, um so wenigstens durch Arbeit den Schaden zu ersetzen.

Diejenigen Meister die den Bau des Ofens so gründlich verstehen, daſs sie ihn von Anfang bis zu Ende allein durchführen können, heiſsen Stegresare. Gewöhnlich giebt es in jedem Bergmeisterthum einen oder zwei, die aus den Meistern gewahlt sind. Sie werden ebenfalls zuvor geprüft, und zwar über folgende Gegenstande: Kenntniſs der vorzüglichsten Erze und Steinarten im Revier, der Art wie der Grund zu den Hohöfen nach den verschiedenen Erdschichten auf denen er ruht eingerichtet sein muſs, wie die Rauhmauer von Granit untadelhaft aufgeführt wird, und wie der Schacht gut und dauernd aufzumauern sei. Er wird nach diesem Examen von dem Bergmeister in Amt genommen. Er reicht bei Neubauten dem Oberhohofenmeister einen Materialienanschlag ein, und erhalt von diesem gewöhnlich besondere Zeichnung und Vorschrift nach der er sich zu richten. Nimmt der Hohofen durch schlechten Bau Schaden so ersetzt er diesen. Bezahlung erhält er nach Ackord.

Den Hüttenarbeiter, eine Art Geselle, nimmt der Meister mit Bewilligung des Besitzers oder der Gewerkschaft an. Der Altmeister giebt ihm den Lehrbrief. Bei der nächsten Möte oder dem Bergsting wird der Arbeiter vereidet. Es ist jeder von der Annahme als Arbeiter ausgeschlossen, der nicht Zeugnisse über einen ehrlichen Wandel hat, und nicht Körperkräfte genug besitzt. Er mufs Rösten, Pochen und Aufgeben schon verstehen wenn er Lehrling werden will. Er arbeitet vor der Brust schichtweise mit dem Meister, er mufs die Schlacken ausführen, und dabei die zähe Hakenschlacke von der rinnenden sondern, weil erstere gepocht wird um die Eisenkörner daraus zu gewinnen. Er vertritt den Meister, und ist der Vorgesetzte des Aufgebers in der Schicht wo er den Betrieb hat.

Der Aufgeber wird auf dieselbe Weise angenommen und vereidet wie der Schmelzer. Seine Schuldigkeit ist kein schlechtes Erz anzunehmen, er darf die Erze nicht durcheinander werfen, sondern mufs sie abgesondert halten. Er darf nicht mehr Schaufeln aufsetzen als der Meister vorschreibt. Scheint es ihm, als treffe der Meister eigennützige Maafsregeln hinsichtlich der Gattirung und Gichten, so hat er ihm das im Beisein des Hüttenbesitzers bescheidentlich vorzustellen.

Bei den Möten müssen die Hüttenbesitzer, besonders aber die Gewerkschaften, die Meister- und Lehrbriefe ihrer Leute vorweisen, und dürfen keinen andern als zünftige Arbeiter annehmen, doch darf auch kein Arbeiter sich zu Arbeiten am Ofen gebrauchen lassen die er nicht gelernt. Hütten die nur ein Jahr ums andere blasen brauchen je zwei nur einen Meister.

Bei den Versammlungen werden Prüfungen der Arbeiter vom Oberhohofenmeister vorgenommen, und die am besten bestehenden, wo kleine Fonds dazu vorhanden, belohnt. Wissen die Arbeiter wenige der vorgelegten Fragen zu beantworten, so wird ihnen auch wohl ein Abschnitt aus Garney's Handbuch aufgegeben, und bei der nächsten Möte daraus examinirt. Aufserdem werden gewöhnlich die Königlichen allgemeinen Hüttenordnungen, die Vorschriften über die Hohöfnerzunft, und die speziellen Verordnungen des Bergmeisters u. s. w. vorgelesen.

Leider hält man trotz alles Bemühens von oben her diese Gesetze nicht streng aufrecht, und es wird oft ungeprüften selbst uneingeschriebenen Leuten die Wartung der Oefen anvertraut, wodurch der Betrieb lange nicht auf dem Standpunkte von Sicherheit sich befindet, auf dem er bei dem übrigens so vortrefflichen Material Schwedens durch kundige Behandlung stehen müfste.

Die ganze Einrichtung ist den konstitutionellen Ansichten Schwedens gemäfs, wie überhaupt alles Zunftwesen als die Freiheit und Entwickelung der Industrie beschrankend, angefochten worden, doch halt sie sich noch, wird aber vielleicht in den allen Zünften drohenden Sturm hineingezogen werden. Wenn wir nun auch, wie wir diefs schon im geschichtlichen Abschnitte gethan, die Hohöfnerzunft als solche in Schutz nehmen müssen, so wollen wir doch nicht in Abrede stehen, dafs manche zeitgemafse Modifikationen des alten und veralteten Institutes durchaus nothwendig seien, ja wir wollen sogar auf Eine, wie uns scheint recht wichtige, aufmerksam machen, die in Schweden noch nicht einmal zur Sprache gekommen.

Die Zunftgesetze lassen nämlich nur den Hüttenarbeiter zum Meisterthum, nur also den zwar kräftigen aber unwissenden und schwer vorschreitenden Bauer. Dadurch hat sich selbst bei Unbefangneren der Glaube gebildet, ein Hohofenmeister müsse nothwendig viele Körperkräfte besitzen, um dem Untergebenen zeigen zu können, wie er das Gestelle reinigt und die Gicht aufgiebt. Alle Fortschritte die durch die neueren Versuche, durch die Reisen im Auslande mit so vielem Kostenaufwande gemacht worden, sind daher für den wirklichen Betrieb in Schweden ganz verloren gegangen, denn der Bauer, und der schwedische vielleicht noch mehr als ein anderer, hangt mit festem Glauben am Alten, und für ihn sind alle feineren Nuanzen nicht geschaffen, die doch, will man ernstlich Verbesserung, allmahlig Eingang finden müssen. Einen Windmesser, einen Regulator, eine bessere Rostvorrichtung mit Zügen u. s. w. wird er schwer gebrauchen lernen. Es scheint daher durchaus nothwendig als Kriterion für die Meisterschaft die Prüfung in Kenntnifs der Leitung des Betriebes festzustellen, und die Bedingung, dafs der sich darum bewerbende selbst lange Zeit Hüttenarbeiter gewesen sein müsse, aufzuheben. Dann wird man sich insbesondere für die besseren Werke mehr gebildete Leute heranziehen können, und dann mit der erfreulichen Aussicht an Versuche zu Verbesserungen Hand legen, dafs das Betriebs-Personale gewonnene Resultate zu würdigen und benutzen verstehen werde.

Frischer- (Hammarsmed) Zunft.

Diese Zunft besteht aus dem Altmeister, den Meistern, Gesellen (Mästersvän) und Lehrjungen. — Sie müssen alle beim Bergsting eingeschrieben sein; jährlich werden ihnen die Verordnungen über ihr' Geschäft und ihr Innungsverhältnifs vorgelesen.

Zum Altmeister wahlt das Bergsgericht einen geschickten zuverläfsigen Meister, der als Beisitzer des Berggerichtes vereidet wird. Er besucht jährlich einmal alle Frischfeuer, und mufs dabei nachsehen: ob die Frischer vorsichtig mit dem Feuer umgehen, ob sie sparsam mit Roheisen und mit Kohle sind, ob sie ihr Feuer gut stellen, und die Deule gut ausrecken; er mufs sie wo es Noth thut unterrichten, und sich überzeugen, dafs alle Arbeiter zünftig sind; er revidirt ferner auf Verlangen das Kohlenmaafs. Sein Lohn und Distrikt wird ihm vom Berggerichte angewiesen. — Er darf ein Frischfeuer als Meister übernehmen, mufs aber, wohin er in seinem Bezirke gerufen wird ohne Aufenthalt erscheinen.

Für jeden Hammer soll ein Meister gehalten werden, für jedes Feuer ein Meister ein Geselle und ein Lehrling, oder für zwei Heerde ein Meister und drei Gesellen. Die Lehrlinge nimmt der Meister mit Bewilligung des Besitzers an, ernährt und kleidet sie, und lafst sie einschreiben. Hat der Lehrling ein Jahr gut gedient, so erhalt er sechs Thaler B. aus der Zunftlade, und dient dann in derselben Hütte noch zwei Jahre. Der Meister mufs ihn an Sparsamkeit mit Kohle gewöhnen, und bei dem Ausrecken wohl einüben.

Will er Geselle werden, so meldet er sich beim Altmeister, wird von diesem in Beisein des Besitzers geprüft ob er das Frischen und Strecken mit gehöriger Kohlenersparung versteht, und macht dann die Gesellenprobe, die gewöhnlich in einem wöchentlichen Frischen besteht, wo er die Stelle des Meisters einnimmt. Er erhalt darauf den Lehrbrief, und wird beim nächsten Bergsting eingeschrieben.

Will er Meister werden, so wird er auf ähnliche Weise geprüft: über Stellung des Feuers, besondere Verschiedenheiten des Gufseisens, wie man Heerd und Geräthe in Ordnung hält, und ein fehlerfreies Eisen nach gegebenem Muster ausschmiedet; darauf macht er das Meisterstück, das darin besteht ohne alle weitere Untersuchung einen fehlerfreien Stabeisenhammer zu machen, sich selbst das Feuer zu stellen, und bei diesem eine Woche zu schmieden.

Zieht der Frischer von einem Herrn zum andern, so mufs er eine Kundschaft haben, ohne diese darf ihn Niemand miethen; wer in der Kundschaft ein besseres Zeugnifs giebt als der Frischer verdient, bezahlt Strafe und ersetzt den Schaden der etwa einem anderen Hüttenbesitzer daraus erwachsen.

Der Frischer darf kein schlechtes Gufseisen verfrischen, er mufs dafür einstehen, dafs das Eisen keine grofsen Risse und Kantenbrüche hat, nicht roh oder hart und gleichförmig in den Dimensionen nach dem Muster geschmiedet ist. Wird darin etwas verfehlt, so mufs er den Fehlern nachhelfen, oder geht das nicht, den Schaden ersetzen, und überdiefs, geschieht es das dritte mal, Strafe geben, die in die Zunftlade fliefst.

Was oben von der Hohöfnerzunft gesagt wurde, gilt auch theilweise von den Frischern. Das Vorurtheil schadet auch hier, und kein Frischer wird überzeugt werden können, dafs es auf die vielen kleinlichen Dimensions-Bestimmungen des Heerdes nicht ankomme, wenn er auch sieht, dafs der nebenstehende Heerd bei einer anderen Stellung gleich viel und mehr und besseres Stabeisen giebt als seiner. Die Idee der Zunft hat allerdings immer die Ueberlieferung und ihre Heiligkeit und Untastbarkeit in Schutz genommen; dennoch scheint man aber auch hier dem Zunftwesen zu viel zu thun, wenn man ihm alle Schuld der geringeren Güte des heutigen schwedischen Stabeisens im Vergleiche zu dem früheren beimifst.

Die Hauptschuld davon tragen, wie wir schon andeuteten, die Auslander, die für schwedisches Eisen, gut oder schlecht, gleichviel bezahlen, wahrend sie früher bei sorgfaltiger Wahl ihres Materials sehr wohl die verschiedenen Stempel und deren eigenthümliche Güte kannten, und durch den sehr verschiedenen Preis zu würdigen wufsten. Jetzt hat kein Hüttenbesitzer einen Vortheil bei guter und dabei kostbarer, von gewahlten Arbeitern geleiteten Frischmethode; nicht einmal Ehre bringt sie ihm, denn alle Stempel werden im Handel rücksichtlos durch einander geworfen; er halt sich daher an die wohlfeilste Methode, sucht mit möglichst wenigem Abbrande und geringem Aufgange an Kohle und Zeit zu frischen, und ist dabei schon zufrieden wenn das Eisen nur unterwegs nicht auseinander fallt. So kann die Frischerei selbst bei den besten Arbeitern nicht fortschreiten. — Der Einzelne denkt allerdings nicht daran dafs auf diesem Wege das Produkt im Allgemeinen schlechter werde, dem aus schlechteren Erzen dargestellten sich nahere, und dafs dem noch im günstigen, aus der Vorzeit stammenden Vorurtheile befangenen Auslander endlich einmal die Augen aufgehen können, wodurch die schwedische Eisenausfuhr sich um ein bedeutendes verringern, und an dem Vorurtheil einen eben so hartnakkigen Feind erhalten möchte, als sie vorher einen blinden Freund an ihm hatte. Was würde es aber dem Einzelnen auch helfen, wollte er den Mifsbrauchen entgegenstreben, sein Schwimmen gegen den Strohm würde ihn schwächen, ohne den Strohm aufzuhalten. Es scheint daher Sache der Brukssozietät, die schon so Vieles und Gutes für das schwedische Eisenhüttenwesen gethan hat, den Fehler des Auslandes, den man mit zu sicherem Vertrauen und mit zu leichtem Blicke in die Zukunft benutzt, gut zu machen. Möge sie statt des zu befürchtenden grofsen Verlustes jetzt freiwillig einen kleinen übernehmen, und unter sich selbst schärfere Proben für das abzuliefernde Eisen feststellen, um wirklich dem guten Produkte das die vortrefflichen Erze geben können, sich möglichst zu nähern, und so ohne Furcht jedem Wechsel der Zukunft entgegen sehen zu können.

e. Bergslag.

Die Bergslage sind die eigentlichen Provinzen des grofsen Eisenstaates, und sind so uralt als dieser selbst. — Wann diese Bestimmung besonderer Gegenden ausschliefslich zum Bergbau zuerst geschehen, ist nicht zu ermitteln, die ältesten Urkunden haben die Sache schon als etwas hergebrachtes; den Namen haben wir beim Durchsehen der Urkunden zuerst in Herzog Karls (später Karl IX.) erneuerten Privilegien des Wermländischen Bergslages gefunden. Das älteste Gesetz ist von 1354 für Norbergs Bergslag gegeben, wo 12 Vögte angesetzt worden, und Wermelands Bergslag erhielt 1413 alle die Freiheiten und Privilegien die den Besitzern die andere Eisenberge in Schweden bebauen zugesichert. Welches diese Freiheiten alle waren ist nicht genau zu sagen, doch wissen wir bestimmt von eigener Gerichtsbarkeit, Befreiung von Vorspann und Erleichterungen im Handel, so wie geringere Abgaben; 1420 erhielt Bitsberg, Wikaberg, Skinskatteberg u. a. m. dieselben Rechte.

Die Könige bestätigten jedesmal die Privilegien die die Vorgänger gegeben, behielten sich aber alle vor, das Nöthige in der Folge daran ändern zu können. Die Abgabe wurde schon wie heute Zehnt (Tionde) genannt, und mag auch wohl damals wirklich $\frac{1}{10}$ der Produktion betragen haben. Unter Gustav I. findet man schon die Einrichtung von Kronohemman, (s. u.) die heute noch unverändert besteht. In der genannten Urkunde Karl des IX. wird den Bergslagen das Recht zugestanden keine Kriegsdienste zu thun.

Im Allgemeinen ist die Definition von Bergslag nicht scharf zu geben, am nächsten dürfte noch der Wahrheit kommen, daſs es gewisse Distrikte in der Nähe groſser Erzgruben sind, für die der Bergbau und das Verschmelzen der gewonnenen Erze zu Roheisen eine Pflicht ist, die aber dafür mehrere Vorrechte genieſsen. Einzelne meinen es liege in dem Begriffe von Bergslag, daſs der gröſsere Theil der darin befindlichen Hütten von Bergleuten und nicht von Standespersonen betrieben würde. Aus einigen offiziellen Schriften die über die Frage ob Husby Kirchspiel Bergslag sei oder nicht, gewechselt, scheint hervorzugehen, daſs auch wohl die Bedingnisse noch dabei sein dürften, daſs der gröſste Theil der Gehöfte (Hemman) Bergmannshemman sein, daſs die Hütten Roheisen zum Verkauf und nicht blos für eigene Frischereien erblasen müsse, auch daſs das Erz nicht von auſserhalb geholt werde; alle Definitionen passen aber auf die Umstände nicht scharf. Daſs durch das Unsichre des Begriffes wirklich Zweifel entstehen, sieht man am deutlichsten aus einem Prozesse der jetzt noch schwebt und die Frage zum Vorwurfe hat, ob das berühmte Dannemora mit seinen Hütten Bergslag sei oder nicht.

Eben so wenig sind wir im Stande recht genau zu sagen, wieviel solcher Bergslage jetzt bestehen, da bald mehrere unter einem Collektiv-Namen zusammengefafst werden, bald wieder die Bergslage einzeln auftreten, so dafs man nicht recht weifs welches die Einheit ist. Schon die erste Angabe von 1649 ist ungewifs. Die bedeutendsten wenigstens wollen wir nennen. Es sind Hjulsjö, Ramsberg, Nora, Lindes och Ramsberg, Lerbäck, Grythytte, Taberg, Philippstadt, Carlskoga, Lekeberg, Nya Kopparberg, Grangjärde und Norberg. Taberg liegt bei Jönköping, die übrigen sind in den nördlicheren Gegenden, als Wermland, Dalarne, Westmannland, Nerike u. s. w. belegen.

Wenn ein Bergslag so wenig Gufseisen erzeugt, dafs er nur einen sehr unbedeutenden Theil seiner Nahrung davon zieht, so dafs er auch dem Staate wenige Abgabe an Eisen erlegt, und daher, da er sonst von den meisten Abgaben des Landes befreit, sehr wenig zu Tragung der allgemeinen Lasten beiträgt, werden ihm die Bergslagsrechte vom Könige genommen, und er wird in Landslag verwandelt. Diefs ist 1820 mit Hellesta und Wånga Bergslag geschehen. Im Allgemeinen scheint angenommen zu sein, dafs jeder bestehende Hohofen der Bergslager wenigstens Ein Jahr ums Andere blasen müsse.

Die eigentlichen Rechte der Bergslage bestehen jetzt im Allgemeinen darin, dafs sie aufser einer kleinen Abgabe für den Grundbesitz nur von ihrem Betriebe die überall übliche Steuer in Eisen entrichten, davon befreit sind im Frieden Soldaten zu unterhalten *), dafs in ihren Distrikten unter den nöthigen Arbeitern nicht gewor-

*) Wenn der Feind das Vaterland betritt, müssen sie nach dem Gesetze von 1809 Theil nehmen an der Nationalbewaffnung.

ben werden, und dafs sie eigene Märkte haben, wo ihnen niemand vorkaufen darf, wodurch sie die Lebensmittel wohlfeiler erhalten; auch dürfen sie dabei in Eisen bezahlen. Die einzelnen Bergslager haben noch einige besondere Berechtigungen die von keiner so grofsen Bedeutung sind.

Ueber die Bergslager ist ein sehr genaues sogenanntes Grundbuch (jordebok) aufgenommen, das Flüsse, Wälder und alles das von alter Zeit dazu gehörige genau beschreibt und nachweist. Das erste wurde unter Königin Christine entworfen. 1760 wurde es erneuert, und vor kurzem ist es abermals umgearbeitet worden.

Was der Bergslag als Provinz, ist der Bergmannshemman als Bauerngut. Bergmannshemmane liegen gewöhnlich nur in einem Bergslager, und bilden ihn in ihrer Summa, doch sind auch jetzt deren aufserhalb. — Es giebt zwei Arten solcher Hemmane, die der Krone zugehörigen (Kronohemman) und die den Bergleuten eigenthümlichen (Skattehemman). So lange die Bewohner des Kronhemman ihre Pflicht hinsichtlich der Roheisenproduktion erfüllen, bleibt ihnen der ungestöhrte Besitz des Hemman sicher; es steht dem Bergmann frei den Hemman an sich zu kaufen, wo er dann auch Geld darauf aufnehmen kann und ihn verkaufen. Eine gröfsere Theilung durch Erbschaft als höchstens in acht Theile ist nicht erlaubt.

Um die den Bergslagen, also den grofsen Gruben nahe gelegenen Wälder blos zur Verschmelzung der Erze zu benutzen, sind nur sehr wenige Frischereien in den Bergslagen zugelassen, eigentlich sollen nur so viele sein, um das für den Gebrauch erforderliche Stabeisen zu bereiten. Die Verlegung eines Frischfeuers von aufserhalb des Berglagers in diesen hinein ist ganz verbothen, dagegen ist es unter der Bedingung daſs an dem Quantum der Frischerei-Gerechtigkeit nichts geandert werde, erlaubt, eine Frischerei aus dem Bergslag ins Land, oder aus einem Bergslag in den andern zu verlegen.

f. Hüttenordnung.

Die Hohöfen gehören, wie erwahnt, entweder einzelnen Besitzern (Brukspatronen), oder Gewerken (Bolag), oder Gewerken und Standespersonen zugleich, welche Letzeren gewöhnlich dadurch in die Gewerkschaft eingetreten, daſs sie einen oder mehrere Hemman von den ganz verschuldeten Bergleuten haben übernehmen müssen.

Nach diesen verschiedenen Besitzern richtet sich nun sehr die gesetzliche Feststellung des Betriebes. Den Brukspatronen muſs man, wie leicht einzusehen, viele Freiheit der Disposition über ihren Betrieb lassen, was um so eher geschehen kann, da sie nur für ihre eigenen Frischfeuer blasen. Die Gewerkshütten aber müssen aufmerksamer kontrollirt werden, denn sie erblasen Roheisen zum Verkaufe, und sind meistens im Hüttenbetriebe wegen der so sehr verschiedenartigen Erze welche die einzelnen Theilnehmer verschmelzen, zurück; dabei entstehen unter den Gewerken selbst sehr oft Streitigkeiten, und die Gerechtsamen der Einzelnen sind schwer vor Angriffen der Anderen zu schützen; das Arbeitspersonal ist möglichst knapp zugemessen, ja oft wird es, so weit es erlaubt, aus der Mitte der Gewerkschaft gestellt und ist daher unerfahren; überhaupt hat man es hier mit ungebildeten, durch Vorurtheile befangenen Leuten zu thun. Wie sehr hier die gröſste Aufmerksamkeit der Beamten Noth thut, welche unglaubliche Mühe es kostet diese Bergmannshütten nur allmählig den in ihrem ökonomischen Betriebe so weit vorgeschrittenen der Standespersonen nach zu bringen, lehrt der Augenschein und die ununterbrochene Klage aller Beamten.

Was wir hier von der Hüttenordnung sagen werden, beschränkt sich deshalb hauptsächlich auf die Anordnungen, die für die Bergmannshütten getroffen. — Man hat sich seit längerer Zeit Mühe gegeben, und sucht auch jetzt noch darauf hinzuwirken, die Gewerke zu einem Zusammenlegen ihrer Erze und Kohlen für einen gemeinschaftlichen Betrieb von Anfang bis zu Ende, und zu einem nach den zugelegten Erzmengen verhaltnifsmäfsigen Theilen des Produktes zu bringen. Dieser gemeinschaftliche Betrieb würde die wichtigsten Vortheile haben, indem man die verschiedenartigen Erze die jeder der Bergleute verschmilzt, gleichmäfsig über die ganze Blasezeit vertheilen, und daher einen weit sichrern und einträglicheren Ofengang gewinnen könnte; ferner würden die Reparaturen und anderen Auslagen sich leichter bestreiten lassen, da man sie gleich vor dem Vertheilen des Produktes davon abzöge, und endlich hörten dann die vielen gegenseitigen Streitigkeiten in der Gewerkschaft selbst auf. Bis jetzt sind aber diese Bemühungen fast ganz verloren gewesen. Nur für die Zeit des Anwärmens und bis der Ofen in vollem Gange ist müssen gesetzlich Kohle und Erz zusammengeschossen werden, und der Bergmeister hat das Recht zu bestimmen, wie lange dies gemeinschaftliche Schmelzen (Hopabruk) währen soll. Gewöhnlich dauert es 20 Tage und darüber. Nachher aber schmilzt jeder Bergmann einmal oder mehrere mal 24 Stunden, ja mancher nur drei bis vier Gichten mit seinem Erze und seinen Kohlen, bis die letzte Gichtsaule in den Ofen eingetragen wird. Dieser letzte Betrieb (ein bis zwei Tage) wird abermals mit gemeinschaftlichem Materiale gemacht. — Mit dem Betriebe der Einzelnen beginnt auch die Zeit der Unterstechereien, der Streitigkeiten und des schlechten Betriebes. An Veranlassungen zu solchen Streitigkeiten fehlt es selten; die gewöhnlichsten sind, dafs Einzelne schlechtes oder zuviel Erz aufgeben. Das schlechte Erz kaufen sie wohlfeil und suchen es mit unter das gute zu mengen; wird nun das Roheisen dadurch verdorben, und hält sich der Käufer deswegen an das Gewerk, so kann man nicht ausmitteln wer diese schlechten Eisenstücken erblasen, und das Ganze mufs die Schuld des Einzelnen tragen. Noch häufiger geschieht es aber, dafs zu viel, wenn auch gutes Erz aufgesetzt wird. Jeder bemüht sich nämlich von der Tragkraft des Ofens so viel als irgend möglich Nutzen zu ziehen, und da die Kohlengicht immer dieselbe bleibt, so kommt es nur darauf an die Erzgicht möglichst zu vergröfsern, um mit der festgestellten Summe Kohlen die man liefert die gröfste Quantität Eisen zu erzeugen; gelingt diefs, so ist der Ofen den folgenden Tag erschöpft, und der im Betriebe Folgende darf bei derselben Kohlenmenge nur wenig Erz aufgeben, sonst geräth der Gang vollkommen in Unordnung. Da es nun schwer ist dem Vormanne zu beweisen, dafs er seinen Tag gemifsbraucht, und auch allerdings auf anderem Wege die Tragkraft des Ofens geschwächt sein kann, so ist das wirkliche Vorkommen eines solchen Falles Veranlassung zu Mifstrauen und zu vielfachen Streitigkeiten unter dem ganzen Gewerke während einer langen Zeit. Dieser Unterschleif wird sehr erleichtert durch das Aufgeben der Erze nach Schaufeln; gäbe man nach dem Gewicht auf, so wäre er fast unmöglich, da der Aufgeber geschworen hat keine gröfsere Gichten zu führen als der Meister, der für den Gang verantwortlich ist, vorgeschrieben hat. Da aber nur die Gicht in Schaufelzahl angegeben wird, so glaubt er oft seinem Schwure nicht entgegen zu handeln, wenn er für ein Glas Branntwein oder eine sonstige Stärkung, die er bei seinem wirklich unbegreiflich schweren Geschäfte so sehr bedarf, diese Schaufeln höher aufthürmt oder mehr zusammenschüttelt als gewöhnlich.

Um diesem entgegen zu arbeiten hat man zwei Mittel ergriffen, nämlich erstens den Arbeiter zu bestrafen, wenn er aus irgend einem Vorwande von einem einzelnen Bergmanne Speise oder Trank annimmt, ihn dagegen zu belohnen, wenn er sich sogar seine tagliche Nahrung nicht einmal von dem Hüttenvogt, dem Reprasentanten der Gewerkschaft, besorgen lafst, sondern sie sich selbst anschafft, und zweitens, indem man dahin zu wirken sucht, dafs überall statt des Abmessens das Abwagen eingeführt werde. Dieser letzteren Anordnung wegen schwebt jetzt ein sehr interessanter Prozefs dessen Entscheidung nun schon bis zur höchsten Instanz vorgedrungen. Ein Bergmeister hat namlich in seinem Reviere direkt, bei Androhung einer Geldstrafe von 25 Thalern B. befohlen, dafs alle Hütten bis zum Jahre 1827 die Wageeinrichtung haben müfsten. Viele derselben sind zusammengetreten und haben den Bergmeister als Ueberschreiter seiner Befugnisse verklagt. — Da nun in den Gesetzen selbst über die erst seit sehr wenigen Jahren in Schweden begonnene Abwagung der Erze keine Vorschrift vorhanden ist, so sind manche Stimmen gegen den Bergmeister, allein der gröfsere Theil der Hüttenverstandigen glaubt dennoch, dafs der Analogie mit anderen Gesetzen nach, bei seiner Verpflichtung kein übersetztes Roheisen erzeugen zu lassen, ferner darauf zu halten, dafs von weniger guten Erzen nur genau so viel zugesetzt werde, als er für unschädlich hält, und endlich, indem er die Rechte des Einzelnen schützt, den vielen Streitigkeiten und Unregelmaſsigkeiten vorzubeugen — daſs nach allem diesen er die Befugniſs haben müsse solche Anordnungen zu treffen. Fallt die höchste Entscheidung günstig für den Bergmeister aus, so ist zu erwarten, daſs man sehr bald diesen gebilligten Befehl in allen Bergslagern wird ergehen lassen, und daſs auf diesem Umwege ein Fortschritt des schwedischen Eisenhüttenwesens erlangt werden dürfte, den man wohl für den gröſsten und wichtigsten seit langer Zeit zu halten berechtigt ist *).

Ein fast eben so streitiger Punkt bleibt noch die Zahl der Aufgeber; gewöhnlich hat man nur Einen und einen Kohlenführer. Berechnet man, wieviel Zeit dem Aufgeber bei 12 bis 14 Gichten des Tages zwischen je zwei Gichten bleibt, so sind es kaum $\frac{3}{4}$ Stunden; wie kann aber billiger Weise von einem Menschen verlangt werden, daſs er während mehrerer Monate, ja oft während $\frac{3}{4}$ Jahre, nur immer $\frac{3}{4}$ Stunden ruhen und dann wieder schwere Arbeit verrichten solle? Die Gichtenanführung muſs dadurch nothwendig sehr unregelmaſsig werden, und um dem Aufgeber nur einige Ruhe zu gönnen, ist man genöthigt die Gichten sehr stark zu machen, was wieder der Tragkraft der Kohlen und der Güte und Sicherheit des Ofenganges sehr schadet. Man wendet daher alles an es so weit zu bringen, daſs statt des einen Aufgebers und einen Kohlenführers zwei Aufgeber und ein Kohlenführer angenommen werden möchten; doch ist dieſs noch wenig gelungen, ja es ist sogar schwer ge-

*) Es wurde uns versichert die Entscheidung sei jetzt erschienen, und dem Bergmeister das streitige Recht zugesprochen.

wesen es zu erhalten, daſs statt jener nun angestellten zwei Arbeiter auch wieder nur zwei, aber zwei Aufgeber angenommen wurden, die die Arbeit so unter sich theilten, daſs sie in Schichten von 12 Stunden abwechselten, und sich dann Kohle und Erz selbst anführten.

Die Bergmannshütten blasen jetzt nicht alle Jahr; man sammelt so lange Erz und Kohle bis man wenigstens für eine Kampagne von mehreren Monaten Material besitzt; früher blies man fast alljahrlich an, und wenn der Ofen eben in den besten Gang gekommen war, muſste man ihn aus Mangel an Erz oder Kohle wieder niederblasen. Noch jetzt sind wie es scheint die Betriebe zu kurz, da noch viele vorkommen, die nicht über 60 bis 70 Tage dauern; es ist zu vermuthen, daſs die Produktion um vieles besser und wohlfeiler werden dürfte wenn mehrere Gewerke sich zusammenthun und einen Ofen alljahrlich und in möglichst lang dauerndem Betriebe beschaftigen wollten; wie viele Wasserbauten, Ofenreparaturen, Inventarien würden erspart, und um wie vieles der Betrieb vereinfacht; man könnte leichter Verbesserungen vornehmen, Fortschritte machen, und würde dann auch wegen der gröſseren Entfernung der Bergleute vom Ofen es leichter dazu bringen, daſs sie die einzelnen Schmelztage aufgaben, und sich zu allgemeinem Betriebe verstandigten. Man hat wie es scheint auch schon mehrfach versucht solche Vereinigungen zu Stande zu bringen, allein ohne groſsen Erfolg, es gelingt meist nur da, wo ein Gewerk allmahlig so schwach an eigenen Mitteln geworden ist, daſs es sich gezwungen sieht den eigenen Betrieb aufzugeben, und sich an einen anderen anzuschlieſsen (flytta).

Die Gewerkschaft wahlt für jeden Betrieb Einen aus ihrer Mitte zum Hüttenvogt. Dieser reprasentirt das

Ganze, ist also der Vorgesetzte des Einzelnen und des Arbeiters. Der Oberhohofenmeister mufs die Wahl billigen. Er revidirt beim Antritte die Hütte und übernimmt das Inventarium. Er besorgt für die Arbeiter die Kost, wenn er sie nicht dazu bewegen kann es selbst zu übernehmen. Er ist dafür verantwortlich, dafs die Arbeiter vereidet seien. Er zeigt dem Oberhohofenmeister beim Beginnen des Blasens an, welche Erze die Hütte verbrauchen will, wo ihm dieser dann die Vorschrift zur Gattirung giebt; sollte der Oberhohofenmeister es für nothwendig halten, dafs andere Erze noch zur Gattirung herbeigeschafft würden, so sorgt er für ihren Ankauf. Zu Anfange des Betriebes wo die ganze Gewerkschaft Erze zusammenschiefst, mufs er nur gute Kohlen und gute möglichst gleichförmige Erze aussuchen Er lafst die Bergleute beim Anblasen um die Reihefolge in der sie ihre Blasetage haben sollen, loosen; er halt darauf, dafs bei dieser Loosung keine Partheilichkeiten vorgehen, und dafs man sie streng befolgt. Er sorgt dafür dafs jedet die Schlacke seiner Blasezeit abführt. Er ist überhaupt für den Gang dem Gewerke verantwortlich, und bestimmt mit dem Meister gemeinschaftlich die Gröfse der Gichten; doch ist in einigen Gegenden der Meister hierfür allein verantwortlich. Schlechte Erze und Kohlen weist er ganz zurück, mittelmafsige lafst er bis zuletzt. Sollte der Gang fortdauernd schlecht sein, so ruft er den Altmeister zur Hütte. Er führt ferner die Rechnung, und legt sie 6 Wochen nach dem Schlusse des Betriebes ab. — Wenn das Blasen von der Gewerkschaft beschlossen worden, mufs jeder Einzelne, wenn er auch nicht blast, seinen Theil zu den Kosten der Zustellung, und Erz und Kohle zum Anblasen und zur Zeit des gemeinschaftlichen Betriebes geben. Der Hüttenvogt schafft auf Kosten der Säumigen Erz und Kohle durch Ankauf von dem Mindestfordernden der anderen Bergleute an, und macht sich durch den Antheil den die Säumigen an dem in der Zeit des gemeinschaftlichen Betriebes gewonnenen Eisen haben, bezahlt. Dieses ganze Eisen des gemeinschaftlichen Betriebes hält er bis zur Rechnungsablegung im Verschlusse, zieht davon die Gesammtunkosten des Betriebes, wozu auch seine Besoldung kommt, ab, und vertheilt den Rest nach der Gröſse der Antheile unter das Gewerk. — Wenn es ihm nöthig scheint versammelt er die Gewerkschaft in dem an die Hütte angebauten Raume (Rådstuga). — Das Roheisen muſs alles mit dem Zeichen der Hütte gezeichnet sein, dafür ist er verantwortlich, und sollten einzelne Theilnehmer, wie das wohl vorkommt, die Erlaubniſs nachgesucht haben, gewisse Quantitaten kaltbrüchigen Erzes mit zu verbrauchen, so müssen sie auf ihr Eisen noch einen eigenen Stempel neben den der Hütte drükken. Manche Gewerkschaften haben unter sich das Abkommen getroffen, daſs wer erweislich roth- oder kaltbrüchige Erze braucht, eine Strafe von 25 Thalern B. zahlt. Der Hüttenvogt hat dann darauf zu wachen, daſs er den Unterschleif mit Erzen aufdecke.

Will ein Bergmann seinen Antheil ganz aufgeben, so wird er auf die anderen Hüttentheile übertragen, je nach dem Waldantheil den jeder hat; die ganze Gewerkschaft zahlt ihm seinen Antheil am Geblase und dem anderen Inventarium heraus, auch ein Abstandsquantum für seinen Antheil am Ofen.

g. Waldwirthschaft.

Auf den Reichthum an Wald wird in Schweden von den vielen Hohöfen, Frischfeuern, den Bauten *), den vielen Waldbränden, der Holzausfuhr, insbesondere aber durch schlechte Wirthschaft eingestürmt, so dafs man allerdings mit sorglichem Blicke in die Zukunft sehen mufs, um so mehr, als andere Brennmaterialien für das Hüttenwesen so gut als nicht vorhanden sind. Ein schwedischer Schriftsteller sagt da er von der Waldwirthschaft spricht sehr richtig: „Ein Wenig hält lange vor, Viel ist aber schnell alle." Denn eben dieser Reichthum an Wäldern war die Veranlassung mit Feuer und Axt in die zunächst gelegenen rücksichtslos zu wüthen, wodurch gerade an den Stellen wo man Kohlen braucht die Gegenden nun kahl und die Wälder dünn geworden, während in den entlegenen Landstrichen allerdings unglaublich grofse Holzschätze vorhanden sind, wovon man aber leider fast keinen Gebrauch machen kann.

Die traurigsten Verwüstungen richten die grofsen und häufigen Waldbrände an, die oft ganze Landstriche von vielen Quadratmeilen in Asche legen, Städte und Dörfer mit zu verzehren drohen, und wovon z. B einer 1825 9 Meilen weit um sich griff, und für Stockholm besorgt machte. Obwohl sogleich die ganze Umgegend wo ein Waldbrand sich zeigt, zum Grabenziehen aufgeboten wird, so ist er sehr oft doch nicht eher zu stillen, bis er einen Flufs erreicht. Diese furchtbaren Feuersbrünste werden besonders durch das Schwenden (Svedja) veranlafst. Es dürfte daher wohl passend sein hier einiges Nähere darüber zu sagen.

Die Felsgrundlage Schwedens ist nur mit einer sehr dünnen Erddecke überzogen; an den meisten Stellen reicht sie nicht hin eine einigermafsen lohnende Erndte

*) Alle Bauerhäuser, ja die der meisten Städte in Schweden sind aus Baumstämmen zusammengefugt.

zu tragen, und der Regen und die dicken thauenden Schneemassen reifsen das Wenige was sich auflagert wieder mit fort. Es mufs daher besonders auf den höher gelegenen Punkten immer für Ersatz der Erddecke und wo möglich Vermehrung derselben gesorgt werden, und da es auch an Dünger fehlt, so bleibt kein Mittel als den spärlichen Wald der darauf wächst niederzuschlagen, zu verbrennen und auf seine Asche zu säen. Diese Methode nennt man Svedja. Obwohl man auch anderweitig sich ihrer zuweilen bedient, so ist sie doch Schweden von Altersher eigenthümlich, und ein schwarzes Trauerfeld aus deren Moder eine frische freudige Saat aufgrünt, gehört zur Charakteristik einer ächt schwedischen Gebirgslandschaft. Dieser Eigenthümlichkeit wegen glauben einige Schriftsteller, dafs das Wort Svea *) von Svedja abzuleiten sei. — Es giebt mehrere Arten von Schwenden; bei dem eigentlichen werden nur die Zweige verbrannt, bei der Art die Kyttning heifst verbrennt man auch die Stamme, bei der dritten Methode (Vackning) werden die Stamme eingehauen damit sie verdorren, aus den groben Spahnen wird Theer gewonnen, und die Stämme verkohlt man dann; da sie aber durch das lange Liegen schon halb gefault sind, so wird die Kohle bei dieser Methode sehr locker und schlecht; gewöhnlich schlagt man die Baume im Frühjahre, verbrennt die Zweige und das Gras, lafst die Stamme zum Herbste darauf liegen, verkohlt sie dann, und saet im nachsten Frühjahre. — Theils geschieht dies Schwenden um ein Stück Land ein für allemal zum Ackerland vorzubereiten, theils läfst man es wieder bewachsen, um

*) Woraus durch Zusammenziehung aus Svea Rike das heutige Wort Sverige, Schweden entstanden.

es nach gewisser Zeit wieder abzubrennen, und an vielen Stellen ist das ganze Gebiet in Schläge eingetheilt, wovon jedes Jahr einer gebrannt wird. Diese Art von Rotation giebt sehr gutes Ackerland, und scheint Schwedens Steinboden sehr angemessen; das Getreide gedeiht vortrefflich, und ersetzt reichlich den dünnen Wald der an solchen Stellen doch nur wachsen würde. Es ist viel gegen dies Schwenden gekampft worden, und aus den Hüttenwäldern ist es nun auch fast ganz verdrangt; doch mufs man es in den steinigen Gegenden dulden, weil es die einzige Art ist den Boden zu benutzen, und so werden die furchtbaren Waldbrande schwer ganz zu vermeiden sein.

Ein zweiter Feind des Waldwuchses ist die Ausfuhr, die obwohl sie nur auf $\frac{1}{9}$ des Bedarfs im Innlande angeschlagen wird, doch 1827 z. B. aus folgenden Artikeln bestand: 30700 Balken, 142700 Dutzend Bretter, 20000 halbe Boden, 74000 ganze Boden, 1223 Dutzend Latten, 90000 Sparren, 4624000 eichene und buchene Fafsdauben, 104438 Stück Tannenbänder, 17053 hölzerne Gefafse, 1305 Achsen u. s. w. Auch führt man eine grofse Quantität Theer aus, der nicht eben auf holzsparende Weise gewonnen wird. Alles zur Ausfuhr bestimmte Holz wird zunachst den Meeresküsten und den flöfsbaren Ströhmen gehauen, und da dieser letzteren nicht viele sind, so drängt sich diese Produktion auf eine geringe Waldflache zusammen, und schadet dadurch doppelt.

Der Anwuchs des Holzes geht dagegen, obwohl es meist Nadelwald ist, nicht schnell vor sich. Aus der Tabelle No. 5. die aus Hisinger Profiler och Tabeller etc. 1827 ausgezogen, ersieht man, wie weit im Norden die einzelnen Baumarten noch gedeihen; doch stehen die nördlichsten Theile Schwedens so wie die Fjallen zwischen

Norwegen und Schweden meist kahl. Auf einen Nadelholzbaum von 7 bis 9 Zoll im Durchmesser rechnet man 80 bis 90 Jahr, von 12 bis 13 selten unter 160 Jahre Wachsthum. Ist der Boden vorher mehrmals gebrannt worden, so bedarf es etwa nur $\frac{2}{3}$ dieser Zeit. — Dabei ist in Schweden die Höhe der Baume im Verhaltnifs zur Dicke nicht so grofs als bei uns.

Um den Wald zu schonen sind die mannigfachsten Vorschlage gemacht; so soll man allmählig statt der Holzhauser gemauerte einführen, und die Ziegel in den Kohlenmeilern mitbrennen. Die Hitze der Frischfeuer soll mit benutzt werden um das Getreide zu malzen, man soll die Holzausfuhr verbiethen, der Staat soll die Flugsandfelder mit Wald besetzen u. s. w. Bis jetzt hat die Regierung nur auf dem Wege einigermafsen waldschützend wirken können, dafs sie, wie erwahnt, das zu grofse Vertheilen der Bergmannshemman, wodurch zu viele Gebaude, Hofraume und Feuerungen nöthig werden würden, verhindert.

Von einer besonderen Art der Waldbewirthschaftung ist in Schweden nicht die Rede; in einzelnen Gegenden hat man Plenterwirthschaft, d. h. man schlagt die kohlreifen Bäume heraus, und läfst die anderen noch stehen; in anderen Gegenden findet sich eine Art von Eintheilung in Schlagen. Die Regierung hat das Mangelhafte langst gefühlt, und es ist eine bessere Bewirthschaftung viel besprochen worden; 1809 setzte der König einen Preis auf die beste Beantwortung der Frage: wie für Schweden eine vortheilhafte Waldwirthschaft mit Berücksichtigung der in jeder Gegend des Landes sich zeigenden Verschiedenheit von Boden und Klima anzuordnen sei; es fehlte nicht an Antworten, doch hat noch Nichts von allem Vorgeschlagenen in's Werk gestellt werden können.

Zwei Dinge sind es besonders welche die Einführung regelmäfsiger Bewirthschaftung sehr erschweren. Einmal machte die sehr grofse Ausdehnung und Unzugänglichkeit der entfernteren Walder es bisher unmöglich sie zu messen, man kann aber füglich keinen Ueberschlag machen ohne zu wissen was man hat; auch würde diese Lage der Walder ein sehr grofses Beamtenpersonal erfordern, um die Bewirthschaftung zu beaufsichtigen. Der zweite Uebelstand ist, dafs der Bauernstand, ja ein grofser Theil der gebildeteren Klasse von dem Begriffe des freien Schaltens mit dem Eigenthum bestochen, sich nicht in die Idee finden kann dem Staate darin einen Eingriff zu erlauben. Man würde sich gewifs überaus schwer dazu verstehen es zuzulassen, und nur wenn die Noth um vieles drohender erschiene als es jetzt der Fall ist. Wie viel aber eine bessere Bewirthschaftung thut sieht man an Stora Kopparberg, wo die Kupferwerke jahrlich an 100000 Last Kohlen und eine ungeheuere Menge Bauholz zu den Gruben erfordern, wo die Silberwerke, Eisen-Bergslager und viele Frischfeuer aufserdem noch grofse Summen Kohlen bedürfen, und wo dennoch der Waldstand sich sehr gut erhalt.

Die Walder die der Staat für das Hüttenwesen hergiebt, zerfallen hauptsachlich in zwei Gattungen, namlich in Bergslagsallmanningar und Rekognitionswälder. Die ersteren sind ausschliefslich der Gufseisenfabrikation bestimmt, und daher in der Nahe der Bergslager belegen. Der Staat hat den einzelnen Hemmanen die nicht hinreichend eigenen Wald besitzen, Stücke davon zugelassen, und erhalt dafür keine besondere Abgabe; das Gufseisen was von den Hohöfen abgegeben wird, verinteressirt diese Wälder mit. Es ist zwar den damit Belehnten nicht genau festgestellt wieviel Holz sie darin jahrlich schlagen dürfen, allein dadurch dafs sie keins verkaufen oder zu anderen Zwecken als zum Hohofenbetriebe benutzen dürfen, ist ihnen ohnehin eine Grenze gestellt. Sie dürfen in diesen Waldern nicht schwenden, keine Ziegen halten und keine neuen Gebaude aufführen. Von Bauholz dürfen sie nur dasjenige schlagen was ihnen angewiesen worden. Zum Theerbrennen dürfen nur Wurzeln u. s. w. gebraucht werden.

Unter Rekognitionswaldern versteht man alle diejenigen Königlichen Walder, die den Gruben oder Hütten auch den Brukspatronen gegen eine gewisse Abgabe überlassen, und nicht in die einzelnen Bergmannshemman eingetheilt sind. — Die Eisenerzgruben und Kupferwerke haben jedoch auch diese Walder gewöhnlich frei. Die Kohlen dürfen nur zu dem Zwecke gebraucht werden, zu dem sie anfanglich bestimmt waren. Das Frischfeuer bezahlt zwei Schillinge Banko für den Stafrum Holz (= 18 Tonnen Kohle) die der Wald nach der Taxe auf die Dauer jahrlich geben kann. Die Hohöfen geben die Halfte. Die Mastbaume u. s. w. sind der Flotte reservirt. Die Rekognitionswalder sollen jahrlich 40000 Stiegen (zu 24 Tonnen) Kohlen dem Eisenhüttenwesen hergeben. Die dem Staate dadurch erwachsende Einnahme rechnete man z. B. 1813 zu 6673 Thaler Banko. Finden sich neue edlere Erzadern, als Gold, Silber, Kupfer, so verlieren die nahe gelegenen Eisenwerke die Rekognitionswalder, die nun dem edleren Werke zufallen.

h. Roh- und Stabeisenfabrikation und Handel.

Die Roheisenproduktion ist im Allgemeinen frei, und auf keine bestimmte Quantität beschränkt, wohl aber die

Stabeisenbereitung, was dann wieder zurück auf die Roheisenfabrikation wirkt, und ihr auch Grenzen setzt. Ausfuhr des nicht zu Gufswaaren verarbeiteten Eisens ist, mit den schon oben genannten Ausnahmen für Finnland streng verboten; nur als Ballast wird den Schiffen Roheisen auf ein Attest der Hafenbehörde gegeben, und wenn die Schiffe zurückkommen, müssen sie das Eisen wieder nachweisen, oder den doppelten Werth des Fehlenden erlegen. Seit 1808 benutzt man zu solchem Ballaste das Roheisen der kaltbrüchigen Grangarder Erze die sonst wenig zu brauchen sind.

Es kann daher nur so viel Roheisen erzeugt werden als die Gesammtsumme der Privilegien aller Frischereien betragt; ein Theil dieser letzteren besitzt eigene Hohöfen die entweder die ganze für sie erforderliche Roheisenmenge oder doch einen bestimmten Theil erblasen; der gröfsere Theil der Frischereien aber hat keine eigene Roheisenfabrikation. Dies sind die eigentlichen Abnehmer der selbstständigen Hohöfen, und damit sie immer ihres Bedarfes an Roheisen versichert sind, ist es den Frischereien die eigene Hohöfen haben auf das strengste verboten Roheisen zu kaufen, wenn ihr Privilegium so gestellt ist, dafs sie ihren ganzen Bedarf selbst erzeugen müssen; wenn es ihnen aber einen Theil anzukaufen erlaubt, so dürfen sie nicht mehr kaufen als ihr Privilegium zugelassen. Die Bergsvögte müssen diese zu Frischfeuern gehörigen Oefen daher alljahrlich genau revidiren ob sie auch wirklich die Menge Roheisen erzeugen, die sie ihrem Frischfeuer zu liefern haben. Sollten sie mehr erblasen, so steht es ihnen frei den Ueberschufs zu verkaufen. Der Roheisenhandel ist übrigens im Innlande ganz frei, der Bergmann kann jedem Berechtigten verkaufen, die Frischfeuer können ihr Eisen nehmen wo sie wollen, doch dürfen sie keinen weiteren Handel damit treiben.

Die Gesetze für die Frischerzunft bestimmen, dafs jeder Meister Roheisen und Kohle vom Besitzer auf Rechnung nimmt. Es ist neuerdings zugestanden, dafs der Besitzer mit dem Frischer über die Menge Roheisen und Kohle die ihm auf das Stabeisen gerechnet werden sollen, besonders kontrahiren darf; geschieht diefs nicht, so gilt die alte Regel, nämlich für das Schiffpfund Stabeisen (Bergsgewicht) 1 Schiffpfund Roheisen (Roheisengewicht) also 23 Prozent Abbrand und 24 Tonnen Kohle. Das mehr gewonnene Eisen und die ersparte Kohle müssen dem Frischer bezahlt werden.

Wenn der Frischer statt gewöhnlichen Roheisens alte Hämmer, Ambosse oder Stampfeisen annehmen mufs, so werden ihm bei ersteren 20 Prozent, bei letzteren 50 Prozent Abbrand gerechnet. Sind die einzuschmelzenden Roheisenstücke über 10 Centner schwer, so mufs dem Frischer besonderes Arbeitslohn für das Einbringen der Stücke gezahlt, und $\frac{1}{4}$ Kohle mehr als gewöhnlich gerechnet werden.

Leider erzeugt die Bezahlung des Ueberschusses ein für die Güte des Eisens verderbliches Jagen nach Kohlenersparung und gröfserer Eisenproduktion; dadurch bleibt das Eisen roh und ungleich, und wenn man statt der Menge die Güte des Eisens belohnte, so würde durch Einschmelzen kleinerer Eisenmengen auf einmal, durch häufigeres Aufbrechen und sorgsames Ausrecken ein viel besseres Produkt erhalten werden als man jetzt sieht. Der Frischer ist zwar dem Herrn für die Tadellosigkeit des Eisens verantwortlich, aber nur bis er es abgeliefert hat, und da diese Ablieferung selten mit der Genauigkeit geschieht die erforderlich ist schon am Aeufsern ein nicht ganz gutes Eisen zu entdecken, so hat der Frischer wenig zu fürchten. Das Zerbrechen einer Stange in viele Stücke und Vergleichung des Bruches, was das sicherste Untersuchungsmittel sein würde, geschieht der Kosten wegen höchst selten.

Der Frischer muſs ohne besonderen Ersatz an Lohn die Unterhaltung des Gezähes übernehmen, wofür er auf jede 100 Schiffpfund ausgeschmiedet Eisen 10 Lispfund Guſseisen und 14 Tonnen Kohlen als Material erhält.

Alles Stab- und Manufaktureisen muſs auf einer sogenannten Metallwage gewogen werden. Diese Wagen befinden sich in den Städten und dienen theils dazu die Eisenfabrikation zu kontrolliren, theils den Städten ein kleines Einkommen zu sichern. Das Eisen kann wenn es nicht gleich weiter versendet wird dort aufgestapelt werden, und bildet dann das Inventarium. Man hält Buch und Rechnung über das eingehende Eisen von jeder Hütte. Die Bücher werden ans Bergskollegium eingesandt und nach diesen berechnet der Vice-Advokat-Fiskal ob eine Frischerei ihr Privilegium überschritten. Dabei sind 5 Prozent Ueberschuſs zugelassen, und werden sonderbar genug als eine Anticipation auf das nächste Jahr betrachtet. Noch gröſserer Ueberschuſs wird confiszirt. Das Materialeisen das durch weitere Verarbeitung an Eisen- oder Stahlmanufakturen übergeht, wird nicht gewogen, sondern die Frischereien schicken alljährlich auf Treu und Glauben ein Verzeichniſs darüber ein. Eben so berichten die Manufakturen wie viel Eisen und von welchem Stempel sie gekauft haben.

Bei den priviligirten Wagen sind Eisenbeschauer (Jernvräkare) angestellt, die das schlechte Eisen auswerfen. Zeigt das Stabeisen gröſsere Schiefer, Kantenbrüche, tiefe Hammereindrücke, verbrannte Stellen, hält e an einer Stelle in der Breite $\frac{1}{4}$, in der Dicke $\frac{1}{8}$ Zoll mehr oder weniger als an anderen, so darf es nicht ausgeführt werden, und der Besitzer bezahlt Strafe je nach dem Grade der Fehlerhaftigkeit bis zu $\frac{1}{5}$ des Werthes des Eisens; es kann aber im Inlande verkauft werden. Ist das Eisen jedoch so rothbrüchig, daſs es beim Ausrekken bricht, hat es sehr groſse Kantenbrüche oder ist es so kaltbrüchig, daſs es das Kaltbiegen nicht zuläſst, so bezahlt der Besitzer $\frac{1}{4}$ des Werthes Strafe, und darf das Eisen selbst im Inlande nicht verkaufen. Bei gröberen Eisensorten, als bei Bandeisen von 3 Zoll und mehr Breite oder 2 Zoll im Quadrat, werden kleine Fehler nachgesehen, und die Geldstrafe ist geringer. Alles Eisen das beim Ein- oder Ausladen, Fahren u. s. w. zerbricht, darf nicht versandt werden, kann aber wenn es sonst fehlerfrei ist im Inlande verkauft werden. Eben diese Regeln gelten für die Manufaktursorten, als Band-, Bund-, Rundeisen, Platten. Bei letzteren darf überdieſs kein dicker Ueberzug von Glühspahn gefunden werden, sie müssen rechtwinklicht abgeschnitten und von gleicher Gröſse sein, auch sich gut biegen lassen. Die verzinnten Platten dürfen keine Zinntropfen oder Wellen haben, dürfen nicht stellenweise gelb angelaufen sein, und nicht an den Kanten eingerissen. Die Manufaktur-Gegenstände die in Kisten oder sonst verpackt sind, müssen genau sortirt sein und das aufgeschriebene Gewicht haben, sonst muſs die Manufaktur das Fehlende ersetzen, und $\frac{1}{8}$ des Werthes der ganzen Kiste als Strafe zahlen. Ist bei Bundeisen das Innere nicht so gut als das äuſsere, wird das Bund weggenommen. — Ist der Stempel einer Stange durch den Hammer zugeschlagen oder undeutlich geworden, darf sie nicht ausgeführt werden, und auſserdem muſs, wenn dieſs bei einer Eisenpost mehr als $\frac{1}{10}$ betrug Strafe erlegt werden. Ganz ungestempeltes Stab- und Manufakturеisen wird konfiszirt. Das Bundeisen mufs mit drei Bunden gebunden und die Enden wohl umgebogen sein, damit man sich nicht beschadigt. Die Platten müssen in Kisten verpackt werden, worauf der Hüttenstempel, die Anzahl der Platten, ihre Gröfse und ihr Gewicht angegeben. Sind es Platten die wegen Fehler blos zum innlandischen Absatz bestimmt, so mufs U. Sk. (Utskott) Ausschufs, darauf gebrannt sein. Nägel sind ebenfalls in Kisten mit eben solcher Aufschrift verpackt, und aufserdem mufs ein Nagel als Probe auf dem Deckel befestigt werden. Eben so ist es mit Drath und Stahl. Alle nicht gestempelte Kisten werden konfiszirt, gleichfalls wenn der Stempel unrichtig ist. Werden Kisten wegen Fehler nur zum innländischen Gebrauch zugelassen, so mufs der Besitzer die Kosten des Oeffnens u. s. w. bezahlen.

Die Beschauer dürfen zwar das Eisen auf keine Weise durch unnöthiges Biegen oder Werfen verderben; wenn sie aber an der Güte einer Eisenpost zweifeln, so sind sie verpflichtet es den Aufsehern anzuzeigen, in deren Gegenwart dann die Untersuchung vorgenommen wird. Bei verpackten Eisenwaaren müssen sie einige Kisten öffnen, um sich zu überzeugen, ob die aufgeschriebene Zahl mit dem Einliegenden stimmt, und ob die Waaren gehörig sortirt sind; ist diefs nicht der Fall so wird die ganze Post durchgesehen. Gefundene Mängel werden in ein eigenes, jedem zugangliches Buch, eingetragen, auch wird der Wage die mit Arrest belegte Post angezeigt, damit sie nicht aus Versehen gewogen und ausgeführt werde. — Alljahrlich geht den Hütten eine Benachrichtigung zu, wie viel Eisen von ihrem übersendeten zurückgeworfen worden. Die Beschauer erhalt ten von der Hütte gewisse Prozente des Werthes des ausgeworfenen Eisens ausgezahlt. — Bei Defraudationen wird in den meisten Fällen durch die Gesetze Verlust der Waare oder Ersatz derselben nach den höchsten eben statt findenden Preisen erkannt; der Betrag wird getheilt unter den Angeber, den Advokat-Fiskal des Bergcollegiums und der Stadt auf deren Wage die eingezogene Waare ausgeworfen.

Leider werden diese Gesetze nicht so streng gehalten als es zu wünschen wäre, und man kann wohl annehmen, dafs auf den Wagen nicht viel mehr Eisen ausgeworfen wird, als das was auf dem Wege zur Stadt von selbst zerbrochen. So vortrefflich daher diese Einrichtung an sich ist, so nützt sie doch nicht viel, denn sie säubert die Ausfuhr eigentlich nur von dem Ausschusse, den kein Käufer, selbst der Unkundigste nicht genommen haben würde, und ist dem Auslande nicht die Bürgschaft die der Gesetzgeber bezweckte, und die, würde sein Wille befolgt, die sicherste Stütze der schwedischen Eisenausfuhr bilden würde.

i. Anlage neuer Gruben.

Man hat in neuerer Zeit wenig bisher unbekannte Erzlager aufgefunden, obwohl es um so nöthiger wäre, je tiefer die alten Grubenbaue allmählig sich aushöhlen, je schwieriger und kostbarer daher die Aufförderung wird. Es ist deshalb viel zur Aufmunterung der Bergleute in dieser Hinsicht geschehen.

Die wichtigsten Gesetze über den Abbau neu gefundener Strecken sind folgende.

Um den Muthungszettel zu erhalten, erfordert es blos eines Vorweisens der Erze und Anzeigen der Stelle wo sie entnommen. Dies Vorweisen kann um es dem Auffinder möglichst zu erleichtern, beim Bergmeister oder dem Bergvogt oder selbst dem Prediger oder irgend einem Beamten geschehen, der es schriftlich bezeugt. Binnen 6 Monaten nach dem Auffinden muſs der Muthungszettel nachgesucht sein, sonst ist das Anrecht verloren. Kein Grundeigenthümer kann Bohrversuche ja selbst Grubenanlagen auf seinem Grundstücke abschlagen, doch müssen ihm für den Schadenersatz Bürgen gestellt werden; ihm gehört die Hälfte des Gewinnstes, auch hat er das Recht Antheil am Bau zu nehmen, doch muſs er sich binnen drei Monaten darüber erklären, um den Anbruch nicht zu verzögern. Sollte er das ganze Recht an sich kaufen, so ist er doch gezwungen den Abbau wirklich vorzunehmen und fortzusetzen, sonst ist sein Recht verfallen. In den Orten wo schon Bergbau getrieben wird, muſs der Abbau binnen drei Monaten begonnen werden, wo dieſs nicht der Fall ist, binnen spätestens einem Jahre. Alle Jahre müssen wenigstens zwei Lachter getrieben werden. Der Muthungszettel wird von der Kanzel verlesen. Dasselbe gilt von der Neuaufnahme einer alten Grube. — Meldet man sich zum Klauben alter Halden oder Schlackenhaufen, so genieſst der Grundeigenthümer auf dessen Territorium sie sich befinden $\frac{1}{4}$ des Ertrages.

Sobald die Strecke blosgelegt und ihre Natur erkannt ist, wird vom Bergmeister ein Grubenfeld abgestochen *), das für Eisen ein gleichseitig Viereck von 200 Famn Seitenlänge ist, in welcher Wetterstrecke es der Auffinder verlangt. Bei See- und Morasterzen läſst

*) Die Verordnung darüber ist von 1741 und aus dem Deutschen entnommen, weshalb wir hier nur sehr weniges anzugeben brauchen.

sich das nicht angeben. Bei diesen hat derjenige das Grundbesitzrecht dem See oder Strand gehört. Für Kalkstein werden 20 Famn ins Gevierte, für Gestellstein 200 gegeben.

Gewöhnlich wird die Teufe lothrecht gerechnet, bei donlägigen Lagern aber nach dem Streichen. Bricht in der Tiefe ein Gang in ein anderes Grundbesitzthum, so kann der Besitzer mit $\frac{1}{4}$ und der Grundbesitzer wo der Tagstollen getrieben auch mit $\frac{1}{4}$, kommt er dann unter ein drittes Besitzthum, so kann jeder der Grundbesitzer mit $\frac{1}{6}$ Theil nehmen. Kommt der Stollen unter angebrochne aber nicht zur Tiefe gedrungene Gruben, so theilen die beiden Gruben das Erz. Ist aber der andere Stollen auch schon so weit getrieben, so hat der spatere keinen weiteren Anspruch als die Breite des Stollens. Wenn man die Grubenarbeit aufgeben will so lange noch keine Leine gebraucht worden, so zeigt man das dem Geschwornen bald nachher an, ist aber die Leine schon gebraucht worden, so muſs es zwei Monat zuvor von der Kanzel angezeigt werden, damit andere sich zur Fortsetzung melden können, die aber dem Vorganger für Zimmerung und Inventarium Entschädigung geben müssen. Auch für langere Zeit werden die Gruben zuweilen öde gelegt, doch wird das seltner zugestanden, und nur dann, wenn die Grube nur für eine eigene Hütte das Erz liefert. Sind andere Hütten noch auf den Ankauf der Erze aus diesen Gruben begründet, so dürfen sie höchstens ein Jahr feiern. So lange die Grube feiert darf kein Gerath davon weggenommen, und muſs sogleich die Arbeit wieder begonnen werden, wenn die vergönnte Zeit verflossen ist, sonst verliert der Besitzer das Inventarium, und wenn sich niemand zum weiteren Abbau meldet, so wird es öffentlich feil geboten. Will man Feierzeit haben, und werden dadurch viele Gruben von Wasser beschwert, so mufs man Ersatz geben, worüber man sich einigt.

Dem Abstechen der Felder wirft man vor, dafs es der besten Benutzung der Gruben hinderlich sei, da man sich nicht ausbreiten könne, ohne in das Grubenfeld eines anderen zu kommen, man müsse daher in die Tiefe gehen, wodurch sich die Kosten vermehrten, die überdiefs vervielfacht werden durch die Anlage so vieler einzelner unter sich nicht zusammenhängender Gruben. Es haben sich deshalb in mehreren Gegenden schon die Besitzer der verschiedenen Grubenfelder eines Erzlagers unter sich zu einem Bolag (Gewerk) verbunden, und vertheilen den gemeinschaftlichen Gewinn nach gewissen Verhältnissen.

Für jedes gröfsere Grubenfeld wird ein allgemeiner Arbeitsplan aufgesetzt den man alle Jahre wieder prüft. — Ein jedes Grubenfeld giebt Proben seiner Erze an die Mineraliensammlung des Bergkollegiums.

Selbst bei ganz verlassenen Gruben dürfen Pfeiler und Bander nicht weggenommen werden, damit man später etwa zu findende verdrückte Gänge weiter benutzen könne.

Leider giebt es für die Art des Grubenbaues selbst keine Vorschriften, es ist nicht einmal eine Belehrung darüber gedruckt, und jeder bricht daher nach Gutdünken und geleitet von der Begierde recht bald seine ersten Auslagen ersetzt zu erhalten. Der Geschworene kann die sehr zerstreuten Gruben nicht streng beaufsichtigen, hat auch, wenn sie Einzelnen gehören und blos für die Hohöfen des Besitzers Erz liefern nur ein sehr bedingtes Recht sich in ihre Bewirthschaftung zu mengen. Es werden daher auch die neuen Abbauten in

Wenig oder Nichts wirthschaftlicher angelegt als die früheren, und von der einzigen Kupfergrube bei Tomtebo (unweit Falu) kann man sagen, dafs die Regeln der Kunst dabei beachtet worden.

k. Anlage neuer Frischhütten und Feuer.

Will jemand eine neue Anlage oder Verlegung (flyttning) einer Hütte (wobei das nachgesuchte Privilegium nicht unter 450 Schiffpfund sein darf) oder die Vergröfserung eines schon bestehenden Privilegiums, so mufs es öffentlich bekannt gemacht werden, und der Nachsuchende mufs hinreichenden, noch nicht zum Hüttenbetrieb benutzten Wald, neuen Erzzugang und die erforderliche Wasserkraft nachweisen. Die angränzenden Eigenthümer werden dann aufgefordert ihre etwanigen Einwendungen einzugeben, und wenn der Eigenthümer eigenen Wald nachweist, wird untersucht, ob er die nöthige Kohlenmenge gebe. Dieses letztere geschieht auf die Weise, dafs man den Raum des wirklich tragenden Bodens berechnet, und durch Abhauen einiger reifen Baume und Untersuchung ihres Saftstandes mit Berücksichtigung der Lage des Bodens u. s. w. die Tragkraft des Waldes so wie auch die Zeit die zum Wiederanwachsen erforderlich ist schätzt. Danach bestimmt man wie viel Stafrum Kohlholz jedes Tunnland jahrlich ohne den Wald zur Ungebühr zu belasten, geben kann; auf das Stafrum Holz rechnet man 18 Tonnen Kohlen, und zur völligen Erzeugung eines Schiffspfundes Stabeisen schlagt man im Durchschnitt 42 Tonnen Kohlen *) (18 für das Roheisen, 24 für das Frischen an), wonach dann leicht zu bestimmen ist, ob der Wald zu dem verlangten Privilegium

*) 80 Kubikfufs Kohle auf den Centner Eisen.

ausreicht, wobei aber Bau- und Röstholz noch besonders angeschlagen werden mufs. Im Durchschnitt rechnet man bei solchen Taxen 8 Stafrum auf das Tunnland wenn alles Holz geschlagen wird, und 40 Jahr zum Wiederanwuchs. Diefs ist nach Einiger Meinung aber nicht die beste Annahme, da erstens auf das Stafrum 24 Tonnen Kohlen gerechnet werden können, und es vortheilhafter ist nur 20 bis 25 Jahr das Holz stehen zu lassen. Die besten Walder geben 16 bis 18 Stafrum Holz auf das Tunnland, die schlechtesten die Halfte.

Hat der Eigenthümer keinen eigenen Wald, so mufs er die Kontrakte die er mit Bauern oder sonstigen Waldbesitzern wegen Kohlenlieferung geschlossen vorzeigen, und es wird nachgesucht, ob diese Kohlenlieferungen ohne Schaden für eine andere Hütte geschehen könne. Eine solche Hütte heifst auf Kohlenkauf gegründet. Mufs er das Roheisen kaufen, so hat er nachzuweisen wo er es hernehmen will, wo dann untersucht wird, ob dadurch nicht für andere Hütten ein Mangel entstehen dürfte. Diese Hütten heifsen auf Eisenkauf gegründet; endlich giebt es noch Hütten die auf Kohlen- und Eisenkauf privilegirt sind.

Kann eine Frischerei die nicht in einem Berglager belegen mit ihren Waldern und Erzen mehr Eisen gewinnen als vorher, ohne jedoch Holz oder Eisen zu kaufen, so erhalt sie sehr leicht und ohne weitere Untersuchung die nachgesuchte Erweiterung des Privilegiums, wo sie fur den Ueberschufs (der nicht beschrankt wird) eine Abgabe pro Schiffpfund erlegt die Rekognition heifst. — Die Neuanlagen mufs aber der König bewilligen und das Bergcollegium priviligiren.

Bei neuen Anlagen erhält man 9 bis 20 Freijahre, gewöhnlich jedoch nur 9; sollte nach Verlauf derselben das Werk noch nicht die Kosten tragen, so verlängert der König wohl diese Zeit. Für Anlage neuer Heerde auf schon bestehenden Hütten erhält man kein Freijahr. Die Manufakturwerke, sie mögen Eisen oder Stahl verarbeiten, haben bei neuen Anlagen den Vorrang vor neu anzulegenden Frischfeuern die Stabeisen bereiten; sie brauchen nur auf 300 Schiffpfund jährlicher Produktion die Privilegien zu nehmen, doch müssen sie bei Verlust des Privilegium spätestens zwei Jahre nach der Ausstellung desselben zu arbeiten beginnen. Sie dürfen unter keinem Vorwande Stabeisen ausschmieden, d. h. Stäbe die dicker als $\frac{5}{8}$ schwedische Zolle im Quadrate sind.

Wird ein Antrag gemacht ein solches Manufakturwerk auf Steinkohle oder Torf gründen zu dürfen, so geschieht alles um die Anlage zu erleichtern und man entbindet von dem beschwerlichen Erbitten des Privilegium; nach einer Untersuchung des Bergmeisters fertigt das Bergcollegium spätestens binnen drei Monaten das Privilegium aus. Doch darf ein solches Werk dann auch bei Verlust des Privilegiums keine Holzkohlen brauchen.

l. Erzhandel.

So wie beim Gufseisen sorgfältig darauf gesehen wird, dafs weder Mangel noch Ueberflufs davon entstehen kann, eben so verfährt man auch mit dem Erze.

Im Allgemeinen giebt es Gruben die nur für einzelne bestimmte zunächst gelegene Hohöfen die meist demselben Eigenthümer gehören, die Erze geben, und andere, wo ganze Gegenden ihr Erz daraus nehmen (Odalgrufvor). Bei diesen müssen die Bestellungen bis Ende November eingegangen sein. Kein Hüttenbesitzer soll von anderen Gruben nehmen als worauf seine Hütte gegründet ist, diefs scheint aber nicht gehalten zu werden.

Dafs die einzelnen Bergleute nicht mehr Erz bestellen als sie zu verschmelzen das Recht haben, dafür bürgt der Hüttenvogt. Im Spatherbste versammeln sich die Grubenbesitzer die sich über die Preise für's nachste Jahr einigen; dabei melden sie an, wieviel Erz sie liefern können. Der Bergmeister vergleicht die Angaben mit den Bestellungen und deckt diese, den Rest giebt er zum Erzhandel frei. Die einzelnen Besteller haben nun das Recht direkt mit den einzelnen Grubenbesitzern zu kontrahiren, sie einigen sich auch mit diesen über die Bezahlungstermine; gewöhnlich wird die eine Halfte den 1sten Februar, die andere den 15ten April gezahlt, theils baar, theils in Gufseisen (ibyte, im Tausche) je nach dem Abkommen. Was nicht bezahlt wird giebt sechs Prozent Interessen. — Die Preise der Erze sind überaus verschieden nach Güte, Reichthum und Conjunktur. Sie werden theils in Roheisen, theils in Geld bezahlt je nach dem Uebereinkommen. So zahlt man für das kaltbrüchigen Grangesstein etwa 5 Prozent des Gewichtes in Roheisen, fur das reiche Dalkarlserz 40½ Prozent u. s. w.

Das Erz wird schon auf dem Schlitten *) auf Schnellwagen gewogen, zu etwa 7 Centner auf den Schlitten, wobei man für anhangenden Schnee und Eis 32 Pfund, und wenn das Gewicht des Schlittens nicht eingebrannt ist, für diesen 1⅓ Centner rechnet. Der freie Erzhandel darf nicht eher beginnen bis das bestellte alles abgeholt ist. Utö, dessen Erz von sehr vielen Hütten wegen seiner leichten Schmelzbarkeit und Gutartigkeit den weniger guten Erzen zugesetzt wird, mufs jahrlich 200000 Centner Erz liefern, wozu zu Ende des Jahres ein Inventarium von 87000 Centnern vorhanden sein mufs.

*) Alle diese Transporte geschehen wie erwähnt nur im Winter.

Zwischen Lerbäks und Tabergs Bergslag besteht ein Tauschhandel. Taberg giebt Erz und Lerbäck Kalk, beides nach festgestellten Umtauschsätzen; die Bewohner des Ortes Harje wo der Kalk bricht, besorgen die Transporte über den Wetternsee seit alten Zeiten, wofür sie Bergmannsrechte und einen kleinen Ersatz geniefsen.

Bei denen, einem Gewerke zugehörigen Gruben wird durch eine kleine Abgabe, wovon Käufer und Verkäufer jeder die Hälfte zahlen, eine Kasse gebildet, woraus die Fahrten, die Aufnahme des Markscheiders u. s. w. im Stand gehalten werden. Beim Kauf von Roheisen von den Bergmannshütten giebt der Käufer pro Schiffpfund 8 Schilling (2 Silbergroschen) an die Kasse. Auch bildet man Arbeiter-Sparkassen die oft mehrere tausend Thaler betragen.

m. Kohlenhandel.

Es wird in Schweden ein sehr lebhafter Handel mit Kohlen getrieben. — Wenige gröfsere Hütten brauchen gar keine Kohlen zu kaufen. Die meisten haben Contrakte mit den Bauern der umliegenden Hemmane die verbunden sind die Kohlen zu liefern. Sie bringen sie in eigenen Wagen oder Schlitten deren Dimensionen genau bestimmt sind, und die zum Belag der Richtigkeit mit einer gestempelten Stange nachgemessen werden. Sie sollen ein Last Kohlen zu 12 oder 18 Tonnen fassen; doch wird versichert, dafs dies selbst bei einem ganz richtigen Wagen und sorglichen Packen nicht der Fall sei; Brander d. h. unausgebrannte Kohlen sind in geringer Quantitat zu gelassen, man packt sie über die Kohlen um diese vor dem Regen zu schützen; findet man aber deren im Wagen mit den Kohlen gemengt, so wird diefs als Betrügerei angesehen, eben so wird der gesetzlich bestraft, der statt dieser zugelassenen Brander frisches Holz bringt, das um zu täuschen oberflächlich verkohlt ist.

Die Bergleute dürfen wenn sie überflüssige Kohlen haben diese nur innerhalb der Gewerkschaft verkaufen; niemand darf Kohlen die aus den der Roheisenfabrikation zugewiesenen Wäldern gewonnen zum Frischen anwenden. Der Frischfeuerbesitzer der edleren Werke (Kupfer, Silber) Kohlen wegkauft, verliert für jedesmal 25 Schiffpfund von seinem Privilegium; ist es ein Arbeiter so wird er aus dem Orte verwiesen. Es darf Niemand Bauern die schon mit anderen Werken Kontrakte eingegangen sind, ausdingen, da das Privilegium der ersteren Werke auf diese Kohlenlieferung mit gegründet ist. — Die Kohlen werden theils baar, theils in Gufseisen bezahlt.

n. Abgaben.

Man hat in Schweden im Allgemeinen das Prinzip, wenn es auch nicht klar ausgesprochen ist, die Industrie beim Eisenhüttenwesen hinsichtlich des Roheisens auf die Vermehrung der Quantität, die des Stabeisens auf Verbessèrung der Qualität hinzuführen. In diesem Sinne sind die Abgaben geordnet. Die Hohöfen werden in der Produktion nicht beschränkt, sie bezahlen pro Tag eine gewisse Quantität Eisen (Zehnteisen) in natura oder Geld, und jemehr sie an einem Tage erblasen, desto geringer wird die Abgabe, die auf jedem Schiffpfunde ruht. Beim Frischfeuer ist die Quantität festgestellt, und von dieser werden gewisse Prozente abgegeben, die man aber auch, wenn das Eisen besser wird, und man diefs verbesserte zu höheren Preisen verkaufen kann, für die festgestellte Taxe die nach dem Mittelgut berechnet ist, auslösen und dadurch gewinnen kann.

Um die Abgabe der Hohöfen berechnen zu können, wird der Tag und die Stunde in dem ein Hohofen angeblasen worden, durch ein vom Hohofenmeister unterschriebenes Attest dem Prediger des Kirchspiels angezeigt, der es einzeichnet und von der Kanzel bekannt macht. Dasselbe geschieht beim Niederblasen. Man kann nun die Anzahl der Blasetage mit den Brüchen berechnen, von denen man die Freiheitstage abzieht; diese sind bei alten Oefen drei, bei einem neu gebauten steinernen Ofen 53, bei einem neuen von Zimmerung 13. Die Abgabe die pro Tag entrichtet wird, ist ein- für allemal festgestellt, aber je nach den verschiedenen Verhaltnissen der Hohöfen verschieden. Steht der Ofen auf einem Kronohemman, so bezahlt er mehr als auf einem Skattehemman oder Fralse *). Hat der Ofenbesitzer eigene Erze und Kohle, so bezahlt er mehr als wenn er eins oder Beide kaufen mufs u. s. w. Dadurch entstehen grofse Verschiedenheiten, die zwischen 60 und 200 preufsische Pfunde für den Tag schwanken. Man kann statt des Eisens in natura auch Geld zahlen, nach einer jahrlich von dem Kammerkollegium, Bergskollegium und Staatskomptoir bestimmten Taxe. Auch hat man meist ½ Jahr Kredit. Wenn es in dem Bergslager Hemmane giebt, die nicht am Ofenbetriebe mit Theil nehmen, so müssen sie dennoch jahrlich 1 Schiffpfund Roheisen als Abgabe entrichten. Die Hohöfen geben auch den Geistlichen des Kirchspiels eine Quantitat Roh- oder Stabeisen jahrlich als Zehnt.

Die Frischfeuer zerfallen hinsichtlich der zu entrichtenden Abgaben (Hammarskatt) in mehrere Klassen; alle

*) Gut das ursprunglich dem Adel gehörig frei von Grundsteuer war.

vor 1803 privilegirten geben 1 Prozent von der Summe auf die ihr Privilegium gestellt ist; die nach 1803 priviligirten 2 Prozent. Es wurde 1803, wie erwähnt, auch noch eine Erweiterung der alten Privilegien unter dem Namen der Rekognitionsschmiede zugestanden, die pro Schiffpfund $\frac{2}{3}$ Thaler Banko zahlt; es steht diesen Frischereien frei wie viel sie fabriziren wollen, weil sie eigentlich bestimmt sind augenblickliche günstige Konjunkturen zu benutzen. Die auf eine bestimmte Menge privilegirten müssen dagegen die Abgabe für dieselbe entrichten, sie mögen die Quantität wirklich ausgeschmiedet haben oder nicht. Nur bei besonderen Unglücksfällen wird für bestimmte Zeit diese Abgabe auf Ansuchen erlassen, auch erlaubt bei besonders ungünstigen Konjunkturen der König das Einstellen oder die Einschränkung der Produktionen auf gewisse Zeit. — Man kann statt Eisen in natura auch Geld zahlen, doch giebt man die Abgabe nicht in Eisen sondern baar, so muſs es in Silber geschehen; die Taxen dazu werden jährlich ebenfalls gerichtlich bestimmt, und vor dem Ablieferungs-Termine bekannt gemacht. Die Preise sind in demselben Jahre provinzenweise verschieden; so wird das Dannemora-Eisen mit etwa 26 Thaler Banko pro Schiffpfund ausgelöst werden müssen, wenn man in andern Gegenden nur 18 Thaler Banko zahlt. Die Frischereien die kein Stabeisen sondern nur Materialeisen bereiten, müssen in Geld die Abgabe bezahlen, weil der Staat ihre Fabrikate nicht verkaufen kann, können aber Papiergeld geben, und bezahlen viel weniger als die Frischereien (24 Schilling = 8 Sgr.) für das Schiffpfund. Das zur Abgabe bestimmte Eisen darf nur in gewissen gesuchten Sorten entrichtet werden.

Der Staat verliert dadurch sehr viel von dieser Abgabe, dafs sie nur auf die Privilegien gestellt ist. Es wird jedoch bei Weitem mehr als diese zulassen, ausgeschmiedet und im Innlande verkauft, was daher vollkommen abgabefrei ist; die Hütten aber über diesen inländischen Handel zu controlliren ist fast unmöglich.

Alles Eisen, sowohl Gufs- als Stabeisen, was als Abgabe jährlich eingeht, wird an den Meistbietenden öffentlich verkauft, nachdem zuvor vom Kammerkollegium, Bergkollegium und Staatskomptoir die Preise festgesetzt worden unter denen kein Gebot angenommen wird.

Von den Gruben erhält der Staat die Abgabe wie von jedem anderen Grundeigenthum, nämlich durch Taxation des Ertrages, die der Eigenthümer selbst angiebt und in zweifelhaften Fällen beschwört. Er bezahlt dann gewisse Prozente von dieser selbst taxirten Summe, je nach der Verordnung der Reichsstände.

II. Verfassung und Verwaltung auf privates Uebereinkommen gegründet.

a. Versammlung der Brukssozietät.

Ueber die Vereinigung der Hüttenbesitzer und über die Wirksamkeit derselben, so wie besonders ihre Versammlungen, dem eigentlichen Reichstage dieser Republik, brauchen wir hier nur eine kurze Notiz zu geben, weil von ihren Bemühungen und Erfolgen in mehreren anderen Abschnitten ausführlicher gesprochen wird.

Die Brukspatronen bilden unter sich eine schon oben genannte Verbindung, die Brukssozietät, die sich alle drei Jahre versammelt, wozu auch die Bergslager Deputirten senden. Die Versammlung wählt einen aus ihrer Mitte zum Vorsitzenden. Sie revidirt theils die Geschäftsführung des Eisenkomptoirs, theils setzt sie Belohnungen und Ermunterungen aus, theils nimmt sie neue den Handelsverkehr, den Betrieb und andere wichtige Punkte betreffende Gegenstande in Berathung. Ihre Beschlüsse werden durch den Druck öffentlich bekannt gemacht.

b. Beamtenetat des Eisenkomptoirs.

Schon in dem Abrisse der Geschichte des schwedischen Eisenhüttenwesens zeigten wir die Gründe, welche die vereinigten Hüttenbesitzer bewogen einen eigenen Beamtenetat zur Vervollkommnung des Hüttenbetriebes zu bestimmen; wir sagten auch schon dort, dafs zuerst nur Oberhohofenmeister, später aber auch andere Beamten angestellt worden seien, und es bleibt uns daher noch genauer zu zeigen, welches der Wirkungskreis und die Befugnifs dieser Beamtenstellen ist.

Der Direktor.

Erst seit 1805 hat man beschlossen einen Direktor über Roh- und Stabeisenfabrikation zu wählen, der das Mittelglied zwischen dem Eisenkomptoir und dem Oberhohofenmeister sein soll. Er hält sich in Stockholm auf um dem Eisenkomptoir die erforderlichen Aufschlüsse zu geben, er führt die Correspondenz zwischen demselben und den Oberhohofenmeistern, und stellt die Berichte der Letzteren in Eine Hauptübersicht zusammen. Man kann ihn nicht den unmittelbaren Vorgesetzten der Oberhohofenmeister nennen, doch hat er das Recht in die Distrikte zu reisen, und dort wenn es gewünscht wird, Anordnungen zu treffen. Der Direktor wird aus den Oberhohofenmeistern nur auf drei Jahre gewählt, doch bestätigt man ihn von einem Termine zum andern. Jetzt ist es Karl David af Ure, der sich schon als Oberhohofenmeister vielfach um das schwedische Hüttenwesen verdient gemacht hat, und auch in dieser neuern, eigentlich mehr dem praktischen Leben entfernten Stellung, fortfährt seinen viel erprobten und vielfach begehrten Rath den Hütten zu ertheilen, ja selbst trotz seiner vielen Amtsgeschäfte neue wichtige Versuche zu leiten.

Er benutzt dazu die Sommermonate, wo er zuweilen in einem Jahre von Westerbotten nach Schonen, und wieder über Dalarne nach Stockholm zurückreist. — Zu diesen Reisen werden ihm drei Pferde Vorspann (der in Schweden die Stelle der Extrapost vertritt), ersetzt. Läfst ihn ein Brukspatron besonders nach seiner Hütte kommen, so mufs dieser die Reisekosten tragen. — Den Vorschlag zur Besetzung der Direktorstelle haben die Bevollmächtigten des Eisenkomptoirs, doch mufs der Vorgeschlagene mindestens drei Jahr Oberhohofenmeister zur Zufriedenheit des Distriktes gewesen sein. — Die Bruksozietät ernennt ihn. — Der Direktor hat etwa 570 preufsische Thaler Gehalt.

Der Oberhohofenmeister.

Das Bergskollegium gab auf Ansuchen der Bruksozietät 1753 eine Instruktion für die neu anzustellenden Oberhohofenmeister, später wurden in den Cirkulairen von 1769 und 1817, und durch die Beschlüsse der Bruksozietät bei ihren alle drei Jahre statt findenden Versammlungen noch manche Bestimmung zugefügt, und so sind denn heute die Obliegenheiten dieses Beamten folgende:

Der Oberhohofenmeister soll, diefs ist sein allgemeiner Zweck, den Prozefs der Roheisenfabrikation in jeder Beziehung möglichst vervollkommnen. Er soll zu dem Ende theils der Lehrer und Aufseher der Hohofenmeister und der Arbeiter sein, theils durch Versuche die Kunst selbst befördern. — Die Belehrung geschieht bei den Versammlungen der Gilden, wo die Arbeiter, wie erwähnt, zuweilen examinirt werden. Der Oberhohofenmeister zeigt ihnen bei vorkommenden Gelegenheiten das Zustellen, giebt die nöthigen Vorschriften bei Einmauerung neuer Ofenschachte, und ordnet die Gattirung der Erze an; wo der Gang des Ofens schlecht ist, giebt er die Mittel zur Verbesserung u. s. w. Er beaufsichtigt die Hütten insbesondere die der Gewerkschaften, indem er den Gebrauch unartiger, heifsgehender oder schlecht gerösteter Erze und das Blasen in völlig verdorbenen Oefen verbietet, und darauf zu wirken sucht, dafs ordentliche Betriebsjournale geführt werden, (was bis jetzt nur noch beim kleinsten Theile geschieht); er soll ferner dafür sorgen dafs die Hütten eines Bergslags, oder doch die welche ziemlich gleiche Erze verschmelzen und dabei blos Roheisen zum Verkauf erblasen, möglichst gleiches Produkt gewinnen, damit die Frischfeuer die von ihnen das Material kaufen eine gleichmäfsigere sichere Arbeit haben; leider ist diefs aber, da diese Hütten gröfstentheils Bergleuten gehören von deren übeln Betriebsmethode wir schon oben sprachen, fast unausführbar, eben so wie die Einschränkung der kaltbrüchigen Erze auf eine Hütte in jeder Gegend wo solche Erze vorkommen. Es ist den Oberhohofenmeistern vom Staate dazu zwar eine Art obrigkeitlicher Autorität eingeräumt, und die Bergmeister sind überdiefs angewiesen sie kräftigst zu unterstützen, allein man werfe einen Blick auf die Karte und sehe die Distrikte die die 4 Oberhohofenmeister alljährlich zu bereisen haben, man rechne dazu mit welchen unendlichen und fast unüberwindlichen Schwierigkeiten als Vorurtheil, alte Sitte, böser Wille, Unverstand, Eigennutz und Armuth sie zu kämpfen haben, und man wird leicht begreifen dafs in dieser Rücksicht ihre Wirksamkeit nicht grofs und durchgreifend sein kann.

Es wurde eine Zeit lang auch den Oberhohofenmeistern die Aufsicht über die Frischfeuer ihrer Bezirke übertragen, doch ohne Beamtengewalt darüber zu haben; jetzt sind sie wieder davon entbunden, und die Frischfeuer werden von Seiten der Brukssozietät nur von den Werkmeistern beaufsichtigt.

Die Versuche welche die Oberhohofenmeister anstellen um das Eisenhüttenwesen zu fördern, sind theils speziell, theils allgemein. Zu den letzteren mufs man alle diejenigen rechnen, die zur Ermittelung der besten und wohlfeilsten Röstmethode, vortheilhaftesten Ofenkonstruktion, angemessensten Stärke des Gebläses, der besten Giefsmethoden u. s. w. dienen; zu den ersteren gehören diejenigen, die theils im Kleinen, theils im Hohofen selbst angestellt die Reichhaltigkeit der einzelnen vorkommenden Erze, ihre beste Gattirung und ihre besondere Geeigentheit für bestimmte Eisensorten ermitteln sollen. Hierher gehört auch die Untersuchung wieviel von den unartigen Erzen man ohne Schaden für das Produkt mit durchschmelzen dürfe. — In beiden Richtungen haben die Oberhohofenmeister Viel und Bedeutendes geleistet. Die mancherlei Fortschritte welche die ganze Roheisenfabrikation in neueren Zeiten unläugbar gemacht, dankt man ihnen einzig und allein, und auch durch die vielfachsten Gattirungsversuche haben sie viele Erze der Fabrikation wiedergegeben, die man lange für ganz unbrauchbar hielt.

Die Oberhohofenmeister führen ein Tagebuch über ihre Verrichtungen und Versuche, und reichen alljährlich einen Bericht darüber theils durch die Bergmeister an das Bergkollegium, theils durch den Direktor an das Eisenkomptoir ein; diese Berichte werden in dem Auszuge den der Direktor daraus angefertigt, seit 1811 in den Annalen des Eisenkomptoirs öffentlich bekannt gemacht, dienen so zur allgemeinen Belehrung, und gewähren zugleich die tiefsten Blicke in das schwedische Eisenhüttenwesen.

Zur Besetzung erledigter Oberhohofenmeister-Stellen schlägt der Direktor drei Subjekte den Bevollmächtigten des Eisenkomptoirs vor, und diese überreichen mit ihrem Fürwort begleitet den Vorschlag der Brukssozietät. Alle vorzuschlagenden Subjekte müssen aber ihre akademischen Studien gemacht, und drei Jahre als Eleve Dienst gethan haben

Erfüllt ein Oberhohofenmeister seine Pflichten nicht, trifft er falsche Anordnungen, und klagt sein Bezirk über ihn, so kann er theils durch Schadenersatz, theils durch Entziehung eines Theiles seines Gehaltes, ja sogar mit völliger Entfernung von seinem Posten bestraft werden. Das Letztere ist schon einmal vorgekommen, und man mufs dabei die schonende Rücksicht der Brukssozietät anerkennen, die, so oft auch von diesem Falle die Rede war, den Namen des Bestraften aus Achtung vor dem verdienten Vater verschwieg

Das Gehalt der Oberhohofenmeister beträgt jetzt nach wiederholten Vermehrungen 360 Thaler Preufsisch, und aufserdem werden ihm noch 90 Thaler Reisegeld gutgethan, wobei wir bemerken müssen, dafs das Reisen in Schweden so wohlfeil ist, dafs einem einzelnen Manne die deutsche Meile, die man in etwa 40 Minuten zurücklegt, nicht mehr als $\frac{1}{9}$ Thaler kostet.

Oberhohofenmeister-Eleven.

Bei jedem der vier Oberhohofenmeister ist ein junger Mann als Eleve angestellt, der die akademischen Studien gemacht, und das Bergexamen abgelegt haben muſs. Diese Eleven sollen das Eisenhüttenwesen gründlich studiren, deshalb reisen sie mit dem Oberhohofenmeister dem sie zugetheilt, und werden von ihm zur Ausführung von Arbeiten und Versuchen gebraucht. Wenn sie zwei Jahre Lohn gezogen haben, müssen sie, ehe sie ihn für das dritte erheben können, nachweisen, daſs sie bei einem Neubaue oder einer bedeutenden Reparatur eines Hohofens zugegen gewesen, oder daſs sie bei einem Ofenbetriebe, wenn ihre Körperkräfte es erlauben, selbst Hand angelegt. — Um ihre wissenschaftlichen Kenntnisse dabei nicht zu vernachlässigen, sollen sie zuweilen chemische Analysen machen, oder Forschungen in den der Hüttenkunde verwandten Wissenschaften anstellen, und ihre gewonnenen Resultate vorlegen. Die Kosten werden ihnen ersetzt. Sie erhalten 96 Thaler Preuſsisch Gehalt, und berechnen für ihre Reisen ein Pferd Vorspann.

Markscheider-Eleven.

Das Eisenkomptoir unterhält Einen Markscheider-Eleven, er muſs studirt und das Bergexamen gemacht haben. Sein Geschäft ist das Aufnehmen und Zeichnen zu lernen, und sich genau über Grubenbau und Haushalt zu unterrichten. Wenn er zwei Jahre Gehalt erhoben (dasselbe wie die Oberhohofenmeister-Eleven) muſs er es um für das dritte Jahr erheben zu können, nachweisen, daſs er selbst eine Grubenmessung vollkommen durchgeführt, und daſs er versteht einen Arbeitsplan zum Abbau irgend eines Grubenfeldes zu entwerfen. — Auch muſs er überall gegen Bezahlung den Grubenbesitzern zur Hand gehen.

Werkmeister für den Hohofenbetrieb.

Sie werden aus den Hohofenmeistern gewählt, und müssen sowohl Ofenbetrieb, als Ofenbau (Stegresarekonst) verstehen. Sie reisen bei den Hohöfen umher um den Oberhohofenmeister zu unterstützen, und seine Aufträge auszuführen; auch müssen sie auf Verlangen der Brukspatrone gegen Ersatz der Reisekosten und Lohn den Gang in Ordnung bringen; doch dürfen sie keinen • ienst annehmen. Sie müssen auch den Oberhohofenmeister, wenn er es verlangt, auf seinen Reisen begleiten. Jeder Oberhohofenmeister hat einen oder mehrere derselben. Der Werkmeister nimmt mindestens zwei Lehrlinge an, die schreiben und mit den vier Spezies rechnen, so wie von einer Zeichnung die Maafse abgreifen können. Er lehrt sie zu Hohofenmeistern an, so dafs sie in drei Jahren praktisch und theoretisch (?) ausgelernt haben. Binnen abermaliger drei Jahre müssen diese Lehrlinge selbst Werkmeister werden können, d h. die Zustellung zu machen, Oefen neu zu bauen und zu betreiben verstehn, auch eine genauere Kenntnifs der in dem Distrikte zu verschmelzenden Erze und ihrer Behandlung besitzen. Der Werkmeister hat 35 preufsische Thaler Gehalt, und wird immer auf sechs Jahre angenommen. Für jeden Lehrling den er ausbildet erhalt er 27 Thaler. Die Lehrlinge bekommen 19 Thaler jahrlich. Sie werden vor dem Oberhohofenmeister und zwei Brukspatronen examinirt.

Der Werkmeister für die Frischerei.

In jedem Bezirke ist Einer. Zu den Hütten steht er in demselben Verhaltnisse wie der obige. Er nimmt zwei Lehrlinge an, die schon in den Hütten als Frischer gearbeitet haben; sie müssen so viel schreiben und rechnen können, dafs sie binnen der drei Jahre noch bis zum ziemlich gelaufigen Schreiben und zum Rechnen mit vier Spezies zu kommen vermögen. In drei Jahren müssen sie die im Bezirke vorkommenden Eisensorten und die besten Methoden sie zu verfrischen kennen, auch alle Reparaturen am Heerde zu machen verstehn. Binnen nächster drei Jahre müssen sie zum Werkmeister reif sein, d. h. ausgebreitetere Kenntnifs vom Roheisen und von den verschiedenen deutschen Frischmethoden besitzen. — Der Werkmeister hat 35 Thaler Gehalt, für jeden Lehrling 54 Thaler. Die Lehrlinge sind wie die obigen bezahlt, können aber als Hülfsschmiede arbeiten.

Die Werkmeister werden vom Oberhohofenmeister gewählt, der für ihre Tauglichkeit verantwortlich ist. Das Eisenkomptoir bestätigt sie.

Uebriger Beamtenetat des Eisenkomptoirs.

Aufser diesen Beamten besoldet das Eisenkomptoir noch einen Direktor über die Feinschmiede in Eskilstuna; eine andere Stelle die eines Direkteurs über die Schwarzschmiede (Manufaktur-) ist durch den Tod Karl Rinmanns jetzt erledigt; nach dem Beschusse von 1826 sollten noch zwei Oberschmiedemeister, jeder mit einem Eleven und zwei Frischmeistern angestellt werden, um die Frischfeuer zu beaufsichtigen. Es ist diefs bis jetzt noch nicht in Ausführung gebracht.

Das Eisenkomptoir unterhält auch Beamten für den mechanischen Theil des Hüttenwesens, bestehend aus einem Direkteur (Gustav af Ure) der 365 Thaler Gehalt bezieht, drei Kunstmeistern, wovon zwei 76 Thaler und einer 35 Thaler Gehalt haben. Als Bergslagsbaumeister ist der Oberdirekteur Hagström mit 188 Thalern festem Gehalte angestellt, und unter ihm sind mehrere Unterbeamten die 10 bis 14 Thaler Gehalt beziehen. Bei diesen besoldeten Unterbeamten gehen junge Leute unentgeldlich in die Lehre.

Nach der selbst von der Bruksozietät 1826 angelegten Berechnung betragen diese Gehalte jährlich (ohne die nicht unbedeutenden Reisekosten für den Direktor des Hohofen- und Frischfeuerbetriebes) 4506 Thaler preufsisch und die für den Augenblick vakanten Stellen der Ober-Schmiedemeister u. s. w. dürften bei ihrer Besetzung auch etwa 1300 Thaler betragen. Alle diese Gehalter sind nicht grofs, doch haben die Beamten theils noch die Nebenverdienste für die Verrichtungen zu denen sie auf die Hütten gerufen werden, theils ist das Leben auf dem Lande in Schweden viel wohlfeiler als bei uns.

III. Oekonomische Verhältnisse.

a. Anleihen auf Hütten und Produkt.

Zwei Wege bieten sich dem bedrangten Hüttenbesitzer dar, theils um sich von einem augenblicklichen Geldmangel und daraus erzwungenem Verkaufe seiner Waare unter dem Preise zu schützen, theils aber auch bei nicht ausreichendem Kapital sich die erforderlichen Fonds zu sichern. Von diesen beiden Wegen ist der eine wieder ein vom Staate, der zweite durch gemeinsames Uebereinkommen geöffneter. Die Bank als ein Staatsfond, leiht theils auf den Grundbesitz und Fabrikationsrecht, theils auf zum Pfande gesetztes Eisen. Was die Anleihe auf den Grundbesitz betrifft, so übergehen wir ihn, weil er mit dem unmittelbaren Hüttenbetriebe nichts gemein hat; doch mufs nur angeführt werden, dafs wohl den Bergmannsgewerkschaften nicht aber den einzelnen Hemmans geliehen wird. — Bei der Taxation der Hütten, die durch den Bergmeister und zwei Hüttenbesitzern geschieht, wird der reine Ueberschufs des Ertrages als 9 Prozent Rente angeschlagen, und danach das Kapital berechnet. Besitzt eine Hütte so viel eigenen Wald und Erz, daſs die Hälfte des Privilegiums wenigstens gedeckt ist, so kann sie auf jede 100 Schiffpfund (290 Centner) die ihr Privilegium ihr auszuschmieden erlaubt 250 Thaler Banko (142 Thaler preuſsisch) entlehnen, hat sie keinen eigenen Wald, sondern muſs die Kohle kaufen, so kann sie nur 150 Thaler Banko (85 Thaler preuſsisch) erhalten. Ist die Hütte aber nicht auf eigenem Grund und Boden angelegt, und hat sie sonst keine sichere Deckung, so kann sie keine Anleihe machen. — Auf Eisen leihet die Bank $\frac{2}{3}$ des Werthes. Diese Bankanleihen werden mit 3 Prozent verinteressirt.

Die Summen welche die Bank auf diese Weise vorstreckt sind nicht unbedeutend. 1803 waren es etwa 600,000 Thaler Banko (342,000 Thaler preuſsisch). 1809 betrug es über 3,000,000 Thaler B. (1,700,000 Thaler preuſs.) Nach dem Frieden trat ein starker Export ein, es wurde viel abbezahlt, und 1810 waren es nur noch 1,603,000 Thaler B. (913,700 Thaler preuſs.) Niedere Eisenpreise machten dann mehr Anleihen nothwendig, so daſs die vorgeschossene Summe 1811 2,842,642 Thaler B. (1,619,305 Thaler preuſs.), 1814 2,000,000 Thaler B (1,140,000 Thaler preuſs.), 1815 4,000,000 Thaler B. betrug. Dann traten abermals starke Exporte ein, wo fast wieder bis auf 1,000,000 abbezahlt wurde. 1824 betrug die Summe etwa 1,100,000 Thaler B. (587,000 Thaler preuſs.), 1825 nicht viel über 400,000 Thaler B. (228,000 Thaler preuſs.)

Das Eisenkomptoir hat auſser den eigenen Fonds noch einen Vorschuſs von 600,000 Thalern von der Bank; wenigstens 100,000 davon müssen gesetzlich reservirt werden, um bei den gewöhnlichen Verkaufs-Terminen die Hüttenbesitzer bei schlechten Preisen vor augenblicklichen Verlegenheiten zu schützen. Jeder Brukspatron kann davon nur 3000 Thaler erhalten, und zwar auf kurze Zeit; er mufs dabei entweder einen Bürgen stellen, oder eine Hypothek einlegen, die, wenn die Schuld einen Monat nach dem Termine nicht bezahlt ist, ohne weiteres verkauft wird.

Von den übrigen 500,000 Thalern und dem eigenen Kapital werden an die Hüttenbesitzer Anleihen auf langere Zeit gemacht, doch nicht auf Eisen, sondern nur auf die Schmiede-Gerechtigkeit, oder vielmehr auf die Anzahl Schiffpfunde mit der sie Theil am Eisenkomptoir nehmen und die Wageabgabe zahlen. Es giebt mehrere Klassen solcher Anleihen; die Eine heifst die Ordinarien- oder Verlags-Anleihe, sie beträgt 2 Thaler Banko für das Schiffpfund Stabeisen, $3\frac{1}{3}$ Thaler für das Schiffpfund Manufaktureisen (des Privilegiums). Diese kann man ununterbrochen behalten wenn man die Inte essen (3 Prozent) richtig zahlt; tragt man aber ohne die Verlangerung unter neuer Bürgschaft verlangt zu haben, die Anleihe zur Verfallszeit nicht ab, so zahlt man für diese Zeit 6 Prozent und verliert für einen Monat über die Verfallzeit ein Jahr das Recht zu leihen, für zwei Monat zwei Jahr, und für drei Monate für immer. Fallirt jemand und kann daher nicht zur bestimmten Zeit die ganze Summe zahlen, so behalt er nur so viel Anleiherecht als er herausgezahlt, hat aber, so lange er noch die Abgabe für sein Eisen entrichtet, vollkommenes Stimmrecht bei den Beschlüssen der Sozietat. — Volles Anleiherecht erhalt man erst wieder durch Abzahlung des Kapitales mit 3 Prozent für die rechtmafsige Zeit und 6 Prozent für die uber den Abzahlungs-Termin verstrichene.

Die zweite Anleihe die extra heifst, wird nur bewilligt, wenn die Verlagsanleihe und die durch Unglücksfälle nöthig gewordenen Unterstützungen noch hinreichenden Kohlenbestand lassen. Sie darf höchstens einen Thaler pro Schiffpfund des Privilegiums der Hütte betragen, sie wird nur auf sechs Monate gegeben, und bezahlt 5 Prozent Interessen. Bleiben nun noch Gelder übrig, so können extra extra Anleihen auf drei Monate gemacht werden. Diese Anleihen dürfen nicht Gegenstand des Handels werden.

Wird eine Hütte verkauft, so bescheinigt das Eisenkomptoir ob sie das volle Anleiherecht besitzt, oder ob es durch Reste theilweise gesperrt ist.

Die Ueberschüsse die daraus erwachsen, dafs das Eisenkomptoir der Bank nur 3 Prozent Interessen giebt, während es von den Extra-Anleihen 5 Prozent und von den über die Verfallzeit verstrichenen Monaten 6 Prozent erhält, werden nach dem Beschlusse der Brukssozietat nicht zum Kapital geschlagen, sondern nachdem Personale und Rechnungslegung davon bezahlt ist, zu Belohnungen geschickter Arbeiter, zu Versuchen u. s. w. verwandt.

Da die Bergleute weder in der Bank noch im Eisenkomptoir Anleihen machen können, so sind sie genöthigt sich an Privatpersonen zu wenden, und in den Bergstädten giebt es viele Kaufleute und andere Kapitalisten, die nur mit diesen Anleihen, oder wie sie hier heifsen Vorschufs (förlag), sich beschäftigen Es giebt wenige Bergleute die nicht einen solchen Vorschiefsenden haben, und sie stehen mit ihm in einem Wechselverhaltnifs, das leise an das römische von Patron und Klienten erinnert. Der Vorschiefsende hält durch seine Unterstützung den

Betrieb im Gange, und der Bergmann wird dadurch in den Stand gesetzt, die Vortheile des Betriebes ziehen zu können. Um nun aber Gläubiger und Schuldner gegeneinander sicher zu stellen, bestehen folgende Gesetze.

Will ein Bürger oder Kaufmann oder Hüttenbesitzer (denn nur diese sind dazu berechtigt) einem Bergmann auf sein zu fabrizirendes Roh- oder Stabeisen vorschiefsen *), so mufs darüber ein schriftlicher Revers aufgesetzt werden, den der Bergmeister erhalt und öffentlich bekannt machen lafst, weil dieser Bergmann nun nicht mehr das Recht hat bei einem anderen zu leihen; leihet ihm Jemand ohne des ersteren Vorschiefsenden besondere Bewilligung, so mufs er (dieser zweite Vorschiefsende) Strafe zahlen, eben so wenig darf jemand von einem verschuldeten Bergmann Eisen kaufen, indem nur der Vorschiefsende daran Recht hat.

Bereitet der Bergmann, so lange das Eisen dem Vorschiefsenden als Bezahlung zufallt, schlechtes Eisen, so wird er bestraft, ja wird bei dreimaligem Wiederholen desselben vom Hemman gejagt, wenn dieser der Krone gehört. — Die Anleihe wird gewöhnlich halb im Gelde, halb in Waaren genommen, für welche sowohl als für das zur Wiedererstattung bestimmte Eisen, der Bergmeister halbjahrlich den Marktpreis feststellt. — Wird durch Zögerung des Vorschiefsenden mit Lieferung der verheifsenen zum Hüttenbetriebe nöthigen Gegenstande der Bergmann in seinem Gewerbe gestört, so mufs ersterer

*) In diesem Falle heifsen sie Vorschiefsende, und ziehen von den besonderen Vorschufs-Gesetzen Nutzen, wahrend jeder andere der dem Bergmanne fur seine Person, und nicht fur seinen Betrieb leiht als gewohnlicher Glaubiger betrachtet wird, und in dieser Hinsicht auch unter den allgemeinen Landesgesetzen steht.

Strafe zahlen, und den Schaden ersetzen. — Der Vorschiefsende muſs dafür sorgen, daſs ein Liquidationsbuch zwischen ihm und dem Schuldner geführt werde, was bei Streitigkeiten von Schiedsrichtern, welche die Partheien ernennen, gegen einen Ersatz untersucht wird. Zahlt ein Schuldner nicht jahrlich, so muſs er vom Verfallstage an 6 Prozent Interessen abtragen. Wenn eine solche Verbindung zwischem Vorschieſsendem und Schuldner aufhört, so wird dieſs öffentlich bekannt gemacht, und das Bergsting hat dafür zu sorgen, daſs der Bergmann wieder einen anderen Vorschieſsenden erhalte. Bleibt bei solcher Trennung noch ein Rest abzuzahlen übrig, so hat der alte Vorschieſsende noch das Anrecht auf $\frac{1}{4}$ der Eisenproduktion des Bergmannes bis die ganze Schuld abgetragen ist. Gerath der Bergmann tief in Schulden, so wird sein zuvor abgeschatztes Eigenthum verkauft, und erst der Vorschieſsende, dann die Glaubiger befriedigt, doch bleibt der Schuldner dann noch einige Zeit auf seinem Hemman, und verschmilzt auch erst noch die Materialien die schon angeschafft sind.

b. Arbeitslöhne.

Eine eigenthümliche Einrichtung des schwedischen Eisenhüttenwesens ist das Ablohnen der Arbeiter, theilweise in Geld und theilweise in Lebensmitteln zu ein für allemal festgesetzten sich gleich bleibenden Preisen.

Um diese Ablohnungsart ganz zu verstehen, ist es nöthig zuvor die Lebensweise die der Landbewohner Schwedens führt, etwas genauer zu kennen. — Wir erwahnten schon einmal, daſs es in Schweden eigentlich an aller inneren Kommunikation fehle; die Hauser liegen zerstreut in Wald und Feld, und nur der Sonntag führt die Bewohner eines Dorfes und Kirchspieles auf wenige Vormittagstunden zusammen. Im übrigen lebt der Bauer ganz auf sein Hauswesen beschränkt, seine Bedürfnisse mufs er daher so viel als irgend möglich innerhalb seines Gehöftes gewinnen und bereiten; die Frau webt selbst das Zeug welches Mann und Kind kleidet; sie brauet das Bier, backt das Brot, und höchst wenig ist es nur was auf dem nicht häufig sich darbietenden Markte gekauft wird, worunter leider der Brandtwein (sup) meist den Hauptartikel bildet. Diese Lebensweise hat sich auch auf den Hüttenarbeiter ausgedehnt, und er ist Selbstproduzent der Bedürfnisse; da er aber das rohe Material nicht wie der Bauer auch selbst gewinnen kann, so wird es ihm geliefert.

Der Arbeiter wird für ein Jahr gemiethet; einen Theil seines Lohnes erhalt er baar, dabei aber entweder alle Lieferungen der Lebensmittel in natura zu ein für allemal festgestellten Preisen, oder theilweise oder ganz in Ackerbau, Schwendeland und Fischerei angewiesen. Dadurch wird er sicher gestellt für immer, er gewinnt das eine Jahr soviel als das andere, und ist vom Steigen und Fallen der Preise vollkommen unabhangig. Nicht so ist es mit dem Hüttenbesitzer; er gewinnt, wenn das Getreide niedrig steht, denn dann ist der mit dem Arbeiter bedungene Mittelpreis höher, umgekehrt ist es, wenn das Getreide hoch steht; diefs wird um so drückender, wenn dabei die Eisenpreise sinken, was sehr haufig der Fall sein kann, da diese Letzteren vom Auslande her durch Konjunkturen bestimmt werden, die mit den inländischen die den Getreidepreis feststellen, nichts gemein haben. Der Arbeiter würde aber bei einer anderen Ablohnung nicht bestehen können, und es kommt daher nur darauf an, sie den beiderseitigen Interessen möglichst anzupassen.

So sehr verschieden nun auch die Satze der Ablohnung sich geordnet haben, so kann man doch annehmen, dafs die Grundlage folgende ist. Ein Theil der Arbeiter hat erstens ein gewisses feststehendes Jahrlohn, unabhangig von der Arbeit, die er wirklich verrichtet. Dieser Lohn ist sehr verschieden, geht aber nicht wohl über 25 Thaler preufsisch. Zweitens, Jeder Arbeiter hat einen bestimmten besonderen Tagslohn in Gelde für jeden Tag den er wirklich arbeitet. Er variirt sehr, je nach der Art der Arbeiter, noch mehr nach den Lokalverhaltnissen und den angeschlagenen Getreidepreisen. Auf Rechnung dieses Taglohn hat der Arbeiter das Recht eine bestimmte Quantitat Getreide, Gemüse u. s. w. von der Hütte fur den ackordirten Preis zu entnehmen; will er mehr, so mufs er den Marktpreis erstatten. Steht aber das Getreide niedriger als der ackordirte Preis, so ist er gezwungen die kontrahirte Menge der Hütte fur diesen höheren abzunehmen, oder hat er sich auf anderem Wege versorgt, so mufs er der Hütte die Differenz der beiden Preise auf die ihm zustehende Quantitat vergütigen.

Um nun ermitteln zu können wieviel man bei einem willkührlich festgestellten Getreidepreise dem Arbeiter an baarem Tagelohne zahlen müsse, gilt der Satz, dafs der niedere Arbeiter mindestens einen Werth von 12 Tonnen Getreide monatlich verdienen müsse, um mit Weib und Kind leben zu können. Man nimmt im Monathe 24 Arbeitstage an, und es kame daher auf jeden Arbeitstag der Werth einer halben Tonne Getreide. Der geschicktere Arbeiter mufs dagegen so gestellt werden dafs er mehr verdient.

Es scheint daraus hervorzugehen, dafs es für den Arbeiter gleichgültig sein müfste, wie man den Getreidepreis stellt, wenn man nur immer von dem Vordersatz ausgeht, dafs er (um beim niedrigst bezahlten zu bleiben) bei 24 Arbeitstagen auf den Werth von 12 Tonnen komme, zumal da er meist so viele Bedürfnisse wirklich entnimmt, dafs ihm wenig baar herausgezahlt wird. Allein da er, wenn er fleifsig sein will, wohl auf 30 Arbeitstage kommen kann, wenigstens auf 300 Tage im Jahre, so ist es für ihn von grofsem Vortheile ein hohes Tagelohn zu haben (also auch hohen Getreidepreis) weil er dann für diesen Ueberschufs von Tagen einen gröfseren baaren Verdienst herausbekömmt. Man übersah dies früher, und der Arbeiter glaubte nur in einem recht niedrigen Getreidepreise sein Heil zu finden; allein man hat das Gegentheil nun erkannt, und hat in allen besseren Werken Tagelohn und Getreidepreis erhöht. — In den Büchern der Hütten werden bei niedrigen Getreidepreisen die Arbeiter als moralische Person kreditirt, und bei hohen Preisen debitirt.

Man hat an diesen Lohnen mancherlei gekünstelt, und den Arbeiter dadurch in gleiche Abhangigkeit vom Eisenpreise, ja selbst vom Getreidepreise zu bringen gesucht, als der Besitzer sich befindet, allein man ist immer wieder davon zurückgekommen, weil der Besitzer verhaltnifsmafsig wenig dabei gewinnt, der Arbeiter aber bei seinem ohnehin knappen Unterhalte leicht ohne sein Verschulden in die gröfste Noth gerath, sich dann dem Trunke ergiebt und unbrauchbar wird.

Um das in Nothgerathen der Arbeiter beim Zuwachs ihrer Familie zu verhüten, erhalt der Hausvater auf den meisten Hütten für jedes Kind über ein Jahr und unter 15 Jahren eine Zulage, gewöhnlich an Getreide, ohne dafs dem Kinde daraus irgend eine Verpflichtung erwuchse.

Nach diesen allgemeinen Vorausschickungen können wir uns zu einigen Einzelnheiten wenden.

Der Hohöfner. Der Arkord des Hohöfners ist sehr verschieden, auf vielen Gewerbshütten wird er in Eisen bezahlt, weil es den Bergleuten schwer wird baares Geld aufzubringen. Er schafft sich dort auch oft seine Lebensmittel durch unmittelbaren Ankauf. Bei den Hütten der Brukspatrone steht er aber gewöhnlich in dem oben genannten Ablohnungsverhältnisse aller Arbeiter, und kömmt auf bessern Hütten wohl auf den Werth von 70 bis 80 Tonnen Getreide monatlich. Bei einigen Hütten erhalten sie weniger wenn nicht geblasen wird.

Der Frischer hat gesetzlich für das Schiffpfund ausgeschmiedetes Stabeisen nach gröberen Dimensionen und nicht über 8 Ellen langen Staben den Werth von $\frac{1}{12}$ Tonne Getreide, halb Roggen halb Gerste zu fordern. Für das ersparte Eisen hat er, wenn es 5 Prozent des ausgeschmiedeten Eisens beträgt, die Halfte des Eisenwerthes, und für das, was es über 5 Prozent abliefert, $\frac{2}{3}$ des Werthes zu fordern. Die ersparten Kohlen müssen ihm mit der Halfte des Marktpreises ersetzt werden. Doch sind die zwischen Besitzer und Frischer getroffenen Privat-Abkommen überaus ungleich. — Die Wohnung des Meisters ist auf Stube, Kammer, Boden und Stallung für 3 Kühe festgesetzt. Der Geselle hat keine Kammer und nur Raum für eine Kuh zu fordern; überdiefs bekommen sie Land zur Gewinnung des Futters, auch wird ihnen wohl das Rohr der Seen zum Viehfutter uberlassen. Aufserdem haben sie Brennholz so viel sie brauchen, Krautland, und wenn sie keine Schafe halten können, Wollgeld zur Anschaffung der Wolle, woraus das Tuch zu ihren Kleidern von den Frauen gewebt wird — Der Meister theilt den gesammten Verdienst mit dem

Gesellen und Knecht und zwar im Verhältnisse von $\frac{5}{12}$: $\frac{4}{12}$: $\frac{3}{12}$. Ernährt und bekleidet er aber den Knecht, so nimmt er dessen Antheil auch. Muſs ein Hüttenbesitzer wegen Schulden die Hütte verlassen, so hat der Frischer mit seiner Forderung vom letzten Jahr den Vortritt vor allen Gläubigern.

Auf den Manufakturwerken ist im Durchschnitt die Ablohnung, wenn Lohn, Taglohn und Ueberschuſs an Eisen und Kohle alles in Getreide angeschlagen wird, folgende:

1) Bei den Materialschmieden. Der Meister mit Kohlenjungen erhält 69 Tonnen Getreide, der Geselle $34\frac{1}{2}$, wenn nach der Schablone geschmiedet, und zu gewissen Arbeiten z. B. Gewehrläufen, bestimmtes gutes Eisen erfordert wird; dieſs zu erschwingen muſs der Heerd 500 Schiffpfund jährlich ausschmieden, und 5 Prozent Eisen und 25 Prozent Kohle ersparen. Werden aber groſse Platten, wozu dichtes weiches Eisen nöthig ist, von 150 bis 240 preuſsische Pfund Schwere zur weiteren Auswalzung oder zu Dampfkesseln u. s. w. ausgereckt, und müssen sie an den Seiten geschrotet werden, so muſs das Arbeitslohn so angeschlagen sein, daſs der Meister auf $72\frac{1}{8}$ Tonnen kommt, weil er eine schwierigere Arbeit hat, und für seine gröſsere Geschicklichkeit belohnt werden muſs. Bei Frischereien die nur grobes Materialeisen für Handschmieden ausrecken, kommt der Meister mit dem Knecht nicht höher als 45 Tonnen; der Geselle auf 22.

2) Ein Hammermeister. Bei gröſseren Werken, wo Achsen, Anker, Hämmer u. s. w. geschmiedet werden, muſs er, wenn er zugleich auf den Frischprozeſs mit zu achten hat, auf $72\frac{1}{8}$ Tonnen kommen. Sein Fri-

scher der die spezielle Aufsicht über das Feuer hat gewinnt etwa 69 Tonnen.

3) Der Walzmeister bei gröſseren Walzwerken, der mit dem Knecht für den ganzen Gang des Werkes einsteht, die Walzen abdreht, und die anderen Reparaturen besorgt 77 Tonnen; der Knecht erhalt dabei wenn er über 18 Jahr, 15½ bis 34½; unter 18 Jahr 5 bis 15½ Tonnen.

4) Der Walzmeister. Für Bandeisen u. s. w. erhält er 39 Tonnen; wenn er aber mit gereiften Walzen alle Sorten Manufaktureisen walzen kann, 46 Tonnen.

5) Roh- und Gerbstahlmeister mit Knecht kommen nicht höher als 40 bis 46 Tonnen.

6) Der Drathmeister, der alle Reparaturen, die Zugeisen u. s. w. besorgt und einen Knecht halt, bekömmt 58 Tonnen.

7) Ein Kunstschmidt der Schraubstöcke, Wagenbeschlag u. s. w. anfertigt und einen Knecht halt, hat 54 Tonnen.

8) Ein Stahlrecker der einen Knecht halt, verdient 41 Tonnen, halt er 2, wo er ⅓ etwa mehr produzirt, 52 Tonnen.

9) Ein Stahlbrenner mit Knecht für jeden Ofen den er im Jahre brannte (mit Reparatur) 3 bis 3½ Tonnen.

10) Ein Sensenschmidt, mit Knecht der den Stahl gerbt, 41 Tonnen.

11) Ein Nagelschmidt mit 2 Jungen 35 Tonnen.

12) Ein Blechverzinner mit einem Handlanger und 2 Jungen, wenn er die rohen Bleche zugleich beitzt, scheuert, die zu verzinnenden beschneidet, überwalzt, polirt, 54 Tonnen.

13) Ein Klemptner mit Jungen 39 Tonnen.

14) Ein gewöhnlicher Schmiedeknecht 14½ Tonnen.

Früher bestand die Einrichtung, dafs wenn ein Frischer bei seinem Herrn verschuldet war und dieser ihm kündigte, so mufste der neue Herr der den Frischer in Dienst nahm seine Schuld mit übernehmen; konnte der Frischer keinen neuen Dienstherrn unter dieser Bedingung finden, so mufste ihn sein bisheriger Herr behalten, oder ihm die Schuld erlassen. Diese Einrichtung hatte man der einwandernden Frischer wegen gegeben, die den Schweden nicht trauten, und denen man daher eine Art von Rückhalt sichern wollte. Da es aber in neueren Zeiten sehr nachtheilig auf die Oekonomie der Arbeiter einwirkte, und ohnehin der Zweck des Gesetzes verloren gegangen war, so schaffte man es ab.

Arbeiter aller Art. Um von ihren Lohnverhaltnissen einen klaren Begriff zu geben, haben wir die Ablohnung einiger Handwerker in Finspång, einer der gröfsten und best geordneten Hütten Schwedens in der Liste 6. zusammengestellt, und um die unbequemen Bruchzahlen zu vermeiden, die schwedischen Münzsorten und Maafse beibehalten.

Die Fuhren aller Art, so wie die übrigen Dienste welcher die Hütten bedürfen, werden in Schweden von den Pachtern der der Hütte zugehörigen Hemmane und Torpe (einzelne kleine Gehöfte) verrichtet, und werden den Pachtern diese Dienste mit in die Pacht eingerechnet. Solche Verpachtungen sind gewöhnlich auf ein Jahr vom 14ten Marz an. Im Pachtkontrakte wird angegeben, wie viele Gespanne, Tagsarbeiten, Laster Kohlen, Stafrum Holz u. s. w. der Pachter jahrlich unentgeldlich zu liefern hat, und wieviel er für die mehrgelieferten erhalt, was nun nach den Lokalitaten wieder überaus verschieden ist, höchst selten aber in baarem Gelde, meist in Getreide, Gemüse, Salz u. s. w. besteht.

IV. Belehrung und Aufmunterung.

a. Aufmunterung und Unterstützung.

Wir sprachen schon oben von den vielfachen Unterstützungen die das Eisenkomptoir den Bemühungen der Beamten die Wissenschaft zu fördern, und der Arbeiter ihre Pflicht gewissenhaft zu erfüllen, zukommen läfst. Es sei hier der Ort diese Unterstützung ausführlicher zu bezeichnen, und zugleich die kleineren, meist auf einzelne Gegenden beschränkten Institute zu nennen, die sich bildeten den geschickten Arbeiter zu belohnen und aufzumuntern, und dem Hülflosen beizustehn.

Auf das Bereitwilligste und Freigebigste unterstützt das Eisenkomptoir jedes Bemühen das Hüttenwesen zu fördern, und belohnt auf alle Weise die Männer deren Leistungen einen vortheilhaften Einflufs auf den Betrieb geaufsert. So erhielt, um nur einige Beispiele der dank baren Anerkennung zu nennen, der Graf v. Wetterstadt die grofse goldne Medaille des Eisenkomptoirs für die gefällige Unterstützung eines Versuches, einen im vollen Gange befindlichen Hohofen plötzlich auszulöschen. Oberst von Ankarsward erhielt sie für Versuche mit Verkohlen in Oefen, Assessor Lagerhjelm für die Einführung der Fullerschen Wasserprobe zum Probiren der Ankerketten. Dem Oberhohofenmeister Lundgren der den oben erwähnten katechetischen Auszug aus Garney's Hohöfnerei gemacht, gab man für dies und andere Verdienste die goldene Medaille und 666⅔ Thaler Banko. Für die Umarbeitung des Garneyschen Werkes in der 2ten Auflage empfing Lidbeck die goldne Medaille und 333⅓ Thaler, auch liefs das Komptoir 1500 Exemplare auf eigene Kosten drucken. Für den berühmten Sven Rinmann hat man beschlossen ein Denkmal in Gufseisen aufstellen zu lassen, das jetzt in Finspång gegossen wird. — Der alte Garney erhielt noch, als er schon pensionirt war bedeutende Unterstützungen.

Eben so war das Eisenkomptoir von jeher bemüht Versuche zu Verbesserungen auf das Kräftigste zu unterstützen. — Die Puddlingsversuche kosten dem Komptoir bedeutende Summen, unter andern haben die beiden leitenden Herren Ure und Stenfelt, der erstere 3000 der andere 1000 Thaler erhalten. — Von 1823 bis 1826 waren 300 Thaler jährlich ausgesetzt, um das Verhalten der Erze in Nora und Lindes Bergslag durch Probebetriebe näher kennen zu lernen. — 600 Thaler wies man an, um zu versuchen die Tabergserze durch Pochen und Waschen reicher zu machen. Man kann annehmen dafs die Sozietät in den letzten Jahren über 150,000 Thaler schwedisch Banko auf solche Weise verwandt.

Als Beweis, wie das Komptoir auch Institute unterstützt, mögen einige Beispiele genügen. Der König wies die Aufmerksamkeit der Brukssozietät auf die Bereitung der englischen Ankerketten; 1826 machte sie daher bekannt, dafs derjenige Hüttenbesitzer der ein eignes Walzwerk für Ankerketten anlegen, oder seine Frischerei in ein solches umwandeln wollte (wobei es ihm noch frei stehen sollte andere Artikel nebenbei zu walzen, das Materialeisen selbst zu bereiten oder zu kaufen) eine Anleihe von 20,000 Thalern Banko rentefrei auf drei Jahre erhalten sollte, und wenn er die ersten vollkommen guten Ankerketten für die Flotte vorzeigen könne, wolle man sogleich die Hälfte der Anleihe abschreiben. Dabei überläfst ihm die Sozietät eine auf ihre Kosten erbaute Fullersche Wasserpresse von 750 Schiffpfund Kraft zur Disposition. — Ein früheres Anlehn von 20000 Thalern das die Werkstatt und Eisengiefserei in Motala bei der Sozietät gemacht, hat sie der Werkstatt geschenkt, mit der billigen Bedingung, einige Lehrlinge dort halten zu dürfen.

Auch für die Arbeiter thut das Eisenkomptoir beträchtliches; 1822 erlaubte der König, daſs das Eisenkomptoir eine an der Brust zu tragende Ehrenmedaille ausgeben dürfe mit der Inschrift: för flit och skiklighet i Bergmanns yrken (für Fleiſs und Geschicklichkeit im Bergwesen). Sie wird auf wohlgeprüften Vorschlag der Hüttenbesitzer ausgegeben, wenn das vom Prediger auszustellende Moralitätsattest günstig lautet. Das Ehrenzeichen wird in der Kirche umgehängt. Für gewöhnlich ist es in Silber, in seltneren Fällen von Gold. — Ueberdieſs ist ein jährlicher Belohnungsfond von 400 Thalern ausgesetzt, ferner ein anderer von 100 Thalern um zur Führung ordentlicher Blasjournale, die bis jetzt noch selten sind, aufzumuntern.

Was das Eisenkomptoir für die Bergschule gethan, wird in dem über diese handelnden Artikel angeführt werden.

Unter den kleineren Unterstützungs-Instituten verdient wohl der sogenannte Löwenskjöld-Fond die erste Stelle. — Der König hatte 1816 einem groſsen Theile der Hütten im Wester Bergslage, die durch eine Ueberschwemmung sehr gelitten, das Zehnteisen für 575 Blasetage geschenkt. Der Baron von Löwenskjöld, Präsident des Bergkollegiums, besuchte eben die Hütten als die Besitzer zusammentraten, und diese erlassenen Abgaben als Fond anlegten, den sie zur Unterstützung der Arbeiter bestimmten; sie nannten ihn, dem Präsidenten zu Ehren, nach dessen Namen. Der Fond stieg durch Beiträge derer die nicht gelitten hatten, auf 3000 Thaler schwedisch Banko, von deren Interessen 3 Hohöfner und 3 Hüttenleute belohnt werden. Der höchste Satz ist 90 Thaler; wer darauf Anspruch machen will, mufs vom Oberhohofenmeister vorher geprüft werden, und als in seinem Fache tüchtig sich bewahren, er mufs ein Blasejournal geführt haben nach einem Schema das der Oberhohofenmeister giebt (was zugleich als Aufmunterung dient schreiben zu lernen). Ein Hüttenarbeiter mufs, wenn er belohnt sein will, beim Zustellen des Ofens gegenwartig gewesen sein, und mufs Rede und Antwort darüber geben können, mufs sich anstandig aufgeführt haben u. s. w. Die geschicktesten haben den Vorrang, weshalb kein Åldermann sich mitbewerben darf, da er als der geschickteste vorausgesetzt wird. Man hat bei dieser Einrichtung besonders auf die Hohöfner der Gewerkshütten Rücksicht genommen, und so z. B. festgestellt, dafs keiner die Belohnung erhalten könne, der nicht sogleich angezeigt habe, dafs das vom Einzelnen angeschaffte Material nichts tauge, wer nicht alles anwendet die Wageeinrichtung eingeführt zu sehen und wer sich beköstigen lafst. Vorsteher dieser Kasse sind der Bergmeister, der Oberhohofenmeister, zwei Hüttenbesitzer und zwei erwahlte Bergleute.

Eine ahnliche Kasse hat sich seit 1818 in Wermeland gebildet, wozu jede Hütte jahrlich, funf Jahre lang 1 Schiffpfund Eisen beitrug. 1824 und 25 wurden zuerst Belohnungen ausgegeben; die Bedingungen sind denen beim Löwenskjöld-Fond ahnlich, aber weniger streng. In Norberg Bergslag giebt jede Gewerkschaft jahrlich einen Thaler B., davon erhält der Arbeiter der vier Jahr im Bergslag arbeitet und fleifsig und geschickt ist $6\frac{2}{3}$ Thaler. Wittwen und arme Hüttenleute werden aus der Gildenlade unterstützt. 1821 überwies ein Testament ein Legat von 10,000 Thalern schwedisch Banko, um von den Interessen alte Hüttenleute in Norberg's Bergslag zu unterstützen.

So giebt es, um sie nicht alle vorzurechnen, noch einige kleinere Fonds, aus denen Summen zur Aufmunterung und Belohnung bestimmt werden. Sie wirken sehr günstig auf die Verbesserung des Hohofenbetriebes, und es würde auch für den Frischhüttenbetrieb sehr vortheilhaft sein, wenn man ihm ahnliche Vortheile gewahren wollte; es ist aber auffallend, wie dieser Zweig in dem letzten halben Jahrhundert hinter dem Hohofenwesen zurückstehen mufste. Vor 70 Jahren etwa begann man kraftige Maafsregeln zu ergreifen, um den Hohofenbetrieb der hinter der Kunst des Frischens zurück gebliebben, diesem gleich zu fördern; es ist diefs gelungen, theils dadurch dafs man ersterem bedeutend half und ihn dadurch verbesserte, theils aber auch dadurch dafs man den letzten fast unbeachtet liefs, und ihn somit verschlechterte. Es scheint hoch an der Zeit durch alle zu Gebot stehende Mittel, worunter diese Aufmunterungen nicht das kleinste sind, die Prozedur jetzt umzukehren; die Frischerei namlich der Hohöfnerei nachzubringen, und dann dafür zu sorgen, dafs nicht wieder die eine auf Kosten der anderen vorschreite, sondern dafs sie wie die Natur der Dinge es fordert, vereinigt nach demselben Ziele ringen.

b. Bergschule.

Lange schon hatte man allgemein das Bedürfnifs gefühlt eine theoretisch-praktische Unterrichtsanstalt für die jungen, theils zu Beamten theils zu Hütteninspektoren bestimmten Leute zu besitzen, und mehrere Vorschlage dazu waren schon früher wiederholt gemacht worden.

Erst 1819 aber konnte man, da der Staat die Mittel anwies und die Einrichtung befahl, dieses überaus nützliche Institut begründen.

Es sollte diese Anstalt 1821 den Unterricht beginnen, und zwar sollte dieser von drei Bergbeamten zu Fahlun, die diese Funktion neben ihren anderen Geschäften übernehmen sollten, gegeben werden. Es wurden dazu 2800 Thaler angeschlagen. Das Bergskollegium konnte aber keinen Beamten finden, der diesen Unterricht als Nebengeschäft übernehmen wollte; es schlug daher vor, man solle einen wirklichen Lehrer anstellen, der praktisch und theoretisch ausgebildet dem ganzen Institute vorstande, die Sammlungen beaufsichtigte, und nur von einigen Bergbeamten im praktischen Unterricht unterstutzt werde. Der König bewilligte diefs, und übertrug dem Professor Sefström die Lehrerstelle. Man hatte das Haus und die Sammlungen des verstorbenen allgemein bekannten Gahn gekauft und dem neuen Institute überwiesen.

Der Unterricht begann 1822, und so kurz daher nur noch die Zeit ist, in der die Lehranstalt besteht, so unverkennbar ist doch schon ihr günstiger Einflufs. Die durch sie gewonnenen Resultate werden alljahrlich in den Eisenkomptoir-Annalen bekannt gemacht, und seit dieser Zeit hat sich unlaugbar ein lebhafter Eifer unter den jungen Huttenleuten für die wissenschaftliche Auffassung des Gewerbes, insbesondere fur die chemische Untersuchung entwickelt. Dafs dieser Eifer, durch unzureichende Vorkenntnifs des gröfsten Theiles des jetzigen Hüttenpersonals in der Chemie und Mineralogie nicht gehörig begründet, im Anfange etwas irrlichtert, und mitunter die eigenthümlichsten und unbegründetsten Meinungen erzeugt, ist nicht zu verwundern, schadet aber auch wenig, denn

„ohne Irren kein Finden und ohne Täuschung keine Wahrheit". Von der grofsen Wirksamkeit des Institutes überzeugt, hat nun auch das Eisenkomptoir es mit kräftigen Händen unterstützt, und mit der bedeutenden Erweiterung des Etats den die Anstalt der Brukssozietät dankt, hat sich auch der Kreis der Mittel welche die Anstalt nun anwenden kann, eben so bedeutend ausgedehnt.

Der heutige Etat ist folgender:	Thlr. B.	Thlr. B.
Der Vorsteher bezieht aus der Staatskasse	1200	
Das Eisenkomptoir legt dazu	500	
		1700
Die Lehrer für besondere Zweige haben vom Staate	1200	
Vom Eisenkomptoir	1000	
		2200
Drei Stipendien giebt der Staat mit		600
Für Unterstützung und Belohnung sind ausgesetzt *)		1000
Für Materialien zahlt der Staat		500
Das Eisenkomptoir legt dazu		500
Reisegeld wird gut gethan		300
Der Aufwärter erhält		200
		7000
		(3733⅓ Thlr. Preufs.)

Aufgenommen werden in diese Anstalt theils junge Männer welche die akademischen Studieen beendet und das sogenannte Bergexamen abgelegt haben; sie bestim-

*) Professor Sefström schafft für einen Theil dieser Summe chemische Geräthschaften an, als Platintiegel und Geschirre, kleine Wagen u. s. w. und vertheilt diese an die jungen Leute bei dem Abgange aus dem Institute.

men sich gewöhnlich zu Beamten, oder sie sind Söhne von Hüttenbesitzern die später selbst die Leitung der Hütten übernehmen sollen; theils auch junge Männer deren künftige Bestimmung es ist Bruksinspektoren zu werden, die nur die Schulbildung mitbringen, und auch schon einige praktische Kenntnifs besitzen, da sie meist vorher Buchhalter bei einer Hütte waren. Es entstehen gewöhnlich bald freundliche Verbindungen zwischen diesen weniger gebildeten Schülern und jenen ersteren; diese unterstützen dann die in den verschiedenen Wissenschaften Unkundigen bei ihren ersten Arbeiten, lernen dabei selbst, und erleichtern durch diesen leisen Anklang von Lankaster Methode dem Lehrer die Arbeit. Wirkliche Vortrage in den verschiedenen Disziplinen werden gar nicht gehalten, mit Ausnahme der Mineralogie, die aber auch möglichst praktisch mehr durch Vorzeigen und längeres Ausstehen der einzelnen Kasten mit dabei aufgeschlagenen Handbüchern als durch mündlichen Vortrag gelehrt wird. — Alle übrigen Zweige der hierher gehörigen Wissenschaften werden nur in einer Reihe praktischer Arbeiten durchgegangen. So wird z. B in der Chemie, die wie erwahnt Hauptstudium unter den mehr theoretischen Disziplinen ist, gleich mit Selbstbereitung von Reagentien, dann mit leichteren Analysen angefangen; wer von den jungen Leuten die Elemente der Chemie nicht kennt, mufs sie durch Selbststudium kennen zu lernen suchen, wobei er das ihm nicht verständliche von einem der akademisch gebildeten Schüler oder vom Lehrer erklart erhalt. Man rechnet allerdings nicht darauf, dafs diese Schüler, die hier erst mit den Anfangsgründen der Chemie beginnen, viel davon erlernen werden; man will ihnen aber den Sinn und das Verständnifs für Chemie öffnen, damit sie in ihren zukünftigen Stellungen wenigstens das was in ihrem Geschäfte vorkommt zu schätzen verstehen, und wissen was interessant genug ist, um es zur Untersuchung oder Beachtung anzuzeigen; auch sollen sie im Stande sein wenigstens ganz leichte Analysen selbst vorzunehmen.

Der Cursus dauert zwei Jahre und fängt mit Neujahr an; er ist jetzt drei mal beendigt. Die Anzahl der Eleven war bisher 12 bis 16, doch ist noch keine bestimmte Zahl festgestellt. — In den ersten drei Monaten wird Chemie und Mineralogie auf die schon oben angedeutete Weise vorgenommen; mit dem Studium der Letzteren wird zugleich die Behandlung und der Gebrauch des Löthrohres gelehrt, auch werden die Kupfer- und Silbergewinnungs-Prozesse gezeigt und erklärt, wobei die Schüler die Produkte chemisch untersuchen müssen. Der erste Sommer ist dem praktischen Hohofenbetriebe bestimmt. Der Vorstand der Schule reist mit allen Eleven nach einer gröfseren Hütte, wo sie beim Hohofenbetrieb selbst Hand anlegen, und dabei durch den Vorstand und durch Selbststudium des Garneyschen Handbuches Belehrung in diesem Fache erhalten. Hier werden die Hohofenprodukte gesammelt, die später analysirt werden, theils zur Uebung in chemischer Arbeit, theils aber auch, um durch Zusammenhalten des Resultates mit den zuverlässig und genau aufgezeichneten Umständen unter denen sie gewonnen wurden, allmählig einen tieferen Blick in das bisher so geheimnifsvoll gebliebene Wesen des Hohofenbetriebes thun zu können. Der Heimweg wird dann, wenn es sich thun lafst, über Motala und Eskilsstuna gemacht, um die dortigen Werkstätten zu sehen. — Im September und Oktober werden die Eleven in der Markscheidekunst unterwiesen, erst über Tage, dann in der Fahlu-Grube. — Wahrend des Novembers und Dezembers wird das Probiren der Erze auf nassem und trocknem Wege geübt. Nach den Weihnachtsferien sind zwei Monate wieder der Chemie und Mineralogie gewidmet; der Mai, Juni und Juli wird vom Unterrichte in der Bergsmechanik weggenommen; dann gehen die Schüler wieder auf Reisen, diesmal um den Frischprozefs praktisch zu lernen, die Eleven arbeiten auch hier selbst unter besonderen Lehrern, gewöhnlich sind sie erst eine Zeitlang in Avestad, um die deutsche Frischerei zu sehen; dann in Oesterby wegen der Wallonenschmiede, und in Söderfors schliefsen sie mit der Halbwallonenschmiede. Wenn sich Gelegenheit darbietet wird zugleich ein Meiler verkohlt, wobei die Eleven wenigstens theilweise ebenfalls mit thatig sind. — Im Oktober werden sie in Fahlun im Grubenbau unterwiesen, und arbeiten auch dort selbst ihre Schichten. — Die beiden letzten Monate des Cursus sind für die Ausarbeitung einer Abhandlung bestimmt, deren Stoff jeder Eleve sich wahlen kann, und die den Statuten nach dem Bergskollegio ubersandt, von diesem durchgesehen werden, und die Stelle eines Examens der entlassenen Eleven vertreten sollen.

Geht dieses Institut den Weg fort den es eingeschlagen, und stehen immer so unterrichtete und unermüdbare Manner an seiner Spitze wie jetzt, so wird der Nutzen den es stiftet, weit die Erwartungen übertreffen, die man bei seiner Gründung davon hegen durfte. Es halt eben noch die rechte Mitte zwischen Praxis und Theorie, ein Pfad von dem so viele Verlockungen in eins dieser Gebiete hineinziehn; wenn wir aber eine Besorgnifs für dies schöne und zeitgemafse Institut nicht verschweigen wollen, so ist es die, dafs man sich eben durch einige scheinbar glückliche Erfolge dennoch, sich selbst unbewufst, bald auf eine Seite neigen, und dadurch binnen Kurzem über den kleinen Schmelztiegel den Hohofen vergessen, oder doch diesen unter Regeln bringen möchte, die jener als die wahren angeben.

Zweiter Abschnitt.

Die Fabrikation auf den Hütten.

I. Roh- und Gufseisen-Produktion.

1) *Erze.*

Vorkommen und Charakteristik.

Nachdem von Hausmann, Buch und Hisinger die mineralogische Beschreibung Schwedens geliefert, ware es ein Wagestück ihr Nachfolger sein zu wollen, wenn man nicht bedeutende neuere Entdeckungen vorzulegen hat. — Es kann also auch hier auf keine Weise die Absicht sein eine Schilderung des Vorkommens der Erze in geognostischer Beziehung vorlegen zu wollen; eine vollstandige oryktognostische Beschreibung derselben würde, da sie nur zufällige und unzahlig variirende Spielarten zu sammeln hatte, ohne Interesse und Nutzen sein; dagegen durfte, unserer bescheidenen Ansicht nach, eine kurze Uebersicht des Erzreiches vom Standpunkte des Hüttenbetriebes aus, ja eine Charakteristik der einzelnen wichtigsten und am haufigsten verschmolzenen Erze, dieser Schrift nicht fehlen, wenn wir nicht statt Lücken die wir ohnediefs leider nicht zu füllen vermögen, breite

Klüfte in der Beschreibung der schwedischen Eisenproduktion lassen wollten.

Die Natur hat Schweden, das in so mancher Hinsicht arm genannt werden mufs, wohl bedacht, indem es unter den wilden romantisch sich häufenden Gneismassen einen Schatz niedergelegt, dessen kein anderes Land in solcher Ergiebigkeit und Güte sich erfreuen kann. Ungeheure Erzlager liegen aufgedeckt, und je weiter man eindringt in die Tiefen des Schachtes, desto reiner und besser wird das Erz. Von den südlichen Gegenden Schwedens bis hinauf in die rauhen Lappmarken liegen diese unerschöpflichen Quellen des reichlichen Erwerbes eingefroren, und es bedarf nur des Schlages des Fäustels und Bergeisens um sie zum Ergusse zu bringen.

Schweden mufs hinsichtlich des Vorkommens seiner Erze in zwei Haupttheile getheilt werden, in den südlichen und den nördlichen. In dem nördlichen, welcher der bei weitem gröfsere ist, findet sich ein reicher Vorrath in Lagern brechender Erze, in Schweden deshalb Bergerze genannt, zum Unterschiede von den See- und Morasterzen, deren sich aus Mangel der ersteren der südliche Theil bedient. Dieser umfafst nur Kronobergs Lan ganz und Kalmare Lan zur gröfseren Halfte, und enthalt etwa $\frac{1}{20}$ der sämmtlichen Hohöfen Schwedens. Auf der kleinen Karte No. I. ist die ohngefahre Scheidelinie beider Theile angedeutet. Es finden sich zwar auch in dem nördlichen Theile in Dalarne u. s. w. einzelne erzführende Moraste, doch werden diese Erze jetzt bis auf einige Stellen in Norrbotten nicht mehr verschmolzen.

a. Die Bergerze.

Wenden wir uns zuerst zu den steinigen Erzen Schwedens, so finden wir deren zwei Hauptgattungen.

Die Eine enthalt aufser den erdigen Beimengungen blos Eisenoxydul, die andere hat neben diesem noch mehr oder weniger Oxyd.

Wahrscheinlich ist das Eisenoxyd dem Oxyd-Oxydul nur mechanisch beigemengt. Bis zum reinen Eisenglanz kommt vielleicht kein schwedisches Erz, wenigstens ist uns nirgend eins vorgekommen das so charakteristisch als Eisenglanz auftrate wie z. B. das bekannte Elbaer Erz und andere. Der schwedische Eisenhüttenmann unterscheidet die Gattungen blos nach der Farbe des Striches den die Erze beim Ritzen geben. Die erstere Gattung hat einen schwarzen, die letztere einen rothen Strich, der besonders deutlich hervortritt, wenn die Erze leicht benetzt werden. Man nennt in Schweden die erste Klasse Magnetiska malmer die letzte blodsten, obwohl diese Erze mit dem mineralogisch als Blutstein bezeichneten nichts als den rothen Strich gemein haben.

Die Bergerze Schwedens zeigen in ihrem Aeufseren mannigfache Verschiedenheiten, so dafs sich einige nicht leicht mit anderen verwechseln lassen, einige dagegen wieder sind nicht von einander zu unterscheiden, am meisten ist dies mit den sehr feinkörnigen der Fall, doch sieht auch das sehr grobkörnige Föhola dem Skåttwång tauschend ahnlich. Einige Erze z. B. Petang sind in sich selbst sehr ungleich, so dafs man, wenn man ein Stück entzweischlagt, oft die beiden Theile für ganz verschiedene Erze halten würde. Die sehr grofse Menge von Variationen der Erze, ja selbst der Proben von einem Grubenfelde mögen viel dazu beigetragen haben, dafs man immer noch nicht bestimmte Grundregeln für das Verhalten der Erze im Ofen aufdecken konnte.

Leider fehlt es noch an einer vollständigen Sammlung der verschiedenen Variationen der schwedischen

Erze; mit Hülfe derselben und eines angestrengten Stadiums würde es vielleicht möglich sein allgemeine Gesetze in der Bildung dieser Erze aufzudecken, und sie dann in wissenschaftlich aufgestellte Klassen einzutheien. Jetzt tauchen aus dem Chaos nur rohe Umrisse hervor, mit der die Praxis es sich allenfalls genügen lassen kann.

Der Beimengungen der Erze sind nicht sehr viele verschiedene. Die gewöhnlichsten sind Quarz und Hornblende, obwohl beide zugleich seltener vorkommen. Der Quarz ist wo er erscheint gemeinlich überwiegend gegen die andere noch mit beigemengte Bergart, häufig ist gar keine andere zu entdecken; er zieht sich vom graulichweiſs in's röthlich weiſse, bis in's Nelkenbraune, sein gewöhnlichster Gefährte ist Glimmer; Schwefelkies erscheint selten mit ihm, und jedenfalls nur in geringem Maaſse. — Mit grüner und schwarzer Hornblende, die oft sehr vorherrschend ist in den Erzen, kommt Kalk vor, der von schneeweiſs in's grüne und dunkelgraue geht, und oft in breiten Rändern eingelegt ist, ferner Glimmer oft in groſsen Parthieen; Epidot, derber Granat der zuweilen in Krystallen hervortritt, ferner Fluſsspath, Talk, Braunspath; in einigen Erzen zeigt sich Apatit, auch Chlorit erscheint häufig und überzieht die Absonderungen, besonders die Krystallflächen. Ein gewöhnlicher Begleiter dieser letzteren Fossilien ist Schwefelkies, zumal bei einem frischen Anbruch eines Lagers *), während er nach der Sohle desselben hin mehr verschwindet (z. B. in Dannemora, Bisperg u. s. w.); er bildet mitten

*) Dieſs wurde schon früh bemerkt; die erste Notiz ist in einer Verordnung von 1649 und es wird auch neuerdings wiederholt bestätigt.

im Eisenerz von Sandbacke Grube oft breite Bänder und krystallisirt zuweilen in Würfel von 2 bis 3 Linien Seite Grundlinie; Zinkblende und Bleiglanz sind höchst selten; Kupferkies ist zuweilen auch bemerkbar; bei einigen Erzen z. B. dem Hvitmalm von Norberg, ist es in so grofser Menge vorhanden, dafs sie kaum verschmolzen werden können. Es scheint merkwürdig, dafs, obwohl fast alle Erzlager im Gneise eingeschichtet sind, und Quarz und Glimmer daher häufige Gesellschafter des Eisenerzes sind, der Feldspath, doch mit Ausnahme des Tabergerzes, seltener damit verbunden vorkommt, ja sogar selbst aus dem Gneise in der Nähe vom Erzlager meist verschwindet.

Im Allgemeinen haben die Blutsteine keine Beimengung von Schwefelkies, und nur wenn sie mit Magneteisenstein gemengt sind; doch ist das kaltbrüchige Sjustjern-Erz ein Blutstein. Meist zeigen die Blutsteine Beimengung von Quarz und Eisenkiesel, auch Feldspath. Nur Långbanshytte Blutstein hat Quarz und Kalk, und Åsboberg's Blutstein Quarz und Epidot.

Die Absonderung der Erze ist mehr oder weniger körnig, und zwar findet man alle Uebergänge von dem mit bewaffnetem Auge selbst schwer zu entdeckenden Korn (z. B. Taberg) bis zu dem eine Linie und mehr zur Seite des Oktaeder habenden (z. B. Herrang, Elgsjö). Bei einigen tritt dann die Krystallform des Kornes deutlich hervor (Petang), bei einigen nur der blättrige Durchgang, wo es denn gewöhnlich Glasglanz zeigt (Förola). Je gröfser das Korn wird, desto deutlicher spricht sich auch die Beimengung aus, während dagegen bei feinkörnigen Erzen in den meisten Stufen die Art der Beimengung gar nicht zu ermitteln ist; die Blutsteine pflegen mehr schimmernd und blättrig zu sein als die Magneteisensteine.

Die Farbe der Bergerze geht vom dunkel schwarzblau bis ins lichte grünlich grau. Im Allgemeinen sind die Blutsteine lichtgrauer, als die reinen Oxydulerze; auffallend in's Rothe stechend zeigen sich die meisten Dannemora-Erze.

Die Bestandtheile der Erze sind bisher noch wenig untersucht, sie wechseln auch besonders quantitativ selbst in derselben Grube auf das Mannichfachste. Aus älteren Zeiten sind etwa 5 bis 6 Analysen uns überkommen, und von Seiten der Bergschule sind bisher (1828) etwa 50 angestellt. Wir haben alle die wir erhalten konnten um sie übersichtlicher zu machen, in der Liste No. 7. zusammengetragen. Man ersieht daraus, dafs die Bestandtheile an sich nicht wechseln, dafs aber die quantitative Zusammensetzung sehr verschieden ist. Mangan enthalten fast alle, obwohl man diefs in Deutschland bestreiten wollte. Dannemora-Erz hat nicht, wie man es glaubte, eine vorwaltende Menge von Mangan, ja es besitzt, den Analysen nach zu urtheilen, davon weniger als andere, z. B. Christinae, Idkarrberg, u. s. w. Ob wir deshalb die Muthmafsung aufgeben sollen, dafs eben der Mangangehalt das Dannemora-Eisen so vorzüglich stahlartig mache, und dadurch von allen anderen schwedischen Eisenarten wesentlich unterscheide, oder ob wir die Analysen in Zweifel ziehen sollen, wagen wir nicht zu entscheiden. Man glaubt Spuren von Arsenik in den Dannemora-Erzen gefunden zu haben, und meint dafs diefs vielleicht die Stahlnatur begründe; noch ist aber dieser Arsenikgehalt nicht naher dargethan. Arsenikkies kommt sonst auch noch im Wena-Erz (Jönköping's Lan) und in ein oder zweien anderen Erzen vor. — Im Taberg-Erze ist der Titangehalt nachgewiesen, der nach Einiger Vermuthen die grofse Weichheit des davon gewonnenen Eisens bedingen soll; nach Anderen aber vermag regulinisches Titan sich nicht mit dem Eisen zu verbinden, weshalb das Titan in die Schlacke gehn, und ohne Wirkung auf das Eisen sein soll (?) Eine von der Bergschule analysirte Schlacke von Eckersholm zeigte allerdings 9 Prozent Titansäure — Phosphorsaure kommt auch in den Bergerzen vor, und zwar besonders in den Erzen die in Dalarne, in Grangjärde Kirchspiel, in Grängjesberg brechen, sie sind als kaltbrüchig nur in bestimmten kleinen Qantitäten mit durchzuschmelzen erlaubt; die Phosphorsaure ist in einigen Varietaten an Kalk gebunden, der sich als Apatit eingesprengt zeigt, in anderen scheint sie mit dem Eisen vereinigt.

Obwohl Hausmann und Hisinger ausführlich über die Hauptfundorte und die allgemeine Vertheilung der Eisenerze in Schweden gesprochen haben, sei es uns doch vergönnt, auch hier nur den Mineralogen auf sie zu verweisen, und für den Eisenhüttenmann eine gedrangte Schilderung der Erzvorrathe in den verschiedenen Theilen Schwedens zu entwerfen, wobei wir auch, wo gröfsere Niederlagen noch nicht in jenen Werken genauer beschrieben sind, sie ausführlicher behandeln wollen.

Im Allgemeinen klagt man, dafs in neuerer Zeit so sehr wenig Erzfundörter entdeckt worden seien, dafs deshalb die bisher benutzten Gruben zu tief, und dadurch die Aufförderungskosten zu grofs werden. Es gab früher wie erwahnt eigene Erzaufsucher (Malmletare); auch sie scheinen aber wenig Glück gehabt zu haben, denn seit den alteren Zeiten ist keine neue sehr bedeutende Erzstrecke aufgefunden worden. Viele sind schon ganz eingegangen; man findet grofse Walder über Grubenhalden und Kohlenklein, entfernt von jetzt abgebauten Gruben, aufgewachsen.

Die südlichste Bergerzlagerung ist der Taberg, der wie der Magnetberg der Kreuzfahrer als eine ungeheuere Erzmasse aus der Erde herausragt. Er steigt nach Hagelstamm bis 1032 Fuſs über die Meeresflache, und nach mehrfachen Messungen 400 Fuſs über den Mansarpfluſs, der an seinem Fuſse flieſst. Sein Plateau ist theilweise mit Wald bewachsen. Der obere Umfang ist 2600 Schritt. Man hat neuerdings von oben und den Seiten her Stollen getrieben, hat aber nach einigen Lachtern aufgehört, weil man genau dasselbe Erz fand. Viele tausend Schiffpfund Stein liegen lose an dessen Fuſse welche die Bergleute Jordstenar (Erdsteine) nennen; man zieht es dennoch vor neu zu sprengen, weil theils das Aufladen der kleinen losen Steine zeitraubender ist als das gröſserer Blöcke, theils auch beim Rösten die kleinen Steine sich zu dicht packen und den Luftzug sperren; diese sogenannten Erzsteine werden übrigens von vielen umliegenden Hütten für reicher gehalten als das jetzt noch anstehende Erz, sie sind häufig mit Chlorit überzogen, und haben das Ansehen als seien sie schwach geröstet. — Beim Schmelzen des Eisens stürzen zuweilen groſse Blöcke von 10,000 Schiffpfund und mehr nieder; der Berg ist daher sehr verkluftet. Die senkrechte Seite des Berges ist in so viele Felder getheilt, als Hütten im Bergslag sind. Auf diese Felder sind die Namen der Hütten geschrieben, und nur auf dem ihm zugehörigen darf jede Hütte brechen. Man zahlt $4\frac{1}{3}$ Pfennige für das Sprengen von einem Centner Erz. Der Taberg liefert einem ganzen Bergslag ausschlieſslich die Erze, wovon 4 bis 5 Hohöfen dicht an seinem Fuſse liegen, und so arm das Erz und so schwerflüssig es ist, doch immer im Gange sind, und es noch bei weitem lebhafter sein müfsten, wäre nicht der Wald schon etwas dünn geworden. Ueber den Wettern verschifft wird das Erz auch noch vielfach in Lerbacks Bergslag mit anderen Erzen gattirt verschmolzen. — So sehr auch einerseits das Tabergserz für den Betrieb durch seine Armuth ungünstig ist, einen so grofsen Vorzug gewährt es diesem wieder andrerseits hinsichtlich seiner Gleichheit; wenn nämlich alle anderen Erze selbst in derselben Grube mannigfach, hinsichtlich Reichthum, Mengung u. s. w. wechseln, und dadurch theils den Gang ungleich machen, theils oft zu Aenderungen der Gattirung zwingen, so ist das Tabergserz dagegen immer und überall dasselbe, und man kann ein für allemal auf dieselbe Gattirung rechnen. Auch ist beim Taberg von taubem Gestein nicht die Rede, das selbst bei sehr reichen Gruben, z. B. in Nora Bergslag, sich oft wie 2 : 1 zum gewonnenen Erze verhält.

Aufser dem Taberg hat Jönköping's Län noch einen Erzfundort von einiger Bedeutung, nämlich Inglamåla, 8 Meilen vom Taberg. Das Erz ist in Hornblende eingesprengt, und kommt in Lagern von 3 bis 4 Ellen Mächtigkeit vor. Man könnte diefs Erz vielleicht mit Vortheil nach Kronoberg's Län verfahren, da dessen Hütten ganz auf See- und Morasterz beschränkt sind.

Linköping's Län hat viele kleine Gruben von denen aber keine ein ausgezeichnetes Erz giebt. Die Armuth der Gruben von denen früher Wånga und Hellesta Bergslag ihre Erze nahmen ist die Ursache, dafs man diese beiden Bergslage eingehen lassen mufste. Die meisten jetzt noch bekannten Gruben liegen in den sogenannten Scheeren, d. h. auf den zerklüfteten Küsten der Ostsee, südlich von Norrköping. Die Erze kommen dort in Lagern von 1 bis 2 Lachtern Mächtigkeit vor, die oft mit Hornblende durchsetzt sind, und meist alle Schwefelkies enthalten. Herrschendes Gestein ist auch hier Gneis. Diese Gruben versorgen besonders Finspång, Staffsjö, Nafvequarn und die finnischen Hütten.

Nyköping's Lan hat die vorzüglichen Erze, Förola und Scottwång, von denen hauptsachlich Geschützeisen bereitet wird, die man sogar für unumganglich nothwendig zur Erzeugung dieser Eisenart halt. Gewöhnlich rechnet man auch hierher die Insel Utö mit ihrem ungeheuren Erzschatz, der alljahrlich, wie wir schon erwahnten, im Durchschnitt 200,000 Centner Erz liefert. Es wird in einem grofsen Theile der schwedischen Hohöfen, ja bis Norrbotten hinauf mit gattirt um den Gang leicht zu machen, und man kann es besonders in den Giefsereien die Bergerze verschmelzen nicht füglich entbehren. Die Grube wurde schon 1650 von der Königin Christine privilegirt, von den Russen 1719 gefullt, und mit ungeheueren Kosten wieder eröffnet. Sie ist leider schon 100 Lachter unter dem Meeresgrunde tief, und man hat ungeheuere Pfeiler, 9 bis 11 Lachter im Durchmesser, von der Sohle bis zum Durchmesser reichend, stehen lassen müssen; dennoch ist sie immer noch viel verheifsend; das Lager ist an 20 Lachter machtig. Sie wird von einem Gewerke (Bolag) betrieben; alles Land der Insel gehört dem Bolag und ist wohl bebaut; trotz dem kann sie kaum das Futter fur die bei der Grube gebrauchten Pferde liefern.

Ueberaus reich an Erzen ist Nora Bergslag. Er ist der gesegnetste, und hat unter der Menge seiner Gruben viele die ein ausgezeichnetes Erz geben, weshalb sein Roheisen auch so sehr gesucht, und besser als das Eisen anderer Bergslage bezahlt wird. Bei diesem reichen Erzzuflufs hat der Bergslag noch leichten Transport zu den

Hütten und viel disponible Wasserkraft. Besonders gerühmte Erze sind Åsboberg, Dahlkarlsberg, Prestaberg u. s. w. Die Gruben sind dicht zusammen, und es scheint hier ein Haupterzstock zu liegen; von hier aus werden noch viele Hütten in anderen Bergslagern versehen.

Lindes und Ramsberg's Bergslag ist weniger reich an Erzen. Die Strossa- und Stripp-Gruben-Erze die noch am reichlichsten geben, können ohne Gattirung nicht verschmolzen werden, und das dazu dienliche Blanca-Erz ist nicht überall zu haben.

Wermeland ist reicher gesegnet; als besonders gute Erze werden gepriesen die von Långbanshytta, Nordmark und Pehrsberg und ein Taberg das mit dem grofsen Erzberge bei Jönköping nicht zu verwechseln. Man glaubt neuerdings, dafs Långbanshytta-Erz bei guter Behandlung ein dem Dannemora ähnliches, zum Stahlbrennen besonders geschicktes Stabeisen geben könne. Noch sind keine gültigen Beweise weder dafür noch dawider vorhanden. Es ist dies Erz ein reisher Eisenglanz, die übrigen sind Magneteisensteine. Auch das hier vorkommende Taberg-Erz ist mit Talk gemengt, aber doch reicher und leicht schmelzbarer als das småländische.

Die ältesten Gruben hat Norbergs Bergslag; sie sind noch heute sehr ergiebig und liefern nicht allein dem 26 Hütten umfassenden Bergslage ausschliefslich das Material, sondern versorgen auch Wester und Oesterbergslagen. Zu bedauern ist es, dafs man in einigen Gegenden so früh auf Wasser kommt, oft schon nach acht Lachter Tiefe. Das Erz ist so gutartig, dafs man entweder das jeder einzelnen Grube für sich verschmelzen oder auch die Erze der verschiedenen Gruben zusammen gattiren kann. — Die Hauptfelder sind Risberg, Morrberg, Boymofs, Klakberg, Kallmorden. Zu Nebenerz ist besonders das Klakberg-Erz geschickt, das sich aber oft etwas rothbrüchig zeigt.

Uppland ist vor allen anderen Gegenden Schwedens begabt, und zwar durch die Dannemora-Gruben. Diese Gruben die hinsichtlich des imposanten Eindrucks den sie im ersten Augenblick auf jeden, und hinsichtlich des sehr ungünstigen, den sie spater auf den Sachkundigeren macht, gewifs ihres Gleichen nicht findet, ist von Hausmann zu gründlich beschrieben, als dafs wir es wagen dürften hier ebenfalls eine Schilderung zu entwerfen; was in seiner Reise (Th. IV. Seite 70 bis 103) darüber gesagt, erfüllt in mineralogischer und bergmannischer Beziehung alle Forderungen; wir erlauben uns daher nur diesem Einzelnes beizufügen, und zugleich ein nach dem Tagesblatte der Grubenkarte entnommenen Croqui das sowohl Hausmanns Beschreibungen als unsere Zusatze verständlicher machen wird, vorzulegen. (s. Karte II.)

Die alteste Kunde über diese Gruben ist vom Jahre 1481. Man hatte um diese Zeit Silber in der noch darnach benannten, jetzt öde liegenden Silfver-Grube gefunden, und der Reichsverweser Sten Sture überwies in einer Urkunde von jenem Jahre dem Erzbischofe Jakob in Upsala ein Viertheil des Ertrages jener Grube, um dadurch sich der Fürbitte des St. Eric zu versichern. — Die Silberadern verschwanden aber bald, und man nahm nach einigem Zögern die nördlich davon gelegenen Eisengruben auf. Im Beginnen hatten die Krone und Privatpersonen Antheil daran, da aber die Krone 1643 ihren Antheil mit Gimo, Leufsta und den anderen ihr zugehörigen Hütten an Louis de Geer abtrat, so ist der Betrieb dieser Gruben jetzt gänzlich in den Handen der Privatpersonen, welche die Hütten in Roslagen besitzen.

Das Lager ist in der Richtung von S. S. W. nach N. N. O. etwa $\frac{1}{4}$ Meile lang und 500 bis 1000 Ellen machtig; es scheinen in diesem Streichen drei verschiedene unter sich nicht zusammenhangende Lager zu bestehen, auf denen sich die drei Hauptfelder befinden. — Das Södra Falt beginnt mit Silfver-Grufva und reicht bis Maschiens-Grufva. Das Mellan-Falt (mittlere Feld) erstreckt sich von Ungkarls-Grufva bis Oedes Grufva, und das Norra Falt von Verviers Grufva bis Sjögrufva; im Ganzen giebt es jetzt 78 Tagesöffnungen, viele davon stehen aber unter Wasser, andere liegen öde durch Verdrückungen in der Tiefe, so, dafs nur 20 jetzt befahren werden; der Eisengehalt der abgebauten Erze schwankt zwischen 20 bis 80 Prozent. Storrymning (die grofse Grube) hat im Osten Kalk, in Westen bisher Feldspath, nun aber auch aufser diesem noch Kalk; in Södrafalt ist es umgekehrt. Das Lager worauf das Södrafalt baut, streicht höchst wahrscheinlich bis unter den See fort, man hat auch einen Stollen zu treiben begonnen, hat aber die Wasser nicht gewaltigen können, und ist daher von weiteren Versuchen abgestanden.

Den Grubenbau hat Hausmann sehr richtig gewürdigt; es ist ein Steinbruch in vollem Sinne des Wortes, und setzt mit den vielen, theilweise gar nicht wieder gut zu machenden Fehlern die der alte bequeme Raubbau erzeugte, einer besseren Methode fast unüberwindliche Schwierigkeiten entgegen. Der Bergmeister Beronius, der den Bau seit langen Jahren mit einem warmen Interesse und wahrlich nicht gewöhnlichen Kenntnissen des Faches leitet, hat schon viel geleistet, und zu noch gröfseren Verbesserungen sind die Vorbereitungen schon getroffen und fast beendet. In der weiten Grube, deren Tagesöffnungen ungeheuren Kratern gleichen, und die uns lebhaft an den Schlund des Aetna erinnerten, hat man um die vielen überhangenden Wände und Absätze zu halten, starke Pfeiler stehen lassen, die oft ungeheuere Massen des besten Erzes einschliefsen, und für immer unbenutzt bleiben mufsten; queer durch die weiten Schlünde reichen breite Bänder, die die Wände stützen, und selbst eingebrochen fast einer neuen Stütze bedürfen. Trotz allen diesen Pfeilern und Streben fallen oft ganze Wände nieder, oder bedrohen wenigstens Jahre lang die Arbeiter, bis es mit vieler Mühe und Gefahr für die auf schmalem Sitze über der ungeheueren Kluft schwebenden Hauer gelingt diese zerklüfteten Massen fortzuschaffen. Einen grofsen Pfeiler (den de Geer'schen) in Storrymning der von der Grubensohle bis fast zu Tage in mehreren Lachtern Mächtigkeit sich erhebt und vortrefflicbes Erz enthält, hat Beronius nun schon unnöthig gemacht, er wird daher jetzt abgebrochen. — Die in der Zeichnung bemerkte sehr überhangende Wand an der mittleren Verengung von Storrymning konnte nicht weggenommen werden, weil sie die Tagwasser abhielt, wird aber jetzt durch eine dahinter aufgeführte Granitmauer unnöthig, und kann nun mit dem sie unterstützenden sehr gebrechlichen Bande das quer über die Verengung von Storrymning reicht, weggebrochen werden. Durch Abtragung des de Geerschen Pfeilers und dieses Bandes wird die Grubensohle um vieles geräumiger, und eine grofse Masse vorzüglich guten Erzes gewonnen werden.

Auch an den grofsen Beschwerden die das Wasser seit langer Zeit erzeugt, ist man sich gröfstentheils selbst Schuld *). Zwar liegt die Tagesöffnung tiefer als der

*) Die folgenden Angaben über die Wasserbauten sind grofstentheils einem Berichte entnommen, den der Bergmeister

Spiegel des großen, sogenannten Grubensees, der sich unfern der Gruben befindet; doch hatte der See glücklicherweise ein sehr festes Lehmbett, das sogar nach den Gruben hin noch weit über den Spiegel stieg. Statt dies möglichst zu schonen, stürzte man allen tauben Berg in den See und zerdrückte dadurch die Lehmschicht, durch deren Lücke das Wasser nun eindrang. Schon 1694 mußte man deshalb einen Pfahldamm zwischen den Halden und der Tagsöffnung einschlagen. 1756 bekam der Damm einen Leck, und um einem abermals nur einstweiligen Baue und ein für allemal der drohenden Gefahr zu entgehen, wollte man den Grubensee austrocknen. Man ging wirklich an die Ausführung, aber obwohl man ungeheuere Kosten anwendete, war 1764 der See doch erst 4 Fuß gefallen; man mußte die vielen Werke die dadurch ihre Wasserkraft verloren schadlos halten, und die Aussicht den Plan ausführen zu können verminderte sich alljährlich. Man hatte aber wenigstens so viel gewonnen, daß man nun wieder in den Gruben arbeiten und das Wasser gewaltigen konnte. Man bildete 1772 ein Reservoir um das aus den verschiedenen Lecken sikkernde Wasser zu sammeln, und aus diesem durch Pumpen fortzuschaffen. 1787 beschloß man eine starke Mauer mit Cement dicht um Storrymning aufzuführen, um die Wasser noch sicherer von der tief liegenden Oeffnung abzuwehren. Man hielt nun das Reservoir für unnöthig, und füllte es aus; der Spiegel des Sees stand aber noch 12 Ellen über der oberen Kante der nur $3\frac{1}{4}$ Elle hohen Mauer, die Lecke erweiterten sich daher, und trotz aller

---

Beronius für den König aufgesetzt, als dieser zum erstenmale Dannemora besuchte. Dieser Bericht erschien später abgedruckt in Jern Contorets Analer II. 77.

Vermehrung der Pumpen wurde der Zudrang des Wassers so mächtig, dafs man es nicht mehr fortschaffen konnte, und dafs es schon 30 Lachter über der Grubensohle stand, ehe man nur vorläufig den Leck verstopfen konnte. — Man erbaute nun in möglichster Eile die grofse Granitmauer, die theilweise auf der ersten ruht, und die wie die Zeichnung zeigt etwa ein Viertel der Storrymning umfafst; sie reicht bis einen Fufs über den höchsten Wasserstand des Sees und ist an den tieferen Punkten des Grubenrandes 16 Fufs über denselben aufgeführt; sie war 1799 fertig, und kostete 13,143 Thaler Riksgeld (4740 preufs.) Sie schliefst sich an zwei Punkte an, die höher liegen als der Wasserspiegel. — Es bildeten sich aber nun neue Lecke an einem Theile des Grubenrandes der tief liegt, und mit einem Holzdamme geschützt ist; um diese unschädlich zu machen mufste das Wasser hinter dem Steindamme zwei Lachter tiefer als der Wasserspiegel gehalten, und dazu fast die ganze Kraft der Wasserkunst verwendet werden, so dafs man zur Aufförderung der Grubenwasser des Mellanfeld, die durch die Dammgrube geschieht, eine eigene Kraft haben mufste, welche jetzt durch eine 1805 erbaute Dampfmaschine *) von 10 Pferde Kraft bestritten wird; sie kostete 16000 Thaler Riksgeld (5840 preufs.) mit dem Pumpengerüst, das in sich selbst verzapft frei in die 83 Lachter tiefe Grube hinunterhängt. Noch einen Damm mufste man nach der Jungfrugrufva hin bauen, der grofse Mühe verursachte, und 52,764 Thaler (19200 preufs.) kostete; er hält aber das Wasser vollkommen ab. Er ist 200 Ellen lang und an den höchsten Stellen

*) Schon 1727 bis 1734 hatte man eine Dampfmaschine aufstellen wollen, aber es mislang damals.

38 Fuſs hoch. Das Zement besteht aus Kalk, Sand, gepochter Frischschlacke und Ziegelmehl. 1808 wurde das Mellanfeld durch die Dampfmaschine wasserfrei gepumpt, da dann aber ihre Kraft zum Bau des letzten Dammes der 1813 fertig wurde, angewendet werden muſste, so ertrank jene wieder, und wurde erst im September 1815 wieder frei. Jetzt baut man einen Damm von Storrymning bei Kunstrymning vorbei nach Jord und Oedes Grube; er ist auf dem Plane angedeutet.

Das Södra und Norra Feld sind weniger von Wasser beschwert, dennoch ist die westliche Seite bei vielen dieser Gruben so niedrig, daſs man mit Dämmen den See abhalten muſs. Diese waren früher von Holz, und muſsten alle 12 bis 15 Jahre erneuert werden, deshalb baute man zwischen Kungs und Bondesgrufva 1815 einen Damm, der 10,457 Thaler Riksgeld kostete, und 1816 bei Kaptäns und Silfbergs Grufva für 5130 Thaler Von 1795 bis 1819 hatten die Kosten um das Wasser vom Mellanfeld abzuhalten 197,715 Thaler Riksgeld (72,500 preuſs.) betragen.

Eben so leidet man von vielem Eise, das den gröſsten Theil des Jahres in den Gruben liegen bleibt, weil wegen der groſsen Tagesöffnungen und wegen fehlenden Zusammenhanges unter diesen, kein Wetterwechsel statt findet. Oft bildet das Eis 30 bis 40 Lachter dicke Massen; es durch niedergepreſste warme Luft zu schmelzen hat nicht gelingen wollen; man wird es versuchen die kalte Luft aufzusaugen; für jetzt hilft man sich durch Zudecken der Gruben mit Brettern und Moos, das Eis thaut allmählig, und in 5 Jahren (1833) hofft man frei von dem zu sein, das jetzt einige Gruben sperrt.

Die Aufforderung von Wasser und Erz geschieht durch Wasser, Dampf und Pferdekraft. Das Gestänge geht von dem neuen Kunstrade, das nach Art der englischen mit Ueberfall gebaut ist 2523 Ellen weit bis zur Dammgrube, wo es sich vertheilt und bis Damsrymnings Winde hingeht. — Das Gestänge ist von Holz und jede Stange 14 Fufs lang; man zieht die hölzernen den eisernen vor, weil diese mehr Stützen bedürfen und durch die vermehrte Reibung an Kraft verlieren. — Die Trommeln der Dampfmaschine sind konisch, die für Pferde entweder ganz cylindrisch oder doch nur wenig konisch aus dem schon von Hausmann angeführten Grunde, weil die Bauern die mit ihren Pferden die Aufförderung besorgen, eine anfangs grofse Last die später sich erleichtert, einer minderen aber sich gleich bleibenden vorziehen. Alle Aufförderungen geschehen mit dem Tau, da die Grubenarbeiter auch in den Tonnen einfahren, und man dies mit Ketten nicht wagen will. Man hat jetzt ein eigenes Gesenke abgetäuft, das künftig zum Einfahren der Arbeiter auf gewöhnlichen Fahrten dienen soll. In ökonomischer Hinsicht bot bei Versuchen die Eisenkette viele Vorzüge dar, indem man fand dafs eine Eisenkette hinsichtlich der Dauer ihrer Brauchbarkeit funfzehn Tauen gleich zu rechnen sei, und dabei nur den zehnten Theil dieser 15 Taue koste. Das Theeren der Taue hilft nur gegen das Verfaulen, also nur da wo eine geringe Förderung ist, bei einigermafsen lebhafter Förderung zerreifst das Tau schon ehe es zum Faulen kommt.

Eine sehr sinnreiche Vorrichtung fanden wir bei der grofsen durch die Dampfmaschine bewegten Aufförderung an der Dammgrube. Sobald nämlich die vollen Tonnen am Grubenrande angelangt sind, werden sie durch eine Auswechselung gelöst, und die Bewegung der Dampfmaschine geht nun mit gleichbleibender Richtung ohne Last fort. Die abermalige Verbindung zwischen Aufförderung und Maschine geschieht auf die Weise dafs die Aufförderung sich nun, bei gleichbleibender Bewegung der Dampfmaschine, im umgekehrten Sinne bewegt. Wären hierbei die grofsen Trommeln in der Zeit dafs sie ausgelöst waren, entweder stehen geblieben, oder hätten sie sich gar noch durch die Trägheit in der früher erhaltenen Richtung fortbewegt, so würde bei der nun erneuerten Verbindung die Dampfmaschine einer grofsen Kraft bedürfen um diese grofsen ruhenden Trommeln entweder in Bewegung zu setzen, oder, wenn sie sich noch drehten, ihnen die entgegengesetzte Richtung zu geben. Man mufste also, sollte die Dampfmaschine durch diesen häufig wiederholten gewaltsamen Gegendruck nicht bald zerstört werden, die Trommeln schon vor der abermaligen Wiederverbindung mit der Maschine in die Richtung der Bewegung setzen, in der sie durch die Maschine nur erhalten und beschleunigt werden sollten. Man bewirkte dies durch eine lange Kette an der Kugeln hängen, und deren eines Ende am Umfange einer eigenen kleineren Trommel befestigt ist; die Kette selbst ruht mit den Kugeln in einer Vertiefung; wird die Aufförderungsmaschine gedreht, so windet die kleinere Trommel immer mehr Kugeln durch Aufheben der Kette aus der Ruhe, wodurch zugleich, da die Trommeln zylindrisch sind, die dabei bekanntlich statt findende immer gröfsere Erleichterung der Last aufgewogen, und der Vortheil einer immer gleichen Last auch für diese zylindrischen Trommeln erreicht wird. Ist die Tonne oben angekommen, so hängen nun alle Kugeln frei an der kleinen Trommel, die in dem Augenblick, wo die Verbindung mit der Maschine sich aufhebt, durch Anziehen einer unterliegenden Bremse festgehalten wird. Soll nun die Maschine wieder in Verbindung gebracht werden, so läfst die Vorrichtung vorher die Bremse von selbst los, das Gewicht der Kugeln strebt die Kette von der Trommel abzuwickeln, und bringt dadurch die kleine mit den grofsen Trommeln in die gewünschte der vorigen entgegengesetzten Bewegung, in der die Maschine nun eingreift und die Trägheit schon überwunden findet.

Um eine Pumpe auf der Sohle der Storrymning-Grube zu bewegen, geht vom Grubenrande ein Tau 70 Lachter ohne weiteren Unterstützungspunkt in einen Winkel von 80 Grad gegen den Horizont hinab, und ist oben mit einem Arm des Gestänges in Verbindung.

Man hat 1816 eine neue Förderungsmaschine bei Jordgrufva gebaut, die 20,000 Thaler Riksgeld kostete, und bald darauf abbrannte, eine neue bei Genomslag (Dams) Grube kostet 38,000 Thaler.

Beronius giebt im genannten Berichte an, dafs jährlich 2000 Kubikfamn Berg gebrochen werden, wovon nur etwa der dritte Theil Erz ist. — Die Abbaukosten betragen für den Centner 4 Silbergroschen, das Fuhrlohn bis zu den entlegenen Hütten $1\frac{1}{2}$ Silbergroschen. — Von den Abbaukosten kommen im Durchschnitt alle Jahre etwa $\frac{5}{9}$ auf das Brechen, und der Rest für Bauten über Tag, den Beamtensold u. s. w. Der gebrochene Berg wird in kleinen Haufen gemessen und für den Kubikfufs bezahlt; aufserdem erhält der Arbeiter monatlich à $1\frac{2}{3}$ Thaler die Tonne Getreide, $\frac{1}{2}$ Tonne für sich, $\frac{1}{8}$ für seine Frau und eben so viel für jedes Kind zwischen 1 und 15 Jahren.

Es wird Feuersetzen und Schiefsen zugleich gebraucht. Beim Schiefsen pflegt man dasselbe Loch zweimal zu laden, beide male schwach, das erstemal um zu lockern und das zweite mal um wirklich zu zertrümmern. Ist das Bohrloch z. B. $1\frac{1}{2}$ Elle tief, so bringt man das erste mal nur so viel Pulver ein, dafs es 12 Zoll hoch liegt. Diese Ladung zertrümmert das unterliegende Gestein; das zweite mal ist die Ladung etwa anderthalb mal so grofs, und nun zerspringt das Gestein in grofse Blöcke die ruhig liegen bleiben; es wird, wenn die Sprengung noch nicht vollkommen mit dem zweiten male bewerkstelligt, die Ladung wohl drei bis vier mal wiederholt. Man ist damit sehr zufrieden, diese Art kostet weniger Pulver, und die Stücke werden nicht so weit geschleudert. Der Sägespäne bedient man sich nicht. Beronius hat eine Pulverprobe für Bergpulver neuerdings erbaut; es ist ein kleiner Mortier der ein Gewicht aufwirft; das Pulver wird sehr fest zusammengedrückt und wie im Berge entzündet. Er glaubt dadurch eine gröfsere Gleichheit der Umstände herbeizuführen, als sonst zwischen Pulverproben und Steinsprengen statt fand.

Von den jetzt noch abgebauten Gruben ist Kungs Grufva in Norrafeld die älteste, sie wurde 1576 eröffnet. Die tiefste auf deren Boden man arbeitete war 1828 die Maschinengrube; sie hatte 83 Lachter Tiefe. Die Jungfraugrube hat zwar 90 Lachter, allein die Sohle liegt voll Berg, so dafs man nur an den Wänden arbeiten kann. Etwa 300 Personen arbeiten, davon 65 im Mellanfelde.

Aufser den Dannemora-Erzen hat Uppland noch mehrere andere Gruben, von denen aber nur die von Herräng die ein besonders für Gufseisen sehr gesuchtes Erz liefert, von einiger Bedeutung ist.

Auch Dalarne fehlt es nicht an guten Eisenerzen. Besonders bedeutend sind die Lager in Grangjärde Kirchspiel, wo ein überaus grofser Erzstock liegt, es ist nur zu bedauern, dafs einzelne Erze von Grengesberg kaltbrüchig sind; sie werden aber ein unschätzbares Gut sein, wenn sich die Giefsereien in Schweden erst mehr heben. Grengesberg-Erz mufste früher viel verschmolzen werden, weil es die übrigen schwer schmelzenden Erze leichtflüssiger machte; jetzt hat man dafür die bessern Erze des Björnbergfeldes. Grengesberg ist eines der gröfsten Erzlager Schwedens. Söderberkes und Norrberkes Gruben sind weniger ergiebig und weniger gut, dennoch liefern sie vielen Hütten das Material.

In Gestrikland, Helsingeland so wie in Norrland fehlt es an Erz. Nur im Thorsåker Kirchspiel giebt es einige Gruben, von denen aber selbst die nächsten Hütten nicht einmal sicher und zureichend versehen werden, so dafs das Fehlende von entfernten Gruben in Sverdsjö-Kirchspiel in Dalarne geholt werden mufs. Alle nördlich von Gefle gelegenen Hütten, mit Ausnahme der von Westerbotten, die jetzt beginnen ihre eigenen zu verschmelzen und einigen die von Vindkärn aus versorgt werden, müssen ihre Erze aus Roslagen und Utö holen. Es giebt in diesem weiten Landstrich keine Grube welche die Arbeit lohnte.

Desto üppiger quillt das Eisenerz wieder unter Schnee und Eis in den Lappmarken hervor, und scheint, indem es alle aufgelagerten Schichten durchbricht, und sich nackt der gierigen Hand darbietet, die Entbehrung des langen Landstriches aufwiegen und ausgleichen zu wollen. Da über diese ungeheueren Erzlager in Deutschland bisher wenig bekannt geworden, so sei einer genaueren Beschreibung hier ein Platz gegönnt, obwohl diese Erzlager mehr eine ferne Zukunft sicher stellen, als auf die Gegenwart einflufsreich sind.

Die Haupterzberge in Lappmarken sind folgende *):

1) Gellivara liegt in Gellivara Lappmarken mitten zwischen Luleå und Calix Elf (Fluſs), 18 Meilen vom bottnischen Meerbusen, ½ Meile nördlich von Gellivara Kirche, 67 Grad 20 Minuten nördl. Breite. An seinem Fuſse kömmt die Fichte noch gut fort, oben aber nicht mehr. Nach Hällström ist der Gipfel 1619 Pariser Fuſs über der Meeresflache erhaben. In der Nahe liegt Gellivara Dundari das an gewissen Stellen ein ewiger Schnee deckt. Der Berg liegt zwischen zwei sich fast rechtwinklich treffenden Rücken, wovon der eine 8 bis 9000 Ellen lang sich von Westen nach Osten zieht, 3000 Ellen breit ist, und mit vielen steilen Seiten abfallt; der andere ist 5000 Ellen lang und nach allen Seiten abfallend. Rings um ihn ist viel Wald; man würde selbst bei achtzigjährigem Nachwuchse noch für 20,000 Schiffpfund jährliche Roheisen-Produktion hinreichend Holz haben. Das Erz würde nach der Meinung des dortigen Bergmeisters für mehrere Geschlechter reichen, wenn man auch jahrlich 100,000 Schiffpfund Erz brauchte. Der Gipfel und einige andere Theile des Berges sind kahl. Wo der Stein von Dammerde entblöſst liegt, ist er Erz, noch hat man kein taubes Gestein und einmal nur in der Tiefe einen Gang verdrückt gefunden. Das Erz ist nicht überall gleich. Es ist gröſstentheils Magneteisenstein, doch kommt auch Eisenglanz vor, selten ist dieser krystallisirt. Am westlichen Ende ist die Erzmasse gewöhnlich aus kleinen Oktaëdern bestehend, und so lose untereinander

---

*) Die ausführlichste Schrift über diese Erzlager ist: Berättelse om Norrbotten och dess Lappmarker; utgifven af Roman. Stockholm 1818. Hieraus sind hier die Hauptangaben entnommen und mit neueren Nachrichten zusammengestellt.

verbunden, daſs sie in den Händen zerfällt. Je mehr man sich wieder dem östlichen Theile des Berges nähert, desto mehr zusammenhängend und dicht scheint das Erz zu werden, obwohl es an keiner Stelle ganz aufhört krystallinisch zu sein. Es hat, wenn es gleich früher als kalt- und rothbrüchig verrufen war, weder Phosphor noch Schwefel. Man hielt die Erze für zu reich um sie allein zu verschmelzen. Garney ermuthigte zuerst sie ohne Utö zu brauchen, was auch vollkommen gut gelingt, nur muſs man sie in Gänseei groſse Stücke zerschlagen, und sehr stark rösten; dann brauchen sie nur $\frac{1}{18}$ des Gewichtes an Kalkzuschlag, und geben ein sehr gutes Stabeisen. Hermelin versuchte es das Erz gleich zu Stabeisen niederzublasen, allein er scheint die Oefen zu hoch gemacht zu haben, und erhielt ein Mittelding zwischen Stab- und Roheisen. — Der Erzberg war unter dem Namen Illuvara den Lappen schon im Anfange des 17ten Jahrhunderts bekannt, 1730 entdeckte man das Erz. Bis 1797 betrug der jahrliche Transport durch Rennthiere 1000 Schiffpfund. Um diese Zeit legte Hermelin den Selet-Hohofen an, und später Svarteå und Töreforſs, wodurch sich der Transport verdoppelte. Jetzt sind viele Schürfungen angelegt; im Ganzen hat man 56 Stellen wo gemuthet worden, es ist dieſs aber nur als Spekulation zu betrachten, indem man des Jahres nur einige Schüsse thut, um sein Recht zu bauen zu behalten. Eigentlich gebaut wird nur in der Kapitainsgrube. — Die Rennthiere bringen jetzt das Erz an den Luleå Elf, von wo es dann mit Böten weiter geschafft wird.

2) Routivara liegt $\frac{1}{2}$ Meile nordwestlich von Quikjocks Kapelle in Jockmocks Kirchspiel in Luleå Lappmark, da wo der Lilla Luleå Elf (kleine Luleåfluſs) entspringt, der durch mehrere Seen und den Stora Luleå

Elf (grofse Luleåfluſs) mit dem bottnischen Meere zusammenhangt, von dem Routivara 31½ Meile abliegt Der Eisenberg der ¾ Meilen lang und ¼ Meile breit ist hat in Südost mehrere kleine Hügel und Absatze, die im Anfange einen langgeschlossenen Höhenzug machen, dann aber lothrecht abfallen. Am Ende desselben liegen grofse Erzblöcke und viele Tausend Schiffpfund loser Steine. Die Wand dieses Bergsturzes, nur aus Erz bestehend, ist 20 Lachter hoch und 40 Lachter breit. Der grofse Erzstock theilt sich oberhalb in zwei Richtungen, nach Nord und Nord-Ost. Die weiter gelegene höchste Spitze besteht aus derbem Quarz, doch an tieferen Stellen tritt das verwitterte Erz wieder heraus. Das Erz ist blaugrau, dicht und glanzend, mit wenig weiſsem Quarz, röthlichem Feldspath und grünem Speckstein gemengt. Es muſs stark geröstet werden, und giebt 56 bis 58 Prozent guten Roheisens.

3) Luosavara ½ Meile W. N. N. von Jukkasjarvi Kirche in Torneå Lappmark; dieser hohe Eisenberg liegt schon in den Fjallen (Alpen) und auf seinem Gipfel hört alle Vegetation auf. Er ist ½ Meile lang ¼ Meile breit. Es streicht das grofse Eisenlager von N. W. nach S. O, da es aber mit Erde bedeckt ist, so kann die Ausdehnung nicht genau angegeben werden. Nur 70 Ellen weit kann man es verfolgen; die Ausgange des Berges sind taubes Gestein. Das Erz ist Magneteisenstein, hart, im Bruche dicht, schwarzblau und giebt 64 Prozent Stabeisen (?). Dieser und der folgende Erzberg wurden 1736 entdeckt, und es wurde das Erz von hier und den beiden folgenden Orten erst in dicht dabei liegenden Hohöfen verschmolzen, und spater nach Junosovando und Palorkova (11 bis 14 Meilen südwarts) auf Rennthieren geführt. Doch war dieser Verbrauch immer nur unbedeutend.

4) Kirunovara liegt $\frac{1}{4}$ Meile von obigem südwärts, er ist fast eben so hoch und breit als dieser, aber langer. Der obere Rücken ist ganz kahl und das Eisenlager liegt 4200 Ellen weit zu Tage. Die Breite ist am Gipfel nach Norden 300 Ellen, gegen Süden theilt es sich in zwei breite Hügel. Das Erz ist dem von Luosavara gleich, und beide Berge bilden wahrscheinlich zusammen ein sehr grofses Erzlager.

5) Haukivaraberg liegt südöstlich von Luosavara und nördlich von Kirunavara, nicht weit von diesem. Er ist niedrig, fast rund, $\frac{1}{8}$ Meile im Durchmesser, besteht ganz aus einem horizontal geschichteten, feinblattrigen, im Bruche fast silberglänzenden Blutsteine, der von feinen Quarzadern durchsetzt ist und kleine Risse hat die mit hochrothem Eisenoxyd gefüllt sind.

6) Der Eckströmsberg liegt an der Mündung des Calix-Elf; es ist ein grofser Eisenberg der von Ekström beschrieben, doch im Ganzen wenig bekannt ist.

7) Svappavara 30 Meilen N. W. von Torneå, 1 Meile vom rechten Ufer des Torneå-Elf, 4 Meilen südlich von Kirunavara. Der Berg ist 700 Ellen lang von Norden nach Süden streichend und 130 Ellen hoch. Das Erz ist ein feinkörniger Blutstein, der wenn er nicht bei Annaherung an die dort befindlichen Kupferlager durch Kupferbeimengung unartig wird, sehr gutes Erz giebt. Er wurde 1654 entdeckt und bis 1740 nur auf Kupfer gebaut; da diefs aber um diese Zeit wenig ergiebig wurde, so brach man das Eisenerz und verschmolz es auf Junosovando Hohofen.

8) Junosovando. Auf der Granze von Lappmarken um Torneå Kirchspiel, mitten zwischen Calix und Torneå Elf an einem Uebergang-Kalkstein. Von N. N. W. nach S. S. O. ist das Lager $\frac{1}{8}$ Meile lang, und

kommt aus der Erde herauf. Schon 1644 war es angebrochen. Das Erz ist zu Tage schwefelkieshaltig und nur in kleinen Nestern rein. Die älteren Gruben sind theils voll Wasser, theils mit taubem Berg gefüllt, daher werden diese Erze jetzt weniger verbraucht als die anderen, obwohl die Hütte diesem so nahe liegt.

9) Pulkapola, Kurravara, Mallasvara sind wenig gekannte Berge die erzführend sein sollen.

Diese grofsen Schätze sind so gut als nicht benutzt, und es herrscht sogar über deren Benutzung ein Widerspruch der Ansichten, der wenigstens die baldige Anwendung nicht begünstigt. Der eine Theil nämlich meint man hätte die zur Anlegung des Götha-Kanals verwandten grofsen Summen zweckmäfsiger, dem Besten des Landes förderlicher, zur Anlegung von Wegen und Wasserkommunikationen von jenen nördlichen Erzbergen zu den mittleren Theilen des Reiches verwenden können. Der andere Theil dagegen behauptet, es sei besser diese Schatze noch unangebrochen einer Zeit zu überlassen, wo man die im mittleren und südlichen Schweden brechenden Erze fast verschmolzen, und dadurch sowohl, als durch die weiter vorgeschrittene Anbauung des Landes, die Walder mehr verödet haben würde; dann sei es an der Zeit die Erze die dort oben als sicherer Rückhalt in den dichten und jungfraulichen Waldern liegen, mit diesen zugleich wirksam werden zu lassen.

Der König hatte 1817 eine genauere Untersuchung der lappländischen Erzlagerstätten befohlen. Die früheren Vorschlage das Erz nach England durch Norwegen zu schicken, sah man als unausführbar an, es zu Schiffe südwarts zu schaffen ist fast unmöglich, weil man den bottnischen Meerbusen in jenen Gegenden nur eine sehr kurze Zeit im Jahre, und auch dann wegen der vielen

Klippen nur mit Gefahr befahren kann. Es sollten daher andere Auswege gesucht werden, deshalb ging eine Kommission dahin die nach ihrer Rückkunft 1818 dem Reichstage vorschlug, die Berglags-Gerechtigkeit die man Hellesta und Wånga genommen hatte auf jene Gegenden zu übertragen. Man wollte die Hütten bei Göljen, etwas nördlich von Oberkalix anlegen, wohin man von Gellivara 15 Meilen zu Wasser hat. Die Schiffbarmachung der Flüsse auf diese Entfernung sollte der Staat bezahlen, eben so den Weg von Göljen nach dem Meere ($2\frac{3}{4}$ Meilen). Alle Hemmane, 20 Quadratmeilen umher, sollten den Bergslag bilden, und man wollte sie deshalb von der Rotirung (Soldatenstellung und Ernahrung im Frieden) befreien, und ihnen während der ersten zehn Jahre die Abgaben erlassen. Es wurde diesem Vorschlage zuerst der Zweifel entgegengestellt, ob man auch die Flüsse so leicht werde schiffbar machen können. Major Hällström der dahin geschickt wurde, fand wirklich dafs es zu theuer sein würde, und machte den Vorschlag das Erz im Winter zu transportiren, weshalb er auch einen anderen Ort zur Anlegung des Bergslags bezeichnete. 1823 entstand die Frage ob Routivara bei Quikjok nicht günstiger liegen möchte. Bergrath Robsohn der jene Gegend genau kennt, zog Gellivara vor, weil es 13 Meilen dem Meere naher, und schon weiter von den Fjallen (Alpen) liege; dagegen wäre man noch 7 Meilen südwarts von Routivara in der Fjallregion *). Ueberdiefs ist die Gegend von Gellivara mehr von Lappen bewohnt und diese würden, besonders die in den fernen Wäldern

*) Und doch soll nach des bekannten Rudbek's in der Atlantica aufgestellten Behauptung, in Quikjok das Paradies gelegen haben.

an den Fjällen wohnen, sehr gern die Erztransporte übernehmen. Sie stellen einen geringen Preis, denn einen anderen Verdienst haben sie nicht, ein jeder kommt mit 10 bis 20 Rennthieren und eben so viel Aktjör (Schlitten) die in einer Rayd (Reihe) *) geführt werden, wovon aber jeder Schlitten nur 16 bis 18 Lispfund ladet **). Man schlug vor den Lappen die Kronabgaben für diese Transporte zu erlassen, und die Abgaben sich durch den Huttenbesitzer erstatten zu lassen; doch müsse man den Lappen nicht zwingen wollen, sonst ziehe er weg. Vor allem ward aber empfohlen die Lappengranzen zu respektiren und keine neue Anlage jenseits derselben zuzulassen, weil dadurch die Lappen bedrückt und ausgerottet werden möchten, die mit ihren Rennthieren für jene Gegenden so nöthig sind. — Weiter war die Verhandlung nicht bekannt geworden als wir Schweden verliefsen, doch wurde uns von glaubwürdigen und sachkundigen

---

*) Eine solche Lappenfarth hat ihren ganz eigenen Karakter: der hohe Schnee, die weiten Einöden, die ewige Nacht, die hochhornigen Rennthiere, die eingepelzten kleinen Lappen, die langgestreckten niedrigen Schlitten, alles trägt dazu bei einer solchen Karavane einen eigenthümlich wilden schauerlichen Anstrich zu geben, und doch hat so eine Reise ihre Vortheile vor den unseren. Der Lappe nimmt für sich und sein Thier keine Nahrung mit; er schlachtet sein Rennthier oder verkauft es, das Thier findet sein Moos unter dem Schnee „Der Lappe" so sagt ein schwedischer Schriftsteller sehr richtig, „braucht keinen Weg, er geht bei Sonnen-, Mond- oder Nordlicht queer über die Schneemassen, wenn die Reisestunde anbricht."

**) Das Rennthier, sonst sehr sanftmüthig, kann wüthend werden wenn man es überlastet, es geht dann auf seine Führer los, wirft sie nieder, und beschädigt sie durch Treten und Schlagen mit dem Geweih oft sehr gefährlich.

Männern versichert, daſs man überhaupt den Gedanken einen Bergslag dort oben anzulegen, aufgegeben habe.

b. See- und Morasterze.

Der südliche Theil Schwedens scheint bei der Bildung der Bergerze leer ausgegangen zu sein, dafür gab ihm die Natur die See- und Morasterze als Ersatz. Besitzen diese Erze in mancher Beziehung auch nicht die Güte der Bergerze, so bieten sie dagegen wieder den groſsen Vortheil, daſs sie unerschöpflich sind, und daſs sie dabei mit immer sich gleichbleibender Leichtigkeit gewonnen werden.

Die fortdauernde Bildung des auch bei uns häufig vorkommenden Morasterzes und seine Umgestaltung in Sumpf- und Wiesenerz (was in Schweden seltener gefunden wird), ist ein nahe liegendes und doch bisher undurchdringliches Geheimniſs, eben so genügen die bisherigen Erklärungen über das Entstehen des Seeerzes, auf keine Weise. Wir erlauben uns näher auf diesen Gegenstand einzugehen.

Die Seeerze liegen auf dem Grunde der vielen Landseen Schwedens in Lagern von ungleicher Mächtigkeit aufgehäuft; bald scheinen sie haufenförmig, bald als weite Betten gelagert. Es giebt mehrere in Form und Gehalt verschiedene Arten, die selten vermengt, meist jede für sich vorkommen. Die feinsten Erzsorten heiſsen Krutmalm (Schieſspulvererz) oder Hagelmalm (Schroterze), in Småland auch wohl Finmalm (Feinerz), weil die Form der Körner der der Pulver- oder Schrotkörner gleich kommt. Sie sind fest, rund und glatt, und haben sichtlich durch das Rollen im Wasser ihre Gestalt erhalten. Man hält sie für besonders reich und kaltbrüchig; sie sollen bis 40 Prozent Eisen enthalten. Das Penninge- (Geld)-

Erz hat die Form dicker Münzen, etwa so grofs als die preufsischen Zweigroschenstücke, aber wohl zweimal so dick als diese, dabei sind die Platten selten eben, sondern unregelmafsig eingebogen; die Scheiben sind hart, zerbrechen sich nicht ganz leicht, und sind gewöhnlich dunkelorange gefarbt, wahrend die obigen mehr dem hellorange sich nahern. Sie sollen nicht ganz so reich sein als die ersten Sorten. Das Purleerz besteht aus kleinen Kugeln welche die Gröfse und Form von Nüssen und Bohnen haben; das Skraggerz hat gröfsere lockere löchrige Kugeln. Es ist fast niemals mit den anderen Arten gemengt, und soll gemeinlich 30 Prozent halten. Die seltenste Art ist das Tallrik- oder Kak- (Teller- oder Kuchen-)Erz; es ist in grofse Scheiben gebildet, 1 Zoll bis 1½ Elle im Durchmesser, dabei dick, hart, löchrig, im Bruche fast schwarz und glanzend, und fast eben so eisenreich und kaltbrüchig als das Kruterz. Der Gehalt soll von 10 bis 50 Prozent schwanken können; doch sind diese Angaben nicht zuverlassig, da leider überhaupt die Eigenthümlichkeiten, das Vorkommen und die Bestandtheile dieser Erze, wenig beobachtet werden.

Ist das Erz über den ganzen Seeboden vertheilt so pflegt es unrein zu sein, und kann nur schwer gesammelt werden. Am meisten ist es in den Einbiegungen ins Land angehauft. Ob sich das weggenommene Erz durch neue Ablagerung ersetzt, oder ob blos Vorrathe die wo anders gelegen haben durch die Wogen an die ausgeleerten Stellen geführt worden, ist schwer zu entscheiden. Man hat Stellen von wo ungeheure Quantitäten weggenommen worden waren, nach 30 bis 40 Jahren wieder reich versehen gefunden. Sollte dem See so viel Erz von aufsen zugeführt worden sein, so müfste sich das Bett vieler Seen denen kein Erz entnommen wird, binnen eines Jahrhunderts ganz füllen. Es ist also wahrscheinlicher, daſs die Erzmassen entweder lose auf dem Seeboden vertheilt liegen, und vom Wasser hier und dorthin geführt werden, oder daſs das Bette des Sees theilweise aus solchen Erzlagern besteht, und daſs die Fluth sie hier und da fortreiſst, wodurch zwar die lose Erzmenge vermehrt wird, das Wasser aber in den ausgespühlten Stellen eben so viel wieder an Platz gewinnt als es durch das Erz verlor. Was auf den Gedanken führte, daſs die Flüsse das Erz mitbrächten, ist die Ablagerung der Erze an ihren Mündungen, gewöhnlich parallel mit einem Ufer, entweder in Haufen oder in langgestreckten Beeten. Es scheint aber sehr natürlich, daſs der erztragende bewegte See die Last eher da fallen lasse, wo durch entgegen strömendes Wasser die Bewegung der Wellen mehr gebrochen wird. Daſs später bei ruhigerem See das in einer gewissen Richtung fortströmende Fluſswasser die ihm in den Weg gelegten Erzhaufen allmählig auf die Seite und in die Richtung seiner Strömungen, d. h. seiner Ufer bringt, scheint auch ungezwungen erklärt werden zu können. — Hausmann stellt die Vermuthung auf, daſs das Erz vielleicht sich durch Oxydation des im Grünstein eingesprengten Schwefelkieses bilden könne, über dem die einfallenden Flüsse fortgehn, und das Oxyd dann mitnehmen. Auf diese Weise bleibt aber die eigenthümliche Form, besonders die der Münz- und Tellererze, so wie die mit dieser immer erscheinende Kaltbrüchigkeit vollkommen unbegreiflich, um so mehr, da wie gesagt, gewöhnlich ganze Erzlager dieselben Formationen zeigen. Eben so wenig ist es verständlich, wie diese Form entstehen könnte, wenn wie Walerius meint diese Erze fortgeschwemmte Morasterze wären; auch finden sich in den nördlichen Gegenden wohl Morasterze und Schwefelkies, aber dennoch kein Seeerz. Diese Erzart scheint eine Småland eigenthümliche Formation zu sein, was weniger zu verwundern ist, wenn man bedenkt, dafs diese Provinz zwischen der Urformation des Nordens und der Uebergangsformation Schonens liegt; es findet sich auch in Finnland viel Seeerz; ob Finnland mit Småland Aehnlichkeit der Formation hat, wissen wir nicht. Die einfachste Erklärung für die Ablagerung der Seeerze scheint zu sein, dafs man annimmt sie bildeten sich eben so wie der stängliche Thoneisenstein oder andere amorphe Gestaltungen, und wurden schon fertig gestaltet blos durch das Wasser von einer Stelle zur anderen gebracht, und vielleicht nur mehr abgerundet. Leider sind aber wie schon erwähnt, die Beobachtungen bisher bei weitem nicht hinreichend, um eine nur einigermafsen sichere Erklarung daraus entwikkeln zu können.

Die finnländische Art das Seeerz aufzunehmen, ist nach Rinmann, dafs an einer Stange zwischen einer weiten hölzernen Gabel ein Blech eingespannt ist an dem sich ein feiner Netzbeutel befindet. Man nimmt mit dem Bleche das Erz auf, das in den Beutel fällt, und schwenkt es beim Heraufziehen einigemale im Wasser, um es vom Schlamme zu befreien. Ein Arbeiter kann bei guten Lagern an vier Tonnen täglich, bei dünnen aber nur $\frac{2}{3}$ auf diese Weise auffördern, die Tonne trocknen Erzes wiegt an $4\frac{1}{2}$ Centner. — In Småland nimmt man, auf einem durchlöcherten Prahm stehend, durch die Oeffnung desselben mit einem eisernen Siebe die Erze auf; man erhält dadurch reineres Erz und bringt das feinere mit herauf, der Arbeiter mufs aber viel geübter sein wenn er gleiche Quantitäten auffördern soll. Nachdem die Erze ausgefischt worden, wäscht man sie am Ufer mehrmals und breitet sie dann aus, um sie trocknen zu lassen. — Man zahlt sehr verschieden für das Auffördern der Erze; im Durchschnitt 9 bis 12 Schilling für die Tonne, wobei das Erz vom Auffischer auch noch nach der Hütte transportirt werden muſs. Bei guten Lagern lohnt sich dieſs hinreichend, nicht aber bei dünnen.

Die Morasterze liegen $\frac{1}{4}$ bis eine Elle unter der Erde in Lagern von verschiedener Mächtigkeit; gewöhnlich finden sie sich zwischen zwei Vertiefungen an Stellen wo im Frühjahre Wasser steht. Sie werden gegraben. Sie kommen in Dalarne auch, obwohl nicht so häufig vor als in Småland.

2) *Zuschlag.*

Wir werden später die Gattirung und Beschickung der schwedischen Erze genauer betrachten; hier sei es vergönnt vorauszuschicken, daſs es wenige schwedische Erze giebt die für sich verschmolzen werden können, daſs man auch nur in den seltneren Fällen durch bloſses Gattiren derselben unter sich helfen kann, und fast immer sich der Beschickung mit einem tauben Zuschlage bedienen muſs.

Nur bei einigen südlicheren Hohöfen bedient man sich des Grünsteines, und zwar meist des schon durch Verwitterung zerfallenen. Bald enthalt er nur Hornblende und Feldspath, bald auch Glimmer, zuweilen Schwefelkies, doch immer halt er etwas Eisen; in den übrigen Hütten braucht man überall den Kalk, der in Schweden in hinreichender Menge bricht. Leider ist er aber gewöhnlich im hohen Grade unrein, mit sehr verschiedenen Fossilien, besonders Quarz, Spinell, Talk, Speckstein, Glimmerschiefer u. s. w. gemengt und dabei zuweilen überaus hart. Auch Schwefelkies kommt nicht selten mit vor. Die Farbe ist selten rein weifs, sondern geht besonders häufig in's rothe auch in's grüne und blaue. Die Struktur des Steins ist durchgehend stark krystallinisch, er ist durchschimmernd bis durchscheinend, und von einem überaus verschiedenen spezifischen Gewichte. Wir geben in der Liste No. 8. die Analyse der bisher untersuchten Kalkarten. Es geht aus diesen Untersuchungen hervor, dafs die in den Steinen enthaltenen Kiesel und Thonerdenmengen bedeutende Antheile des Kalks beim Schmelzen in Anspruch nehmen müssen, und dafs daher wenig freie Kalkerde auf das Erz wirken kann. Es müssen aus diesem Grunde grofse Kalkmengen aufgegeben werden, die einen grofsen Theil der Wärme absorbiren.

Der Kalkstein wird roh auf den Ofen gegeben, nur wo er gar zu hart ist wird er so viel gebrannt, dafs er spröder wird, und leichter zerschlagen werden kann. Man sollte allerdings glauben, dafs es vortheilhafter sein müfste ihn durch Brennen, wozu man sonst unbrauchbares Kohlenklein nehmen könnte, für die Schmelzung vorzubereiten, und die Kohlensäure auszutreiben, durch welche dem Ofen nothwendig viel Wärme entzogen werden mufs. Die Versuche zeigen aber das Gegentheil. Wir geben in Liste 9. Einen der 1820 und 1821 in Rasjö angestellt worden, und woraus man ersieht dafs dabei gleiche Gewichtstheile gebrannter und ungebrannter Kalk gleiche Wirkung thaten, und wenn man bedenkt dafs der gebrannte schon um 27 Prozent des Gewichtes vermindert worden, so sieht man dafs man nicht allein an Kalk, sondern auch alle Brennkosten verliert. — Ist der Kalk schwefelhaltig, so wird er etwas geröstet, und man bringt ihn dann, besonders bei den Gewerkshütten, mit in die Rostgruben der Erze ohne ihn damit zu mengen.

3) *Brennmaterial.*

a. Holz.

Da in Schweden die Flammöfen wenig in Gebrauch sind, so wird auch das Holz unmittelbar im Hüttenwesen wenig zum Brennmaterial verwandt; die beiden Walzwerke Closter und Skebo, die Stahlöfen und einige Reverbiröfen, sind fast die ausschliefslichen Konsumenten.

Die in Schweden über Holzfeuerung gemachten Erfahrungen sind daher nicht bedeutend, und lassen sich etwa auf das Folgende zurückführen. — Das erste Erfordernifs einer guten Heitzung ist die Trockenheit des Holzes; die höchste Temperatur die trocknes Holz giebt ist mit nassem gar nicht zu erreichen, die Erhitzung geht langsam vor sich, und man kann bis zu $\frac{1}{3}$ mehr Abbrand am Eisen haben; auch giebt trocknes Holz, wegen des geringeren Rauches weniger Veranlassung zu Feuersbrünsten. — In je kürzerer Zeit die höchste Temperatur gewonnen werden soll, desto kleiner mufs das Holz gehauen werden. Für Reverbiröfen wird es daher wie für Stubenöfen gekleint, in den grofsen Windöfen der Walzwerke wird es aber als Kloben eingebracht. — Hauptsächlich werden Fichten- und Kiefernholz verbraucht, seltener Birke; die beiden ersten rechnet man für gleichwirkend, das letztere zu den ersteren wie 2 : 3. Das Fichtenholz giebt eine grofse und weitgestreckte Flamme, das Kiefern- und Birkenholz dagegen eine heifsere. Asche giebt das Birkenholz 0,382 Prozent, Kiefern 0,404, Fichten 0,455.

Man hat Versuche angestellt über die Gewichts-Quantität welche die verschiedenen Holzarten beim völligen Trocknen verlieren; die Resultate sieht man in der Liste 10.

Man hat sich die Mühe gegeben die Scheite eines Haufens einzeln genau zu messen, um zu ermitteln wie viel in einem Haufen von einer bestimmten Gröfse wirkliche Holzmasse sei. Obwohl die dabei gewonnenen Zahlen abhängig sind von der ungleichen Lange und Dicke des Holzes, und sich daher unmittelbar auf unsere Haufen nicht anwenden lassen, so geben sie doch einen ungefähren Anhaltspunkt. Wird z. B. das Holz so aufgesetzt dafs alle Scheite in einer Direktion liegen (nicht kreuzweis) so beträgt die wirkliche Holzmasse im Haufen 54 Prozent, und so berechnet man in neuerer Zeit auch das Verhältnifs von wirklichem Volum zu scheinbarem.

b. Kohle.

Das Verkohlen des Holzes befindet sich in Schweden — obwohl es nicht an guten Versuchen darüber fehlt, und man die Resultate derselben möglichst gemeinnützig zu machen gesucht hat — doch noch auf einem niedrigen Standpunkte der Vollkommenheit. Diese Verrichtung ist nicht wie bei uns in den Handen sich ausschliefslich damit beschaftigender Arbeiter, sondern jeder Bauer verkohlt das Holz seines Waldes, und dieser ungebildeten Menge ist daher mit einer Verbesserung im Verfahren schwer beizukommen.

Als Hauptmangel der heutigen Methode nennt man ein geringes Ausbringen (?), grofse Lockerheit der Kohle, die bedeutende Menge Gestübbe und Brander, und der viele anhängende Sand. Besonders über Lockerheit der Kohle wird sehr geklagt; die schlechteste die wir gesehn war in Tabergs Bergslag. — Diese grofse Lockerheit kömmt besonders haufig davon, dafs man das Holz im Frühjahr zum Schwenden fallt und abbrennt, die Stamme zwei Jahr liegen lafst, und dann erst kohlt.

Durch diefs lange Liegen verstockt das Holz und die Kohle wird schlecht.

Versuche den Mängeln abzuhelfen wurden schon sehr früh gemacht; insbesondere bemühte man sich wiederholt zu ermitteln ob liegende oder stehende Meiler vortheilhafter seien. Die älteste gedruckte Abhandlung von Wallner (1746 erschienen) empfiehlt die stehenden, weil das Holz leichter eingemeilert werden kann, was allerdings für Schweden, bei dem Mangel an Händen, zumal in den entlegenen Gehöften des Waldes, von Wichtigkeit ist; ferner führt er zum Lobe der stehenden Meiler an, dafs die Kohle weniger zerdrückt werde, dafs auch das Verkohlen leichter vor sich gehe, wenn die Hitze längs der Holzfaser aufsteige, als wenn sie queer hindurch gehen müsse. — Dagegen hat nach ihm der liegende den Vorzug, dafs man längeres Holz brauchen könne, wodurch an Arbeit und Holzabgang gespart werde. Nach Algulin giebt der stehende mehr, der liegende bessere Kohlen, und der erstere ist vortheilhafter bei kürzerem, der letztere bei längerem Holze anzuwenden. Söderhjelm fand dafs um 10 Kubikfufs Kohle zu erhalten, man beim liegenden Meiler 5,6 Kubikfufs aufgestapelt Holz, beim stehenden 6,3 Kubikfufs bedürfe, wobei die Kohlen aus dem stehenden noch obenein schlechter sind.

Auf Kosten der Brukssozietät stellte C. D. af Ure 1811 bis 1813 bei Furudahl viele Versuche an, um mit Bestimmtheit das Verhalten zwischen stehendem und liegendem Meiler, so wie die vortheilhaftesten Umstände für die Verkohlung zu ermitteln. — Ihr Resultat ist bereits durch Uebersetzungen bekannt (s. Karsten's Archiv Bd. XI. S. 149).

Man macht im Hüttenbetriebe keinen besonderen Unterschied zwischen den einzelnen Kohlenarten, und braucht sie alle durcheinander, doch hält man Birke und Erle für das beste Kohlenholz, und läſst diesem die Fichte folgen. Im Durchschnitt giebt das Holz bei der in Schweden üblichen Köhlerei 63 Prozent Kohle dem äuſsern Volumen nach, und in 100 Kubikfuſs gemessene Kohlen rechnet man 46,58 Kubikfuſs solide Kohlenmasse.

In neuester Zeit hat man auch versucht in Oefen zu verkohlen; der vom Ober-Direkteur Schwarz erfundne, und vom Baron Ankarswärd versuchte Verkohlungsofen, ist durch mehrere Mittheilungen in Deutschland bekannt geworden; wir geben daher seine Konstruktion nicht an, aber wohl die Resultate die er bei neuesten Versuchen gegeben. Er ist ursprünglich bestimmt gewesen das schwedische abgenutzte Papiergeld zu verbrennen, wobei früher immer ein solch übler Geruch sich verbreitet hatte, daſs die Beamten kaum dabei auszuhalten im Stande waren. — Erst später kam man auf die Idee ihn zur Holzverkohlung anzuwenden. Die ersten Resultate schienen sehr günstig, da sie mit vieler Sorgfalt angestellt, und mit einer sehr sorglosen Bauernköhlerei verglichen wurden. Vergleicht man sie aber mit den oben genannten Versuchen von af Ure, so fällt der Unterschied weg, da 100 Kubikfuſs Holz nur 72,1 Kubikfuſs Kohle gegeben hatten, während die liegenden Meiler nach af Ure bis 74,5 Prozent liefern. Der Holzessig ist in einem Lande wie Schweden, wo keine bedeutende Bevölkerung, keine Färbereien und andere Fabriken bestehen, von keinem Belang, und wollten alle Hütten bei ihren Köhlereien den Holzessig auffangen, so würden sie Europa damit versorgen können, was aber keinen Mangel daran hat. — Der gröſste Uebelstand bei diesen Oefen ist jedoch dafs man ihnen das Holz zuführen mufs, bei den meisten Hütten also viele Meilen weit, und da man im Durchschnitt rechnen kann, dafs die Kohle nur $\frac{1}{4}$ des Holzes wiegt aus dem sie dargestellt, so würde der Kohlentransport um das Vierfache vermehrt. — Einem kleineren Uebelstande, dafs nämlich die Temperatur in der Mitte des Ofens zu hoch wird, hat man dadurch glücklich abgeholfen, dafs die Feuerstätten nun in der Mitte angelegt sind, und die Wärme sich mehr gleichmäfsig im Ofen verbreitet; allein brauchbarer wird er dadurch doch nicht, da überhaupt ein Verkohlen in Oefen für Schweden nicht zweckmäfsig ist, und nie eingeführt werden wird, so vollkommen ein solcher Ofen werden mag; die Prinzipien des Ofens aber auf den Meiler anzuwenden dürfte unausführbar sein.

c. Brander.

Bei allem Verkohlen in stehenden Meilern bleiben selbst bei bester Prozedur die äufsern Lagen an ihrem unteren Ende $\frac{1}{4}$ bis eine Elle hoch un- oder halb verkohlt. Diese Brander betragen daher keinen kleinen Theil der gesammten Kohlenproduktion, und müssen gesetzmäfsig in gewisser Menge beim Kohlenkaufe mit angenommen werden. Es ist deshalb vielfach versucht worden sie auf die beste Art zu verwenden. Man hat sie gesammelt, abermals Meiler darauf aufgesetzt, und wollte sie auf diese Weise vollkommen verkohlen. Allein theils brennen solche Meiler leicht an, theils wird die Kohle sehr locker. Man mufs sie daher unverändert verbrauchen. Auf vielen Hütten setzt man sie in kleinen Mengen auf die Kohlengicht in den Hohofen, doch geben sie leicht einen schlechten Gang den wir sogleich naher bezeichnen werden. In andern Hütten benutzt man sie zum

Ausbrennen der Formen, zum Unterhalten des Feuers für die Hohofenarbeiter in der Nacht und den kalten Herbsttagen u. s. w.

Man stellte 1821 förmlich Versuche an über ihre Tauglichkeit im Verhaltnifs zur guten Kohle. Man hatte früher es nie gewagt mehr als höchstens $\frac{1}{4}$ der Kohlengicht aus Brandern bestehen zu lassen, wobei der Gang immer gut gewesen war, und die Brander ziemlich gleich mit eben so viel Kohle wirkten. Man setzte nun mehr Brander gegen die Kohle auf, und begann mit dem Verhältnisse von 4 : 1. Die Hitze an der Gicht ward durch die grofse aufsteigende Flamme so bedeutend, dafs die Arbeiter kaum oben auszuhalten vermochten, es kochte stark vor der Form und die Schlacke drohte hineinzudringen, war trage, schwarz, das Eisen rauchte stark beim Abstich, zersprang beim Abkühlen und war durch und durch weifs, splittrig ins bladige. Man anderte das Verhaltnifs von Brandern zu Kohle in $1\frac{4}{5}$: 1, und nun ward der Gang vollkommen gut, so dafs man sich auf die Dauer bei einem grofsen Vorrathe von Brandern dieses Verhaltnisses ohne Schaden bedienen könnte.

Im Allgemeinen zeigten diese Versuche dafs man hinsichtlich der Wirkung der Brander im Hohofen sie gleich 66 Prozent Kohle rechnen könne, vorausgesetzt dafs man nicht mehr mit der Kohle aufgiebt als höchstens $\frac{2}{3}$ der Gicht.

d. Steinkohlen.

Nur in dem südlicheren Theile Schonens, also der Südspitze Schwedens kommen Steinkohlenflötze vor. Man hat mehrere derselben langere Zeit abgebaut, die geringe Mächtigkeit und die Menge vom benachbarten Meere eindringenden Wassers aber hat immer wieder abzustehn gezwungen, obwohl Schonen, fast ganz vom Walde entblöst, diefs Brennmaterial begierig genug kaufte. Jetzt ist besonders die Grube bei Höganäs unweit Helsingborg und Engelholm im Gange. Auch sie hat nur 8 Zoll mächtige Flötze die bis 30 Lachter tief liegen, da die mächtigeren die bis an 14 Zoll kommen mit Schiefer bis zur Unbrauchbarkeit gemengt sind; die Anförderungsmaschinen sollen an Brennmaterial 50 Prozent der ganzen Steinkohlengewinnung verzehren, so dafs die Kohle nicht viel wohlfeiler ist als die englische die als Ballast nach Schweden kommt, doch soll sie schwefelfreier sein als diese, dagegen mehr Asche lassen (im kleinen Versuch gab die schwedische Kohle 8,5 Prozent, die englische 6 Prozent Asche). 1818 wurden die Flötze in Höganäs untersucht und für lange Zeit ausreichend gefunden, noch hat die Grube aber wenig Absatz, weil sie für Schonen selbst sehr entlegen ist.

Im Vergleich mit Holz und Kohle glaubt man ermittelt zu haben, dafs 1 Volum gute Steinkohle mit 12 Volum Tannen- oder Fichtenkohle gleiche Wirkung habe; bei dem Glühofen eines Walzwerkes wo sie seit langer Zeit gebraucht worden, entspricht die Wirkung von 1 Volum Steinkohlen 27 Volum Holz.

Steinkohlen und Holzkohlen zu mengen halt man nicht für vortheilhaft; es soll von beiden mehr als gewöhnlich gebraucht werden, und das Eisen erleidet mehr Abbrand. — Nach den schwedischen Versuchen fafst 1 Volum Steinkohle 47,62 Prozent massive Kohle.

e. Torf.

Man unterscheidet in Schweden nach Rinmann drei Arten von Torf, dessen es in Schonen sehr viel giebt, den Mofstorf der die obere Lage bildet, und aus verrotteten Kräutern besteht, den Rottorf der aus Wurzeln, Schlamm und Reisig zusammengesetzt ist, zwar eine gute Flamme aber eine schlechte Kohle giebt, und den Dytorf, der keine sichtbare Spur mehr von Wurzeln oder Rinde zeigt, auf offnen Feldern vorkömmt, der Rest verfaulter Wälder zu sein scheint, und wie unser Torf gestochen wird. Diese letztere Art kann verkohlt werden, und zwar geschieht diefs in Meilern die den gewöhnlichen ähnlich, nur dichter gedämmt sind. Die Torfziegeln ziehen sich dabei um $\frac{1}{4}$ ihres Volums zusammen. Unverkohlt giebt der Torf wenig Flamme aber viel Hitze, und läfst 3 bis 25 Prozent Asche. Die Kohle verbrennt schneller als Holzkohle, und wirft vor dem Gebläse hohe Funken. Mit gleichen Theilen Holzkohlen gemengt können sie zu Frischfeuer verwandt werden, das Roheisen erleidet nach Erfahrungen in Schweden dabei 15,38 Prozent Abbrand, und der Centner Stabeisen bedarf 39,8 Kubikfufs (?) Kohle zum Verfrischen. Der Abbrand vermehrt sich mit der Schlechtigkeit der Kohle. Wird Eisen bei sehr erdhaltigem Torfe geschweifst, so setzt sich eine starke Schaale Glühspan ab, unter der die Oberfläche des Eisens runzlig wird.

Im Allgemeinen rechnet man in der Wirkung die Torfkohle dem halben Volum Holzkohle gleich. Wird der Torf im eisernen Cylinder verkohlt, so giebt er einem Versuche im Kleinen nach zu urtheilen 38,3 Prozent Kohle vom spez. Gewicht von 0,57.

4) *Gebläse.*

An die Stelle der alten kleinen Lederbälge, die nur so lange sie neu geölt luftdicht waren, hatte ein Deutscher, Steffens, in der Mitte des 17ten Jahrhunderts hölzerne Spitzbälge in Schweden eingeführt. Sie waren bis zum Ende des vorigen Jahrhunderts die einzigen in Schweden üblichen Gebläse, da alle Versuche mit Lutten, Cylindern u. s. w. nicht glücken wollten. Um diese Zeit aber erbaute der Balgmacher Widholm sein erstes neues Gebläse, das nach ihm den Namen führt, auch die ausschliefsliche Benennung Blasmaschine hat, und jetzt mehr und mehr allgemein wird. Es unterscheidet sich von den Spitzbälgen dadurch, dafs während bei jenen der Boden feststeht und der Oberkasten sich bewegt, diefs hier gerade umgekehrt geschieht; die Kasten sind hier Prismen, während sie dort Pyramidenform haben, und ein kleiner Windkasten mit Ventil nebst einem sehr weiten Windrohr, dient dem neuen Gebläse als Regulator.

Die Vorzüge des neuen Geblases sind, dafs es des Regulators und des weiten Windrohres wegen gleichförmigeren Wind giebt, obwohl wir, an unsere Cylinder-Geblase gewöhnt, ihn doch noch sehr schwankend nennen müssen; ferner können die neuen Geblase hingestellt werden wo man am bequemsten Platz findet, während die Spitzbälge nothwendig auf der Formseite liegen, und unmittelbar in den Ofen blasen mufsten; deshalb können die neuen Geblase wieder viel stärker und gröfser gemacht werden als die früheren, wodurch das schwedische Hüttenwesen nothwendig grofse Fortschritte machen mufs, da die bisherigen schwachen Gebläse eins der gröfsten Hindernisse der Erreichung eines möglichst guten und vortheilhaften Betriebes waren.

In dem 4ten Theile der Hausmannschen Reise durch Skandinavien befindet sich Seite 169 bis 195 eine so ausführliche Angabe des Geschichtlichen der Geblase-Einrichtungen Schwedens überhaupt, und eine so genaue Beschreibung dieses Widholmsgebläses, dafs wir hier darüber Nichts als das schon dort Gesagte wiederholen könnten. Nur einige kleine neuere Veränderungen bleiben uns beizufügen.

Der Anstrich der innern Wände des Kastens, der sich luftdicht an die reibenden Leisten anschliefst, wird zwar noch jetzt aus Leim und Graphit bereitet, aber man giebt darauf noch einen Ueberzug von Talg. — Die Mengung von dünnem Leim und Graphit wird heifs auf die erwärmten Bretter sehr schnell aufgetragen. Ist dieser Ueberzug hinreichend dick (einen Messerrücken etwa), so wird er noch mit heifsem Talg bestrichen, und nach dem Erkalten mit hartem Holze wohl geglättet. Auf diese Weise vorbereitet hält der Ueberzug 12 bis 15 Jahre ununterbrochen luftdicht, doch mufs er jedes dritte Jahr spätestens mit Talg von Neuem bestrichen werden. — Zu einem gewöhnlichen Hohofengebläse gehen etwa 6 Pfund Graphit auf.

Auch in der Bewegung der Gebläse hat die neuere Zeit einige Verbesserungen gemacht. Statt des früher allgemein üblichen, nicht immer leicht anzuschaffenden Krummzapfen hat man mancherlei einfachere Vorrichtungen angebracht. Die gewöhnlichste ist, dafs man nur zwei Kasten im Widholmsgebläse hat, und das Auf- und Niederbewegen der beiden Kastenboden durch das Rad A (s. Tafel I. Fig. 1.) bewirkt, das sich einmal halb zur linken, und dann wieder eben so viel zurück rechts umdreht, und daher die beiden Leisten B und C auf- und niederzieht, die diese Bewegung den daran befestigten Kastenboden mittheilen, so dafs der eine aufsteigt wenn der andere niedergeht.

S c h e d i n hatte ein Widholms-Gebläse vorgeschlagen das doppelwirkend war, und beim Auf- und Niedergange des Bodens Luft gab. Allerdings wäre diese Vorrichtung durch die vielen Holzliderungen die daran hätten angebracht werden müssen, etwas zusammengesetzt und kostspielig geworden, doch ist immer zu bedauern daſs man nicht wenigstens den Versuch damit gemacht, da besonders wo es an Raum fehlt ein solches Gebläse wenn es übrigens brauchbar ist, von gröſstem Vortheile sein kann.

Bei gröſseren Gebläsen, die jetzt auch meist nur zwei Kasten erhalten, bedient man sich der Zykloidenräder, die auf die Radwelle aufgeschoben sind. Sie drücken die Kastenboden blos in den Kasten in die Höhe und belastete Hebel unterstützen sie darin, die entweder über oder unter dem Kasten angebracht sind. Die Boden fallen durch ihr eignes Gewicht wieder nieder. Die Zykloiden müssen so übereinander greifen, daſs die Eine schon zu heben anfängt, ehe noch die Andere den Boden bis zum höchsten Punkte gebracht; denn das Gebläse fängt nicht sogleich an die Luft auszudrücken wenn der Boden sich zu heben beginnt, sondern dann erst wenn die Pression im Blasekasten die des Windkastens und Luftrohrs übersteigt, denn früher kann sie das Ventil zwischen Wind- und Blasekasten nicht heben; bis zu dem Augenblicke also, wo diese Pression in dem anfangenden Blasekasten eintritt, muſs der schlieſsende noch im Blasen begriffen sein, sonst muſs bei der durch einen so kleinen Windkasten unzureichenden Regulirung ein völliges Pausiren, oder doch ein pausenweises Schwächen des Gebläses eintreten. Wieviel dieses Untereinandergreifen der Zykloiden betragen muſs, richtet sich nach der Gröſse des Wind- und Blasekastens, und nach der mittleren Umdrehungs-Geschwindigkeit des Rades. In Finspång hatte man sich in der ersten Anlage dieser Zykloiden geirrt, man verlängerte sie zwar noch etwas, allein ganz konnte dem Uebelstande nicht abgeholfen werden.

Die Gebläse gehen im Allgemeinen sehr ungleich, man sieht aber wenig darauf; früher wo die keilförmigen Spitzbalge unmittelbar in den Ofen bliesen waren die Schwankungen noch ärger, und man hielt sie für nothwendig, um das Eisenkorn von der Schlacke abzusondern. Jetzt ist man zwar noch nicht gerade der entgegengesetzten Meinung, doch glaubt man, dafs ein gleichmafsiges Geblase wenigstens dazu nutze die aufkochende Schlacke nicht in die Form treten zu lassen. Man hilft sich jetzt durch den kleinen Windkasten des Widholms-Geblases, und das gewöhnlich 5 bis 7 Zoll weite Leitungsrohr, das z. B. in Finspång die Luft 72 Ellen weit führt; beide tragen, wenn auch nur etwas, zur Verminderung der Ungleichförmigkeit bei. Man hat mehrfach versucht diesen Windkasten noch dadurch zu einem besseren Regulator zu machen, dafs man ihm einen beweglichen mit Gewichten beschwerten geliderten Deckel gegeben, der, wenn zu viel Luft einströmte so weit gehoben wurde, dafs er ein Loch öffnete, wodurch die überflüssige Luft in die Atmosphare austritt. Wir haben diese Einrichtung nur bei den Heerden einiger Manufakturwerke z. B. in Boxholm in Ostgothland gesehen, niemals aber bei einem Hohofen. Man findet selten Gebläse die geringere Oszillationen als 5 bis 6 Grade (14 auf einen Dezimalzoll schwedisch) bei jedem Radumlauf haben; da man aber auch bei Oszillationen von 20 Graden noch sehr guten Hohofengang gesehen, so bemüht man sich nicht mit Abhülfe. Braucht man einen Windmesser bei Spitzbalgen, so fällt er nach jedem Hub auf 0 Grad, und steigt beim Beginn des neuen Hubes auf das Maximum der Pression. Bei Widholms-Gebläsen kann der Windmesser wenigstens nicht tiefer fallen, als bis zur Pression des Windkastens. Wasserregulatoren scheut man der Wasserdämpfe wegen welche die Luft aufnimmt.

Unangenehmer als diese mit dem Radumlauf periodisch wiederkehrenden Schwankungen sind die, welche durch mehr oder weniger grofse Wasserkraft erzeugt werden; diese Kraft ändert sich stündlich, und da man auf den wenigsten Oefen Windmesser hat, so bemerkt man die Aenderung der Blasestärke nur bei grofser Aufmerksamkeit am Tone, kann daher schwer durch Schleusenöffnen oder Schliefsen das Gleichgewicht halten; diefs geschieht nicht einmal immer auf den Hütten wo Sonntags beim Stillstehen der Hammerwerke und des Pochwerkes alles diesem zugetheilte Wasser auch dem Gebläserade zugeht, und dies bei weitem schneller als gewöhnlich treibt.

Selbst die besseren Widholms-Maschinen sollen Luft verlieren, wodurch die Wasserkraft vergeudet wird. Oberhohofenmeister Schedin hat sich viel bemüht diese Verluste zu ermitteln, und in Philippstad-Bergslag bei 22 Oefen fand sich das Minimum des Verlustes 5,9 Prozent, das Maximum 51,94, und das Mittel 18 Prozent. Die Methode deren sich Schedin zu diesen Untersuchungen bedient ist folgende. Er bringt an dem Gebläse einen Windmesser an, läfst das Gebläse gehen, und beobachtet die Stellung des Windmessers. Nun aber verschliefst er die Düse fest und setzt das Rad abermals in Bewegung. Wäre das Gebläse luftdicht, so müfste das Rad stehen bleiben sobald die innere Pression der Luft der das Rad bewegenden Kraft gleich käme. Diefs ist aber nicht der Fall, sondern das Rad geht fort, und der Windmesser steigt höher, als mit offner Düse. Giebt man aber durch

Abschützen des Wasser-Zuflusses dem Rade nur gerade die Geschwindigkeit, die dazu gehört den Windmesser auf der Höhe zu halten, die er bei offner Düse hatte, so saugt nun das Gebläse gerade so viel Luft ein, als es bei offner Düse durch die Ritzen verlor. Zählt man dann die Balgschläge die das Gebläse bei dieser abgemessenen Geschwindigkeit des Rades in einer Minute macht, und multiplizirt es mit dem Kubikinhalt des Gebläses im Lichten, so erhält man die Menge Luft die das Gebläse in einer Minute auch bei offner Düse durch die Ritzen verliert.

Oberhohofenmeister Schedin hat ferner versucht die Gesetze zu ermitteln, welche die mit einem bestimmten Gebläse zu gewinnenden Luftmengen bedingen. Es kam darauf an zu beobachten, was bei undichten Bälgen vortheilhafter sei, Vermehrung der Balgschläge, oder Vergrößerung der Düsen, wenn es darauf ankommt größere Windmengen in gleicher Zeit in die Oefen zu bringen. Er fand, daß dabei folgende Regeln gelten:

1) Bei gleichbleibender Düsenöffnung und vermehrten Balgschlägen in der Minute, zeigt sich:

a. wenn die Düsenöffnung klein ist, daß sich wohl die Luftmenge vermehrt die durch die Ritze entweicht, wenig aber die, welche aus der Düse strömt.

b. Ist die Düsenöffnung sehr weit, so verhalten sich die aus derselben ausströmenden Luftmengen wie die Balgschläge.

c. Die aus den Ritzen entweichende Luft steht bei weiten Düsen in einem sich bei verschiedenen Geschwindigkeiten des Gebläsewechsels (Balgschläge) gleich bleibendem Verhältnisse zu der eingesogenen Luft.

2) Bei gleich bleibender Pression des Windes und veränderter Düsenöffnung.

a. Bei engeren Düsen geht mehr Luft durch die Ritze verloren als bei gröfseren, und es kann so weit gehen, dafs sehr wenig Luft aus den Drüsen strömt, wenn auch die Gebläse stark sind.

b. Dafs die durch die Düsen ausströmende Luftmenge in einem schnelleren Verhältnisse als nach der Vergröfserung der Düsenöffnung zunimmt.

Schon aus dem über die grofsen Oszillationen des Gebläses Gesagten geht hervor, dafs ein Windmesser keine grofse Wichtigkeit für den schwedischen Betrieb haben kann. Man hat zwar neuerdings bei mehreren Werken den aus Hausmanns Reise Theil V. dem deutschen Publiko bekannten Gahnschen Windmesser angebracht, doch stehen sie alle ziemlich auf dem verlorenen Posten. Sehr wenige Hohöfner fanden wir, die es verstanden sich danach zu richten, und auf einer grofsen Hütte befand sich der Windmesser während langer Monate auf dem gesperrten Windrohre des einen Ofens, während der andere blies. — Ueberdiefs ist dieser Windmesser zu theuer für die kleineren Hütten. Kallstenius hat daher einen einfacheren vorgeschlagen, den wir aber nirgend im Gebrauch fanden.

Man sieht diesen Kalls teniusschen Windmesser in Tafel I. Fig. 2. A und B in halber natürlicher Gröfse. abc ist ein Reservoir worin das Quecksilber befindlich ist so lange man das Instrument nicht benutzt, gh ist der Kanal durch den das Quecksilber ausfliefst wenn der Hahn ef geöffnet wird, qp eine oben offene Glasröhre in der es durch den Wind der in dem Kanal no aufsteigt und in l und m auf die Quecksilberfläche prefst, hinaufgedrückt wird. Nach dem Gebrauche dreht man das Instrument um, damit das Quecksilber wieder in dem Reservoir sich sammelt, schliefst den Hahn, und bewahrt das Quecksilber dadurch vor Schmutz und Oxydation. — Der Körper des Instrumentes ist von lackirtem Holze.

Die Gebläse sind von sehr ungleicher Gröfse. Im Allgemeinen sind die noch vorhandenen Spitzbalggebläse immer schwächer als die neu angelegten Widholms-Maschinen; von ersteren giebt es welche die den Ofen kaum zu füllen im Stande sind, und daher, wenn sie einigermafsen wirken sollen, viele Schläge in einer Minute machen müssen. Die Zahl der Schläge in der Minute schwankt von 5 zu 12, die Gröfse der Gebläse im Lichten von 50 zu 100 Cubikfufs, der Flächeninhalt der Düsenöffnung von 180 bis 490 Quadratlinien. — Bis jetzt wurde durchgehend die Luft durch eine Form in den Ofen geführt. Man ist zwar der Meinung, dafs bei zwei Formen sich der Wind besser über das Gestelle vertheilen würde; schon mehrmals hat man deshalb Versuche angestellt, allein noch immer ist man zu keinem sicheren Resultate gekommen, und baut die Oefen deshalb fortdauernd mit einer Form.

Mit der Gestalt der Düse ist, wie wohl überall, viel gespielt worden, ohne dafs man bei der Einen bedeutende Vortheile vor der Anderen bemerkt hätte. Man sieht sie daher heute mannigfach gestaltet, doch sind die ovalen, deren lange Axe horizontal liegt, die vorherrschenden; man glaubt dafs diese Gestalt besonders geeignet sei den Wind über das ganze Gestelle zu verbreiten, und dafs das Obergestelle weniger angegriffen werde. Entscheidende Versuche darüber sind uns nicht bekannt geworden. Das Verhältnifs zwischen den beiden Axen solcher ovaler Düsen ist höchst ungleich, und gröfstentheils, so wie auch der Flächeninhalt der Düsenöffnung, von den zufälligen Hammerschlägen des Hohöfners der sie einsetzt, abhängig, und kommt es dabei eben nicht auf eine Kleinigkeit an. Im Allgemeinen scheinen folgende Regeln sich wenigstens ergeben zu haben, wenn sie auch nicht durchgängig befolgt werden.

1) Wird statt der beiden Düsen die bei den alten Spitzbälgen in der Form lagen, Eine angewandt, so mufs diese etwas gröfser sein, als jede der früheren. Braucht man Eine Düse, so kann ihr Durchmesser, wenn sie zirkelrund ist, 2,9 Zoll preufsisch, oder wenn sie oval ist 2,9 Zoll breit und 2,4 Zoll hoch sein. Hat man aber zwei Düsen, so kann der Durchmesser jeder von 1,8 bis 2,2 Zoll differiren.

2) Je leichter und lockrer die Kohle ist, desto weniger aber desto geprefstere Luft mufs man anwenden, desto kleiner mufs also die Düse im Verhältnifs zur Gebläsekapazität sein.

Um die Düse während des Betriebes zu verengen, bedient man sich entweder loser Düsenspitzen die man in die liegende einschiebt, oder aber der vom Bergsrath Norrberg erfundenen Lippendüse, wo der obere Theil der Düse beweglich ist, und durch eine Schraube höher und tiefer gestellt werden kann; man lobt sie aber nicht, und wir haben sie nirgend anwenden sehen, deshalb übergehen wir ihre nähere Beschreibung.

Ein Uebelstand für die Berechnung der in den Ofen eingebrachten Luft ist das weite Zurückziehen der Düsen von der Formmündung, das zuweilen 16 bis 18 Zoll beträgt. Theils wird dadurch äufsere Luft mit hineingerissen, theils wenn die Form eng ist, die eingeblasene zurückgeworfen, und eine nur einigermafsen wahre Angabe läfst sich daher nicht ermitteln.

5) *Oefen* (*masugnar*) *).

In dem schwedischen Hüttenwesen sehen wir ein nun ziemlich eng verflochtenes Gewirre von alt schwedischer, deutscher und niederländischer Arbeitsmethode, die sehr lange aber in ihrer Selbstständigkeit nebeneinander beharrten. Am meisten geschieden halten sich noch die Frischmethoden, am innigsten verschmolzen sind die verschiedenen Prozeduren im Hohofenbetriebe. Nur durch Garney kennen wir noch die drei ursprünglichen Hohofenarten, und mit diesen charakteristischen Unterschieden vertraut findet man wohl hier und da noch heute leise Erinnerungen an jene Eigenthümlichkeiten.

Im Allgemeinen wurden früher die Oefen auf sehr unsichere Fundamente gebaut, wodurch oft sogar Senkungen entstanden, und die Oefen noch heute auf eine Seite hängen. Neuerdings sind stärkere Rostwerke angewandt worden, auch ist das Material besser, die Oefen sind sicherer und haben ein gefälligeres Aeufsere als die alten, die oft auf das Kläglichste aussehen. Obwohl das Gesagte für Privat- und Gewerkhütten gilt, so sind doch die Gewerke auch heute noch immer schwer zu einem guten Bau zu bewegen, so sehr die Oberhohofenmeister sich auch darum bemühen.

Ueber den Bau der Oefen selbst ist Garney in seiner Hohöfnerei so sehr vollständig, dafs wir in dieser Hinsicht nur wiederholen könnten was in Deutschland durch jenes seinen Gegenstand erschöpfende Buch schon

*) Ueber das schwedische Wort für Hohöfen, Masugn, hat man mehrere Etymologieen aufgestellt; man nimmt aber jetzt allgemein an, dafs es von dem veralteten schwedischen Worte masa, d. h. die höchste Kraft des Feuers entwickeln, herkomme, ugn heifst noch heute Ofen, der Name Masugn wäre also sehr richtig bezeichnend.

langst bekannt ist. Wir setzen daher was Garney über den Ofenbau angiebt als bekannt voraus, eben so übergehen wir, was Hausmann in seiner Reise darüber anführt.

Das Baumaterial für die schwedischen Hohöfen ist entweder Holz oder Schlackenziegel; erst in der neusten Zeit sind hierzu noch Ziegeln aus feuerfestem Thon von Höganäs gekommen. Obwohl man in neuerer Zeit nicht viel Oefen mehr mit Zimmerung anlegt, so bestehen doch ⅓ der ganzen Zahl der schwedischen Oefen jetzt noch aus Zimmerungsöfen. Die Gewerkschaften scheuen die grofsen ersten Auslagen die der Bau eines steinernen Ofens erfordert, und ziehen daher immer noch die obwohl nicht so lange ausdauernde doch sehr wohlfeile Zimmerung vor, um so mehr, da diese auch keinen so starken Grundbau erfordert als die steinernen Oefen.

Von den Steinen benutzt man zum Bau den Granit, der in grofser Menge und Güte in Schweden ansteht, auch Sandstein, Glimmerschiefer, letztere besonders zu Schachtsteinen. Man legt dabei die Schichtungsebenen derselben horizontal und zwar so, dafs das Feuer die Schichtungsprofile berührt. Doch ist man trotz des Ueberflusses an Fels und Stein in fast allen hüttenbetreibenden Theilen Schwedens gezwungen dieses Baumaterial, besonders die Gestellsteine weit herzuholen, weil die eben in der Nähe brechenden Steine oft schwellen oder sich zusammenziehen, springen oder schmelzen. So hatte man einen Ofenschacht in Kronobergs Län aus einem rothen sehr dichten Feldspath erbaut, der in etwa drei Wochen ganz heruntergeschmolzen war. Es ist nichts ungewöhnliches, dafs selbst aus guten Steinen, besonders Glimmerschiefer, erbaute Schachte, bei dem ersten Anwärmen um Vieles höher werden, ja es soll vorkommen, dafs während der ersten Kampagne diese Erhöhung 1 bis 1½ Fufs beträgt (²). Besonders stark ist diefs an dem oberen Theile des Schachtes der Fall (Uppsättningsmålet) das immer auf eine andere Weise gemauert ist als der übrige Schacht, damit man durch das Niedersinken der Gichtensäule bis zum unteren Rande desselben wisse, dafs es Zeit sei eine neue Gicht aufzugeben. Dieser obere Theil mufs selbst bei neuen Oefen wegen der übergrofsen Ausdehnung und dadurch veranlafster Zerrüttung zuweilen umgebaut werden. — Ein Ofen aus Glimmerschiefer errichtet, dessen rauhe schwarze Enden igelartig ringsum herausgreifen, hat etwas eigenthümliches fast schauerliches, das mit den einsamen umherliegenden Berggegenden für Schweden charakteristisch ist.

Es giebt keine allgemeine Regel in Schweden für die Erkennung der Brauchbarkeit eines Glimmerschiefers zum Schachtsteine, sondern die Erfahrung hat blos gelehrt, dafs die Glimmerschiefer gewisser Gegenden mehr oder weniger gut sind. — Vom Sandsteine weifs man, dafs alle lockeren, grauen und gelblichen Sorten sich besser und unveranderter im Feuer halten als die weifsen sehr dichten, dafs aber selbst der beste Sandstein häufigen Wechsel von Erhitzung und Abkühlung nicht ertrage, weshalb man ihn sehr ungern nur zu dem genannten oberen Theile des Schachtes braucht.

Ein recht gutes Baumaterial sind die Schlackenziegeln, zumal für die Rauhmauern, doch auch den Schacht kann man davon aufführen, wenn die zu verschmelzenden Erze nicht heifsgehend sind. Im oberen Theile des Schachtes darf man sie eben so wenig anwenden als Sandsteine, indem sie theils durch den Wechsel der Temperatur, theils durch die oft in denselben befindlichen ungeschmolzenen Kalkstückchen zersprengt werden. Dieses letzteren Umstandes wegen mufs man auch darauf sehen, dafs wo Schlackenziegeln gewonnen werden sollen, der Kalk recht klein geklopft aufgegeben werde. — Die Bereitung dieser Ziegeln scheint noch nicht sehr alt, denn 1798 wird sie in den Abhandlungen der Akademie der Wissenschaften als etwas Neues (?) sehr gepriesen und anempfohlen. — Besonders auf den Dannemora-Werken sieht man überaus schöne Schlackensteine, und fast ganz Söderfors mit allen seinen Werkstätten ist von diesen Steinen, selbst mit architektonischen, einfachen, aber sehr sauberen Verzierungen aufgeführt. — Auch Oester und Wester Bergslag, Lindes, Philippstad und Norbergs Bergslag haben vortreffliche Schlackenziegeln, die um so bessere Dienste thun, weil es eben dort an guten Steinen fehlt. Die Dauer eines aus diesen Materialien aufgeführten Schachtes ist höchstens 20 bis 24 Kampagnen zu 4 bis 5 Monaten, doch kann er auch schon mit zwei solcher Kampagnen ausgebrannt sein.

Nur erst einige wenige Hütten haben sich der aus dem feuerfesten Höganäs-Thon gebildeten Ziegeln zur inneren Bekleidung des Schachtes bedient, doch wird er schnell Eingang finden, da man an mehreren Punkten zugleich ihn zu versuchen begonnen. Dieser feuerfeste Thon kommt in den Steinkohlengruben bei Höganäs ziemlich häufig vor, und würde, wenn die Transportkosten von der Südspitze Schonens nach den nördlich gelegenen Hütten die Kosten nicht so bedeutend erhöhten, von der gröfsten Wichtigkeit für den schwedischen Hohofenbetrieb werden können. — So aber beschrankt sich seine Anwendung nur auf die Hütten der reicheren Besitzer, und die Gewerke werden wohl niemals im Stande sein

Nutzen davon zu ziehen. — Man soll 4 Sorten Thon in den Gruben von Höganäs finden, wovon Eine besonders feuerfest, und zur Anwendung als Schachtbekleidung geschickt ist; sie hat eine schwärzlichgraue bis schwarze Farbe und einen schiefrigen matten Bruch, durchzogen von Steinkohlen und Pflanzenresten; sie hat frisch einen starken etwas bituminösen Thongeruch, färbt ab und hängt an der Zunge. Sefström hat diese Thonart näher untersucht und analysirt um sie mit dem Stourbridge-Thon vergleichen zu können; die Analyse zeigt eine grofse Aehnlichkeit dieser beiden auch auf sehr ähnliche Weise vorkommenden und sich im Aussehn sehr gleichenden Thonarten; es finden sich nämlich:

	Im Höganäs-Thon	Im Stourbridge Thon
Kieselerde	56,72	64,85
Thon	21,88	22,37
Eisenoxyd	3,00	3,35
Mangan, Thon und Kalk .	1,20	0,53
Glühverlust	17,40	8,50
Spur von Kalk und Talk	—	
	100,20	99,60

Der Höganäs-Thon brennt sich im Feuer gelblichweifs, und ist dann überaus feuerbeständig. Wir hatten Gelegenheit einen Beweis dieser Feuerbeständigkeit in Finspång zu sehen, wo der Ofen, dessen Schacht aus solchen Ziegeln aufgeführt, in dem Grade versetzt worden war, dafs man um den Gang nur zu retten, endlich fast 12 Stunden lang taube Gichten niedergehen lassen, und später den Gang lang sehr gaar halten mufste, damit der Ofen nur erst wieder zu Kräften kam; es hatten sich dabei sehr viele Brocken an die Schachtmauer gesetzt, diese schmolzen glücklich wieder ab; der Gang wurde durch einen unverzeihlichen Fehler darauf wieder vollkommen verdorben, und man mufste fast noch einmal sich derselben Prozedur bedienen; der Gang kam wirklich wieder in Ordnung, und trotz aller dieser Mifshandlungen ging der Ofen noch mehrere Monate im besten Betriebe. Nach dem Urtheil aller dortigen Hüttenleute würde kein Stein, welcher Art es auch sei, diese Behandlung ausgehalten haben, sondern noch während des gaaren Ganges so beschädigt worden sein, dafs man den Betrieb hatte einstellen müssen.

Um aus dem Thon Ziegeln zu bilden mischt man den rohen zu gleichen Theilen mit zuvor gebranntem. Das Brennen geschieht auf folgende Weise. In einer gewöhnliche Röstgrube wird ein Holzrost als Unterlage, wie dies beim Rösten naher beschrieben werden soll, aufgerichtet. Man ebnet diese Unterlage mit Kohlenklein, breitet eine 7 Zoll hohe Schicht von Thonbrocken darauf aus, über diese eine 5 Zoll hohe Kohlenschicht, dann wieder eine 5 Zoll hohe Thonschicht, eine Kohlenschicht und noch eine Thonschicht, und bedeckt endlich alles 5 Zoll hoch mit Kohlen. Der Rösthaufen brennt 15 bis 20 Tage. Dann reinigt man den Thon bestmöglichst und pocht und siebt ihn. Der gebildete Thonsand ist hart und scharf. — Zuweilen formt man aus dem zu brennenden Thon Ziegeln, und setzt sie auf die hohe Kante in die Röstgrube.

Die aus dem gemengten Thon auf gewöhnliche Weise und gleich mit dem Kreisausschnitt geformten Ziegeln werden erst lufttrocken gemacht ($1\frac{1}{2}$ Monat), wobei sie 15 Prozent am Gewicht verlieren; beim Brennen (das auf gewöhnliche Weise im Ziegelofen geschieht) erleiden sie eben so viel Verlust. Im Volum verkleinern sie sich beim Brennen um 11,5 Prozent. Das Hundert dieser

Ziegeln wovon Jeder nach dem Brennen nahe an 100 Kubikdezimal-Zollen hat (73 Kubikdezimal-Zoll preuſs.) kostet in Ostgothland etwa 8 Thaler.

Man hat diesen Thon noch nicht zu Gestellen eingestampft; wir hatten Gelegenheit mehreren Hüttenbesitzern das Verfahren genauer zu beschreiben, und sie waren bereit es zu versuchen.

Mit vielem Vortheil benutzt man aber den Thon um Ofenschachten, die stellenweise verletzt waren, durch Einsetzung von daraus gebildeten Ziegeln in eben solchem Mörtel wieder herzustellen. Solche ausgebesserte Schachte halten noch mehrere Jahre.

Die Holzzimmerung, die wie wir sagten so sehr häufig noch bei den Hohöfen angewandt, wird aus mindestens 6 bis 7 Zoll am Stammende starkem, trocknem Kiefernholz Blockhausähnlich zusammengefügt. Eichenholz hält sich zu dieser Zimmerung schlechter als Kiefer. Man läſst die Balken meist ganz unbehauen, oder doch nur auf der äuſseren Seite. Auf der dem Schacht zustehenden darf es nicht behauen werden, weil es sonst leicht verdirbt. Um die ungleiche Dicke des Zopf- und Stammendes dabei unschädlich zu machen, wechselt man bei jeder Balkenlage, so daſs immer Zopf- auf Stammende zu liegen kommt. Die hervorstehenden Enden der Balken werden gleichmäſsig abgeschnitten und mit Brettern auf der Hirnseite belegt. Um die Zimmerung besser vor dem Einwirken des Wetters zu schützen, werden sie häufig mit der blutrothen Farbe angestrichen, womit in Schweden alle Häuser auf dem Lande gefärbt sind. Ihr färbender Stoff ist der Rückstand der Schwefelsäure-Bereitung aus Eisenvitriol, also Eisenoxyd mit etwas basischem schwefelsaurem Eisenoxyd. — Die Balken der Zimmerung haben zwischen sich einen 3 bis 4 Zoll breiten Raum, theils um den Balken mehr Platz zur Ausdehnung, theils der Feuchtigkeit einen Ausweg zu lassen. Diese Ritzen werden mit Moos verstopft, und dann der Raum zwischen der Zimmerung und der Ofenmauer mit trocknem Sande ausgefüllt. Eine solche Zimmerung hält an 50 Jahr.

Die Hüttenräume sind oft überaus eng, was bei einigen um so unangenehmer wird, da das Wasserrad und das dasselbe treibende Wassergerinne innerhalb des Hüttenraumes liegen, und kaum so viel Platz lassen, dafs das Eisen frei ausrinnen kann; die Hitze wird dadurch für die Arbeiter oft sehr drückend.

Die Kosten eines Ofenbaues sind zwar sehr verschieden, doch kann man im Durchschnitt die eines massiven Ofens mit 1500 bis 2000 Thaler anschlagen.

Die Schachtkonstruktion der Schweden ist überall auf dieselben Grundsätze gestützt. Diese Grundsätze sind:

1) der Schacht darf keine scharfe Ecken haben (unsere Rast fehlt, die Schweden besitzen nicht einmal ein Wort dafür), er mufs im Queerdurchschnitt rund sein, und im Profil allmahlige Uebergänge haben. Man glaubt dadurch einen gleichmafsigeren Gang zu erhalten als unsere Oefen geben können, deren Ecken ungleich wegschmelzen und deren Winkel sich mit Schlacke und Erz uneben füllen. Man meint unsere Oefen hätten nach vielen Kampagnen dieselbe Form wie man sie den schwedischen Oefen gleich anfangs giebt. So richtig diefs nun auch scheint, so haben wir doch in dem Halbjahre in dem wir Gelegenheit hatten viele schwedische Hohöfen im Gange zu beobachten, durchaus keine gröfsere Sicherheit dabei bemerkt, als sie bei uns statt findet.

Wir haben auf vielen besseren Hütten sehr grofse schwere Bühnen von Schlacken, Erz und Kohle gesehen die sich an die Wände angesetzt, wir sind Zeuge sehr grofser Ungleichheiten des Ganges in neuen und ausgezeichnet guten Hohöfen gewesen, und wenn wir auch eingestehen müssen, dafs einen Theil der Schuld allerdings das Betriebspersonal trägt, so fällt der übrige Theil doch den Oefen zur Last.

2) Der Ofen mufs von unten nach oben zu bis auf eine gewisse Höhe sich erweitern, um der Kohlensäure die sich unten bildet und durch die Wärme sehr ausdehnt Platz zu geben, denn da sie nicht so schnell nach oben entweichen kann, würde sie sich komprimiren und der neu einströmenden Luft entgegendrücken. Oberwärts mufs aber der Schacht wieder zusammengezogen werden, um die Wärme zusammen zu halten. Die Gichtöffnung darf nicht zu weit sein, sonst verbrennt zuviel Kohle an der Atmosphäre.

3) Der Kubikraum des Schachtes mufs in einem bestimmten Verhältnisse zur Gebläsekraft stehen.

Wir wagen nicht zu entscheiden, wie vielen Werth für den Betrieb diese Grundsätze haben dürften; allein so bedeutend ist er gewifs nicht als man oft glaubt; in Schweden z. B. hat man mehrfach Fälle gesehen wo ein fast zylindrisch ausgeblasener Schacht doch noch sehr gute Betriebe gab, wenn nur das Gebläse noch im Stande war den weiter gewordenen Raum hinreichend zu füllen, worauf allerdings viel anzukommen scheint.

Um das schwedische Schachtprofil verzeichnen zu können mufs man folgende Dimensionen haben (Tafel II. Fig. 5.) 1) AB die ganze Höhe des Ofens vom Bodenstein bis zur Gicht. 2) Den Abstand BC vom Boden bis Medjeband, d. h. dem Punkte, wo der sphärische

Kohlensack beginnt. 3) EB d. h. die Entfernung der größten Weite des Kohlensackes (Korsband) vom Boden. 4) BD vom Boden bis Ställband, d. h. dem Punkte, wo das bei jeder Kampagne mit dem Gestelle neu einzusetzende Obergestelle sich an den Schacht anschliefst. 5) die Weite FG der Gicht. 6) HI die Weite des Medjebands. 7) KL die Weite des Korsbands. 8) MN die Weite des Ställband. 9) OP = QR die Weite der Ringmauer, d. h. des Raumes für das einzusetzende Gestelle. Hat man diese Dimensionen aufgetragen, so verbindet man F mit H und G mit I durch gerade Linien, eben so HK, LM, PQ und IL, LN, OR. Die Linien IL und LP halbirt man, zieht auf den Halbirungspunkten senkrechte, und aus dem Durchschnittspunkte den Kreisbogen ILP, eben so auf der anderen Seite, und man hat das Profil.

Die Höhe des Ofens hat sich bis in die neueren Zeiten fortdauernd vergröfsert, aber jetzt scheint man nicht weiter damit gehen zu dürfen; die altschwedischen Oefen hatten etwa 17 Fufs Höhe, man stieg zu 21 und 22, bekam dadurch eine gröfsere tagliche Produktion, es gingen weniger Kohlen auf, das Eisen ward gleichmafsiger, die Schlacke eisenreiner. Jetzt ist man bis auf 28 und 30 Fufs gestiegen und scheint damit gerade die vortheilhafteste Höhe erreicht zu haben, da bei noch fortschreitender Erhöhung wieder der Kohlenaufgang gröfser, die Schlacke eisenreicher und das Eisen ungleicher wird.

Garney hat bekanntlich drei verschiedene Modifikationen der Schachtkonstruktion für die verschiedenen Erze. Bei allen dreien ist BC die Entfernung gleich, eben so EB und GH, die anderen Dimensionen sind ungleich. Wir zeichnen die drei Oefen der besseren Uebersicht wegen in einander, (siehe Tafel II. Fig. 1.) Der Ofen mit niedrigem Kalzinationsraum (zwischen Gicht und Anfang des Kohlensackes) und engem Kohlensacke ist für See und Morasterze bestimmt, weil diese leicht reduzir- und schmelzbar sind. Der mittlere Ofen ist für Blutsteine und leichtschmelzige Magneteisensteine; der gröfste und weiteste Ofen ist für schwer schmelzbare unartige Erze. — Bremer, der 1798 eine Hohöfnerei schrieb, giebt nur zwei verschiedene Oefen, die in der ganzen Höhe gleich sind, wovon aber der eine, für gute Erze bestimmte, einen langeren und dabei engeren Kohlensack hat, als der für gute Erze bestimmte. Sie sind unter Figur 2. in einander gezeichnet. — Möllenhoff und Lidbek tadeln Garney, dafs er für alle seine drei Oefen die gröfste Weite des Kohlensackes gleich hoch über den Bodenstein legt; sie wollen diese Entfernung solle proportional der ganzen Höhe sein. Möllenhoff schlägt überdiefs vor, den Theil des Schachtes vom oberen Anfange des Kohlensackes abwärts durch Umdrehung einer Parabel um die Ofenaxe zu bilden.

In der Praxis des schwedischen Hüttenwesens richtet man sich nun zwar fast ganz nach Garney, doch sind durch Zeit und Versuche noch viele andere als jene drei Grundformen entstanden. Wir legen zuvörderst die Schachtprofile der in neuester Zeit erbauten Hohöfen auf den drei Geschützgiefsereien Schwedens, Finspång, Åker und Staffsjö vor; auch sie sind der besseren Uebersicht wegen in einander gezeichnet (siehe Figur 3.) Der liniirte Umrifs ist Finspång's Ofen, der punktirte Stafsjö's, der in abgesetzten Strichen angegebene Åker's Ofen. Die Haupterze die diese drei Hütten verschmelzen, Skottwång, Förola und Elgsjö sind sich ganz gleich; die Gebläse Stafsjö's sind schwach, die der beiden anderen bedeutend stärker. In Figur 4. haben wir den Ofen für Dannemora-Erze, der jetzt nach aufmerksamer Beobachtung als der beste für diese Erze erkannt ist, gegeben, und des Vergleiches wegen zu ihm den für Tabergerz eingezeichnet, da diese Erze in ihrem Verhalten im Ofen den gröfsten Gegensatz gegen die Dannemora-Erze bilden. Der äufsere Umrifs giebt den Dannemora-Ofen, der innere den von Taberg. — Der niedrigste uns in Schweden vorgekommene Ofen ist der von Oefverum, den wir deswegen ebenfalls mittheilen. (siehe Figur 5.) Oberhohöfner Schedin hat ihn entworfen; man ist aber keinesweges damit zufrieden.

Die übrigen Oefen schwanken in Form und Höhe auf das Verschiedenste, was schon aus dem so höchst ungleichen Kubikinhalte der dieselben Erze verschmelzenden Oefen hervorgeht. In Wermelands Hohofenbezirk hat z. B. der gröfste Ofen 1585 Kubikfufs, der kleinste 690 Kubikfufs, der kleinste uns bekannt gewordene Ofen (Tabergs Bergslag) fafst 518 Kubikfufs. — Die sehr grofsen Oefen scheinen deshalb bei den Gewerkshütten mehr beliebt zu sein, weil die Gichten dabei grofs gemacht werden können, und dadurch dem Gichtenführer mehr Ruhe zwischen der Arbeit gegönnt werden kann. Der Betrieb wird aber dadurch sehr verschlechtert, und der ökonomische Vortheil verringert.

Die gewöhnlichste Art wie man den Kubikinhalt findet, ist, dafs man die zum Anwärmen eingestürzten Kohlengichten, wodurch der Ofen bis an die Gichtöffnung gefüllt wird, zählt; daher sind die meisten schwedischen Angaben in Tonnen Kohle ausgedrückt, wovon jede 5,5 preufs. Kubikfufs entspricht. Diese Messung ist höchst ungenau, da die Tonnen Kohle bei dem Herunterstürzen und dem später darauf lastenden Drucke gewifs weniger Raum einnehmen als im Tonnenmaafs, weshalb auf diese

Weise die Berechnung den Kubikinhalt des Schachtes gröſser angiebt als er in Wahrheit ist. Schedin, dem es darauf ankam ihn genauer zu ermitteln, hat sich eine Formel zur Berechnung gebildet, die wir nicht weiter angeben, weil sie für unseren Hohofenbau von keiner Anwendung ist. Er legte einen gewissen Schacht, den von Taberg's Bergslag zum Grunde, und gab nun an, wie man beim Verändern der einzelnen Dimensionen den neuen Schachtgehalt aus diesem normalen entwickeln könne.

Das Gestelle der schwedischen Oefen unterscheidet sich dadurch wesentlich von dem unseren und dem englischen, daſs es mit dem Formdach abschneidet, und dafür verhältniſsmäſsig breiter ist. Man sollte glauben daraus entnehmen zu können, daſs die schwedischen Erze leichter schmelzen und reduzirt werden als die unsrigen; dieſs scheint aber durchaus nicht der Fall zu sein, und wir wagen nicht zu entscheiden, welche Konstruktion die zweckmäſsigere ist, die unsere oder die schwedische.

Auf die Gestalt des Gestelles und seine Dimensionen legen die vorurtheilsfreieren Hüttenleute Schwedens wenig Werth. Sie meinen welche Form man ihm auch geben möge, es brenne doch bald aus. Allerdings kommt es sehr auf die Art und den Reichthum der Erze an, wie groſs und wie tief man die Gestelle macht, doch richtet es sich hauptsächlich nach dem Zweck. Bläst der Ofen blos Roheisen, so wird das Gestelle so groſs gemacht, daſs es ein- bis zweimal in 24 Stunden mit Eisen gefüllt ist, wird aber Eisen zum Guſs dargestellt, so richtet sich die Gröſse des Gestelles nach der Gröſse der zu gieſsenden Stücke. Die kleinsten und flachsten Gestelle haben daher die Tabergöfen, die gröſsten und tiefsten die Geschützgieſsereien, und diese behalten auch nicht alljährlich dieselben Dimensionen für ihre Gestelle, sondern richten sich darin nach ihren Bestellungen; haben sie nur einzelne sehr grofse Geschütze zu giefsen, so dafs es nicht lohnt beide Oefen *) anzublasen, so macht man die gröfstmöglichsten Gestelle, die dann wohl, zumal wenn der Dammstein und die Form erhöht werden, an 60 Centner Roheisen fassen, während die kleinen Taberg-Gestelle schon von etwa 15 Centnern gefüllt sind.

Wir haben auf Tafel I. eine Zahl von Gestellumrissen, des Vergleiches wegen zusammengestellt. Einige Worte genügen sie verständlich zu machen. C Fig. 3 ist das Loth das die Axe des Schachtes bezeichnet, von dem aus alle Dimensionen abgesetzt werden. AB ist der Rückstein, DE der Tümpel, FG der Dammstein, AD und BE die Backensteine; unter jedem Umrifs steht das Profil durch Form und Loth gelegt; die obere Linie zeigt das Stechen der Form. Diese Gestelle sind für folgende Erze und Zwecke:

Fig. 3. für leichtschmelzende Blutsteine,
— 4. für trägschmelzende Blutsteine,
— 5. für Seeerze mit Morasterzen,
— 6. für Seeerze mit $\frac{1}{3}$ Blutstein,
— 7. für leichtflüssigere Gattirung von Magneteisenstein,
— 8. für trägschmelzigere Gattirung,
— 9. für Dannemora-Erze,
— 10. für Taberg-Erze,
— 11. für 8pfündige Kanonen,
— 12. für 12pfündige Kanonen,

*) Die drei Geschützgiefsereien haben gekuppelte Hohöfen, wie man diefs auf Tafel III. sieht.

Fig. 13. für 18pfündige Kanonen,
— 14. für 24pfündige Kanonen,
— 15. von Finspång 1824 für grobes Geschütz.

Außerdem geben wir noch die Gestellmaaße wie sie 1828 bei den drei Geschützgießereien waren in preußischen Zollen.

	Vom Boden bis zur Form.	Vom Boden bis zur oberen Kante des Dammsteins.	Breite am Rucken.	Breite am Dammstein.	Ganze Länge.
Finspång .	22,0	17,2	27,7	24,9	63,2
Åker . .	20,5	15,3	22,9	21,0	57,3
Stafsjö . .	22,0	16,2	22,9	21,0	61,9

Das Gestell wird alljährlich erneut, und es ist dafür unterhalb des Stellbandes ein von der Ringmauer eingeschlossener zylindrischer Raum gelassen, in dem es eingemauert wird; durch das sogenannte Obergestelle schließt es sich an den Schacht an, wie man dieß auf Tafel III. in Finspångs Ofen bei A B ersieht. Man hat zwar versucht die Gestelle mehrjahrig zu benutzen, doch ist dieß eben nur Versuch geblieben.

Die Form des Obergestelles hält man für weniger gleichgültig als die des Gestelles selbst, so ging 1827 der eine Ofen in Finspång offenbar gleichförmiger als der andere, und man schrieb dieß der größeren Steilheit des Obergestelles des Ofens zu; af Ure, unstreitig der gewandteste und tüchtigste Hüttenmann Schwedens zweifelte aber, dafs der bessere Gang dem Obergestelle beizumessen; er schrieb es einem vorsichtigeren Anwärmen dieses als des anderen Ofens zu. — Um einen möglichst deutlichen Begriff von der Konstruktion der schwedischen Oefen zu geben, fügen wir den Durchschnitt des gekuppelten Ofens von Finspång in Tafel III. bei. Der Ofen wird für der beste in Schweden jetzt bestehende gehalten, er kann also billig als Repräsentant der schwedischen Oefen betrachtet werden. Der linke Ofen ist durch die Brust, der rechte durch die Form durchschnitten.

Die Form ist in Schweden nur von Lehm oder Eisen, man verliert daher alle die guten Zeichen die das Glühen der Form für den Gang giebt. Man hält das Kupfer für zu theuer, und meint bei den Lehmformen noch den Vortheil zu haben, sie ohne alle Schwierigkeit in jedem Augenblicke nach Belieben erweitern oder verengen zu können. Andere dagegen z. B. Lidbeck, ziehen die Kupferformen vor, weil sie nicht so leicht wegschmelzen. — Es ist aus Garney bekannt dafs überall die untere Formplatte der schwedischen Oefen etwas sticht, und zwar so viel, dafs einige darauf geworfene Wassertropfen nach dem Ofen zu laufen. Man glaubt das Eisen dadurch zu reinigen (?), zu dekarbonisiren, ja sogar halb zu frischen, wodurch es zäher und haltbarer, daher besonders zum Geschützgufs tauglich werden soll. Man hatte dies Stechen sogar in Finspång und Stafsjö einmal bis auf 12 Grad vermehrt, ist aber ohne dafs man jetzt bestimmte Auskunft über den Erfolg geben konnte, auf die frühere Neigung zurückgekommen. Das Auge der Form ist bald rund bald oval, auch halbzirkelförmig, ohne dafs irgend ein Einflufs auf den Betrieb bemerkbar wäre; die Form erhält die Richtung auf das Loth; liegen statt der einen Düse der Blasemaschine zwei Bälge in der Form, so läfst man auch diese nicht mehr wie sonst über's Kreuz blasen.

Die Tümpelsteine halten, weil sie mit der Atmosphäre in Berührung stehen, gewöhnlich nicht lange, sie springen entzwei und fallen heraus. Man klemmt dann einen neuen Stein zwischen die Backen. Sehr häufig nimmt man statt des Steines einen aus Eisen gegossenen Tümpel; er ist aus zwei Flächen, die im rechten Winkel zusammenstofsen, gebildet. Die Fläche die dem Ofen zugewendet wird ist an 2 Zoll, die gegen den oberen Theil der Brust kommt, halb so stark. Der neu eingesetzte Tümpel wird durch eiserne Keile festgeklemmt, der obere Raum voll Lehm geworfen, und dann drückt man Ziegelstücke ein. Ein solcher eiserner Tümpel hält 1 bis 4 Wochen.

6) *Betrieb.*

Wir erwähnten schon im geschichtlichen Theile, dafs der Betrieb der Hohöfen in Schweden sich seit Garney's und der Oberhohofenmeister Bemühungen begonnen, bedeutend gehoben habe. Ja selbst innerhalb der letzten acht bis zehn Jahre läfst sich das Fortschreiten nachweisen. Jedoch ist diefs eigentlich nur von dem ökonomischen Theile desselben zu verstehen, denn wir haben durchaus keine Ursache zu vermuthen, dafs das heutige Produkt besser sei als es schon bald nach dem Abschaffen der Osmundschmelzerei war. Viel erzeugen und mit wenigem Kohlenaufgang ist das Problem, auf dessen Lösung fortdauernd hingestrebt wird, Art und Güte des Produktes kommt nur bei den Giefsereien in Betracht. Wir werden daher zwei Hauptrichtungen festzuhalten haben, das Roheisen und die Bemühungen es wohlfeil *) zu machen, und das Gufseisen und die Versuche es möglichst gut darzustellen.

Den vortheilhafteren Betrieb der neueren Zeit suchen alle schwedische Hüttenleute in den verstärkten Gebläsen die auf den meisten Hütten angeschafft, in verbesserter Röstung die man eingeführt, in der Abwägung der Erze die jetzt die Stelle der Messung mehr und mehr einnimmt, und in dem Führen von Journalen bei den Hütten, was durch den Löwenskjöldschen Fonds und andere Anstalten sehr befördert wird.

Es ist manches in dem heutigen Verfahren das Resultat vielfacher Versuche, doch ist man noch weit entfernt die richtigsten Methoden oder die besten Verhältnisse in irgend einem Punkte aufgefunden zu haben. Es wird gut sein, diefs hier gleich durch freiwilligen Ausspruch der jetzt bedeutendsten praktischen Hüttenmänner Schwedens zu belegen; wir benutzen dazu die Einleitung eines Protokolles das von dem Direktor und sämmtlichen Oberhohofenmeistern zu Finspång aufgenommen worden. Es lautet wie folg:

„Die dem Eisenkomptoir jährlich vom Stande der „Hohöfnerei eingereichten Uebersichten enthalten die ver„schiedenen Ansichten von denen dieser technische Zweig „bis jetzt betrachtet worden. Wenn man im Allgemei„nen zugestehen mufs, dafs dieser Theil des Hüttenwe„sens mit mehr Eifer als früher behandelt worden ist und „dafs man mehr nach richtiger Behandlung geforscht hat, „so kann man denn doch nicht läugnen, dafs noch sehr „viel zu thun übrig bleibt, ehe man an Vollkommenheit

*) Dafs es nicht roth und kaltbrüchig werde, dafür sorgt der Staat durch das schon mehrfach erwähnte Verbieten der Schwefel und Phosphor haltigen Erze.

„denken kann. So hat man hinsichtlich der Windkraft „gefunden, dafs sie bedeutend schwanken kann, ohne dafs „das Schmelzungsvermögen des Ofens darunter leidet. „Die Kohlengichten dürfen von 55 Kubikfufs bis auf's „doppelte schwanken in Oefen von gleicher Gröfse und „bei gleicher Güte des Ganges. Man hat den täglichen „Gichtenwechsel von 10 bis 28 bei 66 Kubikfufs Koh„lengicht variiren gesehen, theils in Schächten von dem„selben Kubikinhalte, theils auch bei solchen wo er sich „wie 2 : 3 verhielt, in welchen daher die aufgegebenen „Erze 10 bis 28 Stunden im Ofen waren, ehe sie nie„dergingen, und unter allen diesen so verschiedenen Um„ständen hat man doch gutes Roheisen erhalten. Ob„wohl man im Allgemeinen glaubt, dafs der Betrieb vor„theilhafter in hohen als in niedrigen Oefen geschehe, „so weifs man doch nicht gewifs wodurch diese Höhe „vortheilhaft wirke, ob der dadurch entstehende gröfsere „Luftzug die Temperatur erhöhe, oder ob der längere „Aufenthalt der Erze im Ofen diese besser zur Schmel„zung vorbereitet. Man hat das Rösten der Erze als eine „Hauptbedingung eines guten und lohnenden Hohofen„ganges angesehen, man hat die Schwierigkeiten erkannt, „eben den richtigen Grad des Röstens zu treffen, da man „das zu Viel und zu Wenig für gleich nachtheilig auf „den Betrieb wirkend angesehen. Dennoch hat man „auch ungeröstete, sowohl See- als Bergerze gesehen, die „ohne Schaden roh auf den Hohöfen angewendet wur„den u. s. w.

Finspång den 20sten Januar 1826.

af Ure, Lundgren, Kallstenius, Schedin, Starbäk.

L i s

Verzeichnifs *) und Betriebs

Län	Hohöfen	Gebaut von		Gehört			Produktion **)
		Stein	Erdzimmerung	Patron	Gewerk	Patron und Gewerk	
	Nora Bergslag		I. Södra Oberb				
Oerebro	Born	—	1	—	—	1	R
	Oeskevik	—	1	—	1	—	R
	Pehrshytta	—	1	—	—	1	R
	Skrikarhytta	—	1	—	1	—	R
	Elfhytta	—	1	—	1	—	R
	Snöbergshytta	—	1	—	—	1	R
	Westgöthhytta	—	1	—	1	—	R
	Grexäsar	—	1	—	—	1	R
	Ringshytta	—	1	—	1	—	R
	Carlsdalhytta	—	1	1	—	—	R
	Terfhytta	—	1	—	1	—	R
	Wafsland	—	1	—	1	—	R
	Lindesby	—	1	—	1	—	R
	Lindes Bergslag.						
	Garphytta	—	1	—	1	—	R
	Guldsmedhytta	—	1	—	1	—	R
	Gusselhytta	—	1	—	1	—	R
	Snuggan	—	1	—	1	—	R
	Hammarbäken	—	1	—	1	—	R
	Ramsbergs Bergslag						
	Loä	—	1	—	1	—	R
	Storå	—	1	—	1	—	R
	Rammshytta	—	1	—	—	1	R
	Gammelbo	1	—	1	—	—	R
	Grymsjö	—	1	—	1	—	R
	Lerbäk Bergslag						
	Åh	—	1	—	1	—	R
	Svaldre	—	1	—	1	—	R
	Emme	—	1	—	1	—	R
	Dammen	—	1	—	1	—	R
	Trehörning	—	1	1	—	—	R
	Rönne	—	1	—	1	—	R
	Dalby	—	1	—	1	—	R
	Forfsa	—	1	—	1	—	R
	Laxå	—	1	1	—	—	R
	Skogaholm	—	1	1	—	—	R
	Igelbäken	1	—	1	—	—	R

Gehört zu Seite 233.

11.

…er Hohöfen in Schweden.

Luftvolum in einer Minute Kubikfufs	Kubikinhalt des Schachtes Kubikf.	Tägliche Produktion Centner	Kubikf. Kohle pro Centner Roheisen	Erze welche die Hütten verschmelzen.
…ister-Distrikt.				
344	846	53	16,3	Laxb., Klacka, Prästeb., Åsbob.
314	825	—	21,2	Laxb., Klacka, Damsjö
396	893	51	16,0	Pehrsb.
344	902	—	16,5	Dalkarlsb., Fogdh., Pehrsb., Åsbob.
312	924	—	18	dito
312	924	—	15,4	Dalkarlsb.
—	—	—	—	Fogdh. Prästeb. Åsbob. Ripab. Nyb.
—	—	57	15,8	dito
—	—	—	—	dito
—	—	—	—	dito
—	—	61	17,6	Klacka, Krängel
314	968	47	19,7	dito
—	—	—	16,6	Slotterb., Lerb., Klacka, Rödb.
374	797	—	23,3	Strossa, Lindes, Strip
300	1001	—	21,6	dito
288	846	—	22,5	dito
314	925	—	19,5	dito Mos
344	924	—	19,5	dito Ingelsh., Blancka
314	858	58	18,5	dito
367	1001	—	21,3	dito
—	—	—	—	dito
397	957	64	15,7	Bastnäs, Strossa
—	—	—	—	Sanna, Taberg
—	—	30	25,5	Taberg, Garpe
—	—	—	—	dito
—	—	—	—	dito
—	—	—	—	dito und Hesselkulla
—	—	—	—	dito
—	—	—	—	dito
—	—	—	—	dito
—	—	—	—	dito
—	—	—	—	Dalkarlsberg, Hesselkulla
—	—	57	15,2	Åsboberg, Pehrsb.
—	—	57	15,2	Hesselkulla, Taberg, Sanna

Skaraborg	Granviken	—	1	1	—	—	R
	Ryfors	—	1	1	—	—	R
	Tabergs Bergslag						
Jönköping	Åminne	1	—	1	—	—	R
	Mobro	—	1	—	1	—	R
	Kråkebo	—	1	—	1	—	R
	Norra Månsarp	—	1	—	1	—	R
	Södra Månsarp	—	1	—	1	—	R
	Sanseryd	—	1	—	1	—	R
	Rhenstorp	—	1	1	—	—	R
	Eckersholm	—	1	1	—	—	R
	Göthaforſs	1	—	1	—	—	R
	Ohs	—	1	1	—	—	R
	Rasjö	—	1	1	—	—	R
	Lomsjö	—	1	1	—	—	R
	Lindeforſs	—	1	1	—	—	R
	Bruzaholm	—	1	1	—	—	R
	Gyllenfors	—	1	1	—	—	R
Kronoberg	Åryd	—	1	1	—	—	R
	Husaby	1	—	1	—	—	R
	Djö	—	1	1	—	—	R
	Åhlshult	—	1	1	—	—	R
	Braås	—	1	1	—	—	R
	Klafverström	—	1	1	—	—	R
	Läsebo	—	1	1	—	—	R
	Orraforſs	—	1	1	—	—	R
	Linneforſs	—	1	1	—	—	R
	Ryd	—	1	1	—	—	R
Calmar	Paulistrōm	—	1	1	—	—	R
	Flerehopp	—	1	1	—	—	R
	Hornsjö	—	1	1	—	—	R
	Sporbacka	—	1	1	—	—	R
	Storebro	1	—	1	—	—	R
	Hagelsrum	—	1	1	—	—	R
	Bohlhult	—	1	1	—	—	G
	Tofvahult	—	1	1	—	—	G
	Oefverum	1	—	1	—	—	G
	Ed	—	1	1	—	—	G
	Forſsaström	1	—	1	—	—	R
Linköping	Borkhult	—	1	1	—	—	R
	Finspång	1	—	1	—	—	G
	Kalterum	—	1	1	—	—	R
	Nyhytta	1	—	—	1	—	R
	Bobergshytta	—	1	—	1	—	R
Nyköping	Åker	1	—	1	—	—	G
	Björndam	—	1	1	—	—	G
	Högsjö	—	1	1	—	—	R
	Hälleforſs	1	—	1	—	—	G
	Stafsjö	1	—	1	—	—	G
	Nälvequarn	—	1	1	—	—	G
	Svärtå	1	—	1	—	—	—

*) h. bedeutet Hütte, gr. Grube und b. Berg. **) G bede

—	—	—	—	dito
—	—	22	39,2	dito
—	—	—	—	
291	518	19	45,9	Taberg
—	—	—	—	dito
—	—	—	—	dito
292	594	22	41,8	dito
286	561	22	40,0	dito
335	536	25	39,7	dito
382	792	26	40,0	dito
—	—	—	—	dito
—	—	—	—	dito und Seeerz
475	847	22	48,0	dito
—	—	—	—	dito
—	—	—	—	dito
—	—	—	—	dito
—	—	—	—	dito
—	—	30	26,4	Seeerz
—	—	—	—	dito
—	—	—	—	dito
—	—	—	—	dito
—	—	26	29,6	dito und Inglamåla
—	—	24	32,4	dito und Granbergsh.
—	—	26	29,2	Seeerz
—	—	—	—	dito
—	—	—	—	dito und Utö
—	—	21	31,8	Seeerz
—	—	—	—	dito u. Inglamåla
—	—	—	—	dito u. Utö
—	—	—	—	Seeerz u. Skärgården
—	—	—	—	Seeerz
—	—	51	—	dito
—	682	44	20,1	dito
—	—	—	—	Nyköping, Skärgården
—	—	—	—	Seeerz Skärgården
—	675	—	—	Stenebo, Utö, Skärgården
—	—	37	24,9	dito
—	—	—	—	dito
—	—	27	29,3	dito
—	—	48	23,3	Förola, Utö, Stenebo, Sandbrott
—	—	—	—	Åsebro, Fonstorp
—	—	—	—	Krok
—	—	—	—	dito
—	725	38	26,9	Skottvång, Elgsjö, Herräng, Utö
—	—	—	—	Starsäter
—	—	—	—	Staf
—	858	—	—	dito
—	990	37	30,7	Utö, Natorp, Stösa, Nyköping, Förola
—	—	—	—	Kärrgr.
—	—	—	—	Förola, Utö

R. Roheisen.

Län	Hohöfen	Gebaut von		Gehört		
		Stein	Erdzimmerung	Patron	Gewerk	Patron und Gewerk
	Philippstadt Bergslag	**II. Wermelan**				
Carlstadt	Rämshytta	—	1	—	—	1
	Brattfors	1	—	—	1	—
	Pardix	1	—	—	1	—
	Svartå	—	1	1	—	—
	Forshytta	—	1	—	1	—
	Hedenskog	—	1	1	—	—
	Bohlhytta	1	—	—	—	1
	Längbanshytta	—	1	—	1	—
	Storbron	1	—	—	1	—
	Motjernshytta	—	1	1	—	—
	Nordmarkshytta	—	1	—	1	—
	Stöpsjön	—	1	—	1	—
	Stjelphytta	1	—	—	1	—
	Ullesbytta	—	1	1	—	—
	Uddeholm	—	1	1	—	—
	Gräsbosjö	1	—	—	1	—
	Sunnemo	—	1	1	—	—
	Dalkarsjö	—	1	—	1	—
	Hårsjö	—	1	—	1	—
	Fogdhytta	—	1	—	1	—
	Torskebäken	—	1	—	1	—
	Skåltjern	—	1	—	1	—
	Mögsjö	—	1	1	—	—
	Asphyttan	1	—	—	1	—
	Saxån	—	1	—	1	—
	Bosjö	—	1	—	1	—
	Nykroppa	—	1	1	—	—
	Gammalkroppa	—	1	—	1	—
	Gåsborn	—	1	—	1	—
	Kungskoga	1	—	1	—	—
	Bjurbäken	1	—	1	—	—
	Åskhagen	1	—	—	1	—
	Skarphytta	—	1	1	—	—
Oerebro	Carlskoga Bergslag					
	Granbergsdalen	—	1	—	1	—
	Linnebäkshytta	—	1	—	1	—
	Hållsjöhytta	—	1	—	1	—
	Lånhytta	—	1	—	1	—
	Strömtorp	—	1	—	1	—
	Quarntorp	—	1	—	1	—
	Silfverhytta	—	1	1	—	—
	Quäggeshytta	—	1	—	1	—
	Åsjöhytta	—	1	—	1	—

Grösse der Kohlengicht Kubikf.	Luftvolum in einer Minute Kubikfuss	Kubikinhalt des Schachtes Kubikf.	Tägliche Produktion Centner	Kubikf. Kohle pro Centner Roheisen	Erze welche die Hütten verschm…
…hofenmeister-Distrikt.					
110	286	1087	52	22,8	Långbansh., Nordmark
77	408	959	61	12.7	Nordmark, Finsh., Pehrsb.
88	311	854	58	16,00	dito
72	381	934	68	12,8	Nordmark
72	303	759	68	12,8	dito u. Finshytta
66	345	1176	76	14	dito dito und Pehrsb.
66	—	—	?	?	dito dito dito Nytth…
88	297,7	999	83	10,8	Långsbansh., Pehrsb., Gustavgr.
88	311	1013	79	16,8	Pehrsb., Nordmark, Finsh., Engg…
93	414	1013	68	16.6	Nordm., Finsh., Taberg
66	269	823	61	10.9	Nordmark
88	362	114	57	15,4	Långbansh., Nordmark
88	—	752	68	15,5	Nordmark
88	—	—	64	15	Taberg, Nordmark, Rämsh.
88	337	971	50	21	Finsh., Nordmark, Taberg
99	293	745	57	17,6	Taberg, Nordmark, Brattforsgr.
88	444	1045	68	15,5	Långbansh., Nordmark, Taberg
88	367	959	61	20,0	Pehrsb., Långbansh.
77	276,3	762	79	12,6	Pehrsb., Nordmark, Långbansh.
88	264	830	58,5	16,5	Agegr. Hultgr., Pehrsb.
72	285	745	57	12,6	Nordmark, Finsh.
93	?	745	61	16,6	dito
66	?	862	60	13,2	dito Plåta, Kammargr., Hul…
77	434	?	61	13,7	Pehrsb., Finsh., Enggr.
88	294	830	68	16,8	Pehrsb.
2,5	308	697	79	12,8	Ormb., Enggr.
88	561	878	75	16,2	Långbansh., Pehrsb.
88	303	925	58	15,1	Pehrsb., Torskebäcken
93	276,3	658	72	14,2	Långb., Pehrsb., Collegiegr.
82	473	1138	68	16,8	Pehrsb.
82	489	975	52	20,9	dito
88	272	919	71	13,4	dito
77	261	762	57	13,5	dito
2,5	366	1066	60	16,4	Dalkarlsberg
2,5	—	—	64	14,1	Pehrsb., Dalkarlsb.
7	364	1045	60	14,0	dito
7	—	—	52	17,4	dito
7	345	903	68	12,4	dito
,5	343	941	60	13,0	dito
6	385	878	56	18,6	dito
7	?	818	68	13,2	dito
7	315	982	45	20,4	Hesselkula, Sirsjöb., Kronob.

	Lekeberg's Bergslag					
	Mullhytta	—	1	—	1	—
	Vekhytta	—	1	—	1	—
	Gammalbytta . . .	—	1	—	1	—
	Björkhytta	—	1	1	—	—
	Klunkhytta	—	1	—	1	—
	Ymningshytta . . .	—	1	—	—	1
	Imetorp	—	1	—	1	—
	Grythytte Bergslag					
	Grythytta	—	1	—	1	—
	Saxbytta	—	1	—	1	—
	Finshytta	—	1	—	1	—
	Flösjöhytta	—	1	—	1	—
	Kärfvingsborn . . .	—	1	—	1	—
	Sundshytta	—	1	—	1	—
	Södra Ekeberg . . .	—	1	—	1	—
	Norra Ekeberg . . .	—	1	—	1	—
	Sikfors	—	1	1	—	—
	Elfjöfors	—	1	1	—	—
	Silkshytta	—	1	1	—	—
	Hjulsjö Socken					
	Gammal Hjulsjö . .	—	1	—	1	—
	Ny Hjulsjö	—	1	1	—	—
	Björksjö	—	1	—	1	—
	Bredsjö	—	1	—	1	—
	Grängshytta	—	1	—	1	—
	Nya Kopparbergs Bergslag					
	Ställdahlen	—	1	—	1	—
	Norra Hörken . . .	—	1	—	1	—
	Högfors	—	1	—	1	—
	Kroktjerns	—	1	—	1	—
	Lilla Brefve	—	1	—	1	—
		III. Oester und ofe				
Westerås	**Norberg's Bergslag**					
	Bastmora	—	1	—	—	1
	Åvetsbo	—	1	—	1	—
	Meling	—	1	—	—	1
	Djupkärra	—	1	1	—	—
	Bråfors	—	1	—	1	—
	Fragg	—	1	—	1	—
	Nordansjö	—	1	1	—	—
	Halfvadsbenning . .	1	—	—	1	—
	Fliken	—	1	—	1	—
	Rosendal	1	—	—	—	1
	Rabatsbenning . . .	—	1	—	1	—
	Hästa	—	1	1	—	—
	Nyhyttan	1	—	1	—	—
	Gäsjö	1	—	1	—	—
	Landforsbacka . . .	—	1	1	—	—
	Hästbäck	—	1	—	1	—
	Högfors	—	1	1	—	—

66	384	815	45	18,9	dito u. Dalkarlsb.
1,5	366	846	45	20,5	dito
—	—	—	—	—	dito
1,5	—	—	71	14,9	Osjöberg, Basta, Bärbacka
66	338	878	49	17,4	Utterb., dito
77	—	—	56	17,6	Persb., Dalkarlsb.
2,5	318	961	68	14,5	dito
77	467	941	45	20,4	Quidb., Sikb., Tappb.
58	386	745	60	14,5	Pehrsb.
58	343	878	45	16,9	dito
7	330	878	39	19,4	Högborn, Blanka, Quidb.
,5	330	841	41	21,8	Sikb., Quidb., Tappb.
8	263	961	41	23,2	dito u. Fallab, Mås
7	321	705	41	20,3	Gloppsjöb., Salhob., Quidb., Gran
,5	298	883	49	18,9	Sirsjö, Gloppsjö
,5	407	854	49	20,0	dito
8	406	919	37	27,9	Långbansh., Smedberg's, Fagerb.
,5	—	—	37	27,2	Stora Botten Fält
7	386	737	47	20,4	Salbob., Ohnsjöb., Slotterb., Björkg
7	297	862	47	20,4	dito
7	431	840	47	20,4	Salbob., Svartviksb.
7	452	909	47	20,4	Ohnsjöb., Rittarb.
7	409	878	45	21,2	Slotterb., Rösb., Oxgr., Björkgr.
	370	878	64	19,1	Grängesb. Ormberg, Svartvik, Sundsg
2	361	1171	73	17,0	dito Lohmsb.
	446	1189	64	19,1	dito
5	439	1254	72	17,0	Lohmsb., Grängesb., Sundsgr.
	?	684	58	17,0	Pehrsh., Tibbetorp, Esse, Samsala

ergslagen's Oberhoh-
istrikt.

	—	—	68	16,9	Norberg
	—	—	60	16,4	dito
	—	—	68	16,8	dito
	—	—	75	16,4	dito
	—	—	68	18,1	dito
	—	—	64	15,4	dito
	—	—	68	18,1	dito
	—	—	64	17,9	dito
	—	—	64	17,8	dito
	—	—	60	18,9	dito
	—	—	68	16,9	dito
	—	—	71	16,7	dito
	—	—	68	17,0	dito
	—	—	71	17,1	dito
	—	—	71	17,1	dito
	—	—	64	17,8	dito
	—	—	71	16,0	dito

Um ein recht genaues Bild des schwedischen Betriebes zu geben, haben wir alle Hohöfen die jetzt im Gange sind in der Liste No. 11. aufgeführt, und alle die Notizen die wir über Gröfse des Ofens, Windmenge, Gichtenwechsel und Kohlenaufgang irgend erhalten konnten, darin zusammengetragen. Obwohl uns diese Liste überaus viel Mühe gemacht, so sind wir doch nicht im Stande gewesen sie ganz vollständig zu erhalten; wir können aber wenigstens versichern, dafs sie so vollständig ist als sie bei den obwaltenden Umständen nur immer sein kann.

Von den in dieser Liste aufgeführten Hohöfen sind, wie wir schon erwähnten, nur drei ausschliefslich dem Geschützgufs gewidmet. Sie heifsen Finspång (bei Norrköping), Stafsjö (eben da) und Åker (7 Meilen westwärts von Stockholm bei Mariefred). Sie beschäftigen sich mit anderen Gufswaaren oder Roheisenfabrikation nur dann, wenn sie keine Geschützbestellung haben. Für andere Gufswaaren giebt es noch mehrere Giefsereien, besonders in Småland, die aber von weniger Bedeutung sind. Es hatten früher sehr viel Giefsereien das Recht Geschütze zu giefsen, sie heifsen deshalb noch heute danach (Stükkebruk) ohne dafs sie jetzt wirklich Geschütze gössen.

Wir werden die einzelnen Theile des Betriebes jeden für sich genau beleuchten, dabei aber, was wir uns nochmals zu bemerken erlauben, das durch Garney's Uebersetzung und Hausmann's Reise bereits in Deutschland bekannt gewordene übergehen. Eben so werden wir von den so verschiedenen Ansichten die über die einzelnen Zweige des Betriebes in Schweden theils mündlich, theils in den betreffenden Schriften aufgestellt worden, nur diejenigen anführen, die mehr als eine blofse auf Nichts begründete Muthmafsung sind.

a. Das eigentliche Betriebs-Personale.

Ehe vom Betriebe selbst gesprochen wird, sei ein Blick dem Personale zugewandt das ihn leitet. — Wir haben schon ausführlich gezeigt, wie es den Gesetzen nach sein soll, es bleibt uns nun noch zu sagen, wie wir es wirklich gefunden, weil leider diese beiden Richtungen eben so verschieden sind wie es gewöhnlich Theorie und Praxis ist.

Zum Betriebe des Hohofen sind meist 1 Hohöfner, 1 Knecht, 1 Gichtenführer, 2 Kohlenführer, einige Röster, Erzpocher und Schlackenführer bestimmt; bei den gröfseren Oefen, besonders den Geschützgiefsereien, sind zwei Knechte und zwei Gichtenführer beschäftigt. Das ganze Personale steht unter dem Hohofenmeister, der über den Hohofengang, die Gattirung, Röstung und das Pochen die Aufsicht hat. Bei allen Gewerkshütten mufs er nothwendig ein züuftiger Meister sein, bei den Hütten Einzelner wird darauf nicht streng gehalten. Alle diese Hohofenmeister sind Bauern, nach den Forderungen der Gesetze körperlich kräftige, oft kolossale Menschen, aber übrigens nur mit der nothdürftigsten und lokalsten Kunde vom Betriebe ausgestattet. Daneben wimmelt es in ihrem Kopfe von den verkehrtesten Meinungen die ihnen theils die Tradition gegeben, theils irgend eine falsch verstandene Erscheinung. Die feineren Nuançen der Erkennungszeichen des Ganges sind ihnen meist unbekannt, eben so die schärferen Kennzeichen am ausfliessenden Eisen für die Art und Güte desselben. Nur die roheren Umrisse besitzen sie, und so findet sich ein schlechter Gang fast immer gleichzeitig mit ihrem Aufmerksamwerden ein. Die Zeichen die sie am meisten zu Rathe ziehen sind der Bruch des Eisens und die Art wie die noch fliefsende Schlacke von einer Schaufel abläuft. Ganze Jahrhunderte hindurch werden nun schon alljährlich über hundert und funfzig bis zweihundert Oefen angewärmt, und doch hört man noch jetzt fast alljährlich von zu übereilter Anwärmung und deren höchst nachtheiligen Folgen für den Betrieb; ja dafs Oefen nach wenigen Betriebswochen schon wieder niedergeblasen, oder gar ausgekratzt werden müssen, gehört nicht zu den seltenen Fällen. Das Rösten versteht man nur auf höchst wenigen Hütten, ja selbst auf den besten, den Giefsereien, bei denen es gerade sehr genau auf den richtigen Grad von Röstung ankommt und wo die Hohöfner besonders ausgewählt werden, herrscht in dieser Hinsicht grofse Unsicherheit, so dafs wohl ganze Geschützlieferungen nur eben aus dem Grunde dafs die Erze zu stark geröstet waren, misrathen und verworfen werden müssen. Eben so oft wird auch der Gang des Ofens durch den entgegengesetzten Fehler, die zu schwache Röstung der Erze, in Unordnung gebracht, die Schlacke kocht vor der Form, und die Geschütze oder sonstige Gufswaaren werden abermals, wenn auch nicht eben unbrauchbar, doch weniger gut. — Was für Versehen auch in anderer Hinsicht selbst auf den besseren Giefsereien, bei denen der Betrieb doch am sorgfältigsten behandelt wird, vorkommen, möge der eine Fall beweisen, dafs in einer der drei Geschützgiefsereien, wo man eben einen ganz neuen vortrefflichen Ofen erbaut auf den die Augen des hüttenmännischen Schwedens gerichtet waren, der Hohöfner die Form nach dem Rücksteine gerichtet hatte, wodurch bei dem sehr weiten Gestelle und der Entfernung des Vorheerdes von der Form, das Eisen in diesem so erkaltete, dafs man es kaum zum Ausfliefsen bringen konnte, und die bei diesem Betriebe gegossenen Geschütze bei der Probe sprangen. Selbst ein Oberbeamter schrieb dieses Unglück der Ofenkonstruktion zu, und hielt es für etwas Unverbesserliches. — Alle feineren Bestimmungen, z. B. des Gebläses, gehen fast ganz verloren, und wenn auch in den Büchern und einzelnen kurzen Versuchen von genauerer Beachtung die Rede war, und schärfere Regeln entwickelt worden, so geht doch in der Praxis das Gebläse wie es eben kommt, je nach der zufälligen Gröfse desselben, nach der durch die Wassermenge und die anderen Umstände bedingten Umdrehungs-Geschwindigkeit des Rades, von Anfang bis zu Ende des Betriebes fast ungestört fort, und die Veränderungen die damit geschehen, gehen höchst selten von der regelnden Hand des Hohöfners aus, sondern kommen fast immer von selbst durch äufsere Umstände.

Die Hütten-Inspektoren, die unmittelbaren Vorgesetzten des Hohöfners, haben gewöhnlich den Weg zu ihrer Stelle durch das Hüttenkomptoir genommen, und sind daher meist recht tüchtige Buchhalter, aber selten gute Hüttenleute. Sie sind überdiefs nicht immer ermächtigt gegen die Meinung des Hohöfners über den Ofen zu bestimmen, sondern dürfen diesen als rathende Person nicht übergehn, und müssen ihm, wenn sie ihn gegen seine Meinung zu etwas veranlassen wollen, den Befehl schriftlich geben, den er bei entstehendem schlechten Gange als Rechtfertigung beim Besitzer und Oberhohöfner vorlegt. Dadurch werden die Inspektoren scheuer, zumal da die Hohöfner diesen Umstand benutzend, um ihren Willen zu haben sich viel öfter als nöthig widersetzen, und dem Inspektor die Beschäftigung mit dem Ofengange verleiden. Dazu kommen die vielen Geschäfte welche aus den unzähligen kleinlichen Berechnungen mit den Pächtern, den Kohlenbauern, allen den einzelnen Arbeitern in den verschiedenen Artikeln die diese als Lohn empfangen, hervorgehen, die selbst auf den kleineren Hütten mehrere Leute beschäftigen, und die nun ganz der Beaufsichtigung und Anordnung des Inspektors übergeben sind. Auf diese Beamten ist daher wenig zu rechnen; doch haben wir in einigen gröſseren Werken, den Geschützgieſsereien, den Dannemora- und anderen Hütten auch sehr verständige und thätige Inspektoren gefunden, die eine rühmliche Ausnahme machten.

Sehr oft geschieht es leider, daſs Hohöfner und Inspektoren aus entfernten Gegenden zu einem ihnen völlig fremden Guſsprozesse und Erze herbeigeholt werden; wie selten wird aber ein Hohöfner der Seeerz gewöhnt ist, mit dem schwer zu gattirenden Magneteisenstein umzugehen lernen, und wie kann man erwarten, daſs ein Hütteninspektor, der seine ganze Lehrzeit nicht von den Dannemora-Werken fortgekommen, auf einmal nach einer Geschützgieſserei versetzt, dort auf ein gutes Geschützeisen werde halten können, was er kaum dem Ansehn nach kennt; daher kömmt es denn auch, daſs die Eigenthümlichkeiten jedes Erzes und besonders jeder Eisenart noch so sehr wenig gewürdigt werden, und daſs man den groſsen Vortheil den die Verschiedenartigkeit der schwedischen Erze bietet, noch immer lange nicht hinreichend benutzt.

Man sollte allerdings glauben, daſs die höheren Beamten des Hüttenwesens durch ihre Anordnungen diese Mängel unschädlich machen könnten. Allein dem tritt mancherlei in den Weg. Die Königlichen Beamten, die Bergmeister, sind wie erwähnt überladen mit administrativen Geschäften, und haben mit wenigen Ausnahmen eine juristische Richtung genommen. Die Oberhohofenmeister dagegen haben zu groſse Distrikte, als daſs sie bei den einzelnen Hütten recht Bedeutendes leisten könnten; leider besteht überdiefs auf manchen Hütten das Vorurtheil, als liefsen sie sich zuweilen durch theoretische Ansichten zu Vorschlägen und Maafsregeln verleiten, die der Praxis nicht angemessen seien.

Ein sehr grofser Uebelstand auf den Gewerkshütten ist, wie erwähnt, die Ueberladung des Gichten-Aufgebers mit Arbeit. Er beginnt sein Amt mit dem Anblasen und verrichtet es ununterbrochen, bis der Betrieb zu Ende; in dieser ganzen Zeit hat er immer kaum eine Stunde hintereinander Ruhe, und es mufs deshalb, z. B. bei Vergröfserung des Gichtenwechsels, auf diesen Arbeiter Rücksicht genommen werden; es kann, obwohl er einen Eid geleistet pünktlich die Gichten zur rechten Zeit aufzugeben, doch nicht fehlen, dafs er zuweilen die Zeit verschläft, wo er denn zwei oder wohl gar drei Gichten auf Einmal aufgiebt, was wie leicht begreiflich höchst schädlich auf den Gang wirkt.

Um Arbeiter zu ersparen ist es auf den Gewerkshütten Sitte, dafs die Bergleute wenn ihre Blasezeit eintrifft, selbst die Stelle eines Hüttenknechtes übernehmen, ja sogar oft den Gichten-Aufgeber ablösen. Dadurch werden theils den Unterstechereien wodurch der Gang immer leidet, alle Wege geöffnet, theils begehen diese Stellvertreter aus Unkenntnifs viele Fehler, theils wird der Hohöfner, der nun auch in der Schicht des Hüttenarbeiters immer in der Nähe bleiben mufs, zur Ungebühr ermüdet und abgestumpft, und der Gang geräth darüber oft in die gröfste Unordnung. So kommt es denn, dafs oft wenige Tage nach dem Anblasen der Gang schon so schwer geworden, dafs man aufhören mufs; — nach einigen Tagen fängt man zwar den Betrieb wieder an, aber wie leicht einzusehen nur mit bedeutendem Verluste.

Diese und viele andere Mängel die hier weiter auszuführen aus mancherlei Gründen unterlassen wird, fühlen die unterrichteten Hüttenbesitzer sowohl als die Beamten sehr lebhaft, es wird vielfach darüber geklagt, und keiner dieser Herren läugnet es, dafs bei dem Betriebe selbst sehr viele Aenderungen zu wünschen wären; allein wenn auch für einige derselben das Zweckdienliche bereits eingeleitet ist, und von allen Seiten einstimmig und kräftig unterstützt wird, so ist man doch über die Mittel die eben hinsichtlich des Personales zu ergreifen wären nicht einig; wenn der Eine die Hohöfnerzunft abgeschafft sehen will, so wünscht sie der andere erhalten wie sie ist, der dritte gar noch mehr durch strenge Gesetze eingeengt. Dafs bald irgend etwas Entscheidendes dafür, wir wollen nicht sagen gethan werden, denn anordnen und befehlen läfst sich so Etwas kaum, sondern vielmehr durch passende Maafsregeln sich selbst gestalten wird, ist höchst wahrscheinlich. Was, und wie diefs aber werden dürfte, vermögen wir nicht vorherzusehen.

b. Rösten der Erze.

In frühster Zeit wurden die Erze nur deshalb ein wenig gebrannt, um sie leichter zerschlagen zu können. Die Seeerze bedurften daher gar keiner Röstung, was auch heute fast durchgehend noch so ist. Das Rösten der Bergerze geschah damals auf die Art wie noch heute die des Kalksteines zum selben Zwecke in einzelnen Gegenden verrichtet wird, indem man nämlich die Steine in niedrige Haufen setzt, und zwischen je zwei Lagen Kohlenklein und Holzspähne mehr oder weniger dick schichtet.

Als man den Betrieb zu bessern begann, führte man auch eine stärkere Röstung ein, die aber immer nur noch sehr roh behandelt wurde, wie man diefs heute in vielen Gegenden sieht, wo die Methode noch im Gebrauche ist. Man grub nämlich Löcher von 12 bis 15 Fuſs im Gevierte und 4 bis 6 Fuſs Tiefe, und setzte sie allenfalls mit Sandsteinen aus. In diesen Löchern thürmte man Stammholz auf, bis etwa ein Fuſs hoch über den Horizont, legte darauf die Erze die man vielleicht noch hier und da mit Holz umfaſste, so, daſs der pyramidale Erzhaufen etwa 8 Fuſs hoch war; diesen überschüttete man mit Kohlenklein, und zündete das Ganze von unten an. Bei dieser Methode die noch auf den meisten Gewerkhütten üblich ist, werden die Erzstücke fast nie durchgebrannt, überall sieht man in dem zerschlagenen Erzstücke sehr deutlich den rohen Kern.

Eine abermalige Verbesserung war das Einrichten förmlicher Röstgruben, in denen theils eine höhere Temperatur gegeben, theils eine gröſsere Menge Erz auf einmal geröstet werden, theils einigermaſsen wenigstens der Gang des Röstens geleitet werden konnte. Diese Röstgruben welche die jetzt allgemein üblichen geworden, sind von sehr verschiedenen Dimensionen, kommen aber darin überein, daſs sie fast durchgehend auf drei Seiten völlig und der vierten halb geschlossen sind. Das Material dazu besteht gewöhnlich aus Schlackenziegeln, zuweilen aus Mauersteinen, die oft mit groſsen Granit-, ja an einigen Stellen mit Guſseisen-Platten gefüttert sind. Die am meisten üblichen Maaſse solcher Röstgruben sind etwa folgende: die Länge im Lichten 40 Fuſs, die Breite 15 Fuſs; die Höhe 5 bis 6 Fuſs, Dicke der Mauern 3 Fuſs. Gegenüber der offenen Seite befinden sich in der Mauer mehrere nach oben gehende Zuglöcher. — In den Dannemora- und einigen anderen Hütten sind diese Röstgruben sehr groſs, so daſs sie 10 bis 15 mal so viel

Erz als die eben beschriebenen aufnehmen. Das Rösten selbst geschieht bei allen diesen Gruben auf dieselbe Weise. Man legt nämlich auf den Boden einige kurze Klötze und auf diese mehrere Rippen (Fichtenbäume) worauf nun 2 Schichten Kienbäume locker gelegt werden. Unter dieser Baumlage bleibt eine Luftschicht von 8 bis 9 Zoll, wodurch ein Zug von der offnen Seite nach den hinteren Zuglöchern sich bildet. Die Erze werden Faustgroſs zerschlagen, einen Fuſs hoch über den Holzrost ausgebreitet *), darauf schüttet man $\frac{1}{2}$ Fuſs hoch Kohlenklein und fährt so abwechselnd fort, bis der Haufen 5 bis 6 Fuſs hoch über die Mauern sich aufthürmt. Dann zündet man den untern Holzrost an, und sucht durch Oeffnen und Schlieſsen der hinteren Luftzüge und durch Aufwerfen von feuchtem Gestübbe auf die Stellen die zu heiſs werden, den Gang so viel als möglich gleichförmig zu erhalten. Ein Rösthaufen von den zuerst genannten Dimensionen brennt 3 bis 4 Tage. Die groſsen dagegen bedürfen 20 bis 25. Die Temperatur darin ist sehr ungleich, und wenn an den Auſsenseiten oft die Erze nicht durchgebrannt erscheinen, so sind sie in der Mitte schon geschmolzen und zu groſsen Klumpen zusammengebacken; ja der ganze Rösthaufen ist in der Mitte zuweilen ein Klumpen geworden; — deshalb legt man, wenn mehrere Erze zugleich in derselben Grube geröstet werden, das härteste in die Mitte. Bei einem vergleichenden Probeversuche war in einer der kleinen Röstgruben weniger Kohle erforderlich für dieselbe Menge Erz als in einer der groſsen. — Für den Centner Magneteisenstein rechnet man in Finspång bei kleineren Gru-

*) In den Dannemora-Werken gattirt man sie vorher und bringt sie gemengt in die Röstgrube.

ben im Durchschnitt 0,3 Kubikfuſs Holz, 0,6 Kubikfuſs kleine Kohlen und 0,11 Kubikfuſs Gestübbe, doch ist das sehr verschieden. Mit der Quantität Kohle die hinreicht um 40 Centner Vindstjern-Erz zu rösten, kann man nur 26 Centner Dannemora-Erz und oft nur 20 Centner der härteren Erze rösten. — Auf einen Rost der 3500 Centner faſst werden 100 Tagearbeiten erfordert.

Um dem Uebelstande der ungleichen Röstung abzuhelfen, und überhaupt einen bestimmten willkührlichen Grad derselben festhalten zu können, hat man neuerdings auf Kosten der Brukssozietät Versuche mit Röstöfen gemacht. Fünf sind jetzt nach verschiedenen Formen erbaut. Bei einigen wird das Erz schichtenweise mit Kohle abwechselnd auf die Gicht gegeben, dabei wird zugleich noch unten mit Holz ein loderndes Feuer unterhalten. Bei Lögstö dagegen wurde nur mit Holz geröstet, wobei der Centner Erz 11,9 Kubikfuſs ungedörrtes Holz bedurfte. Noch hat man sich für keinen der Oefen entschieden, und es ist höchst wahrscheinlich, daſs man keinen unverändert beibehalten wird; deshalb legen wir ihre Konstruktion hier nicht vor. So viel scheint erwiesen, daſs ein solcher Ofen der etwa 20 Fuſs hoch und 8 Fuſs in's Gevierte hält, hinreicht das Erz für einen Hohofen zu rösten, und daſs bei genauer Aufsicht sich der Röstgrad ziemlich festhalten läſst; es hat sich aber der Uebelstand gezeigt, daſs, da man auf jedem Hohofen mehrerlei verschiedene Erze verbrauchen, und diese verschiedenen daher nach einander rösten muſs, sich die letzten Gichten des einen und die ersten des anderen im Ofen vermengen, was die spätere Gattirung miſslich macht. Doch wird sich dem gewiſs abhelfen lassen.

Man hält in Schweden das Rösten für einen Gegenstand von gröſster Wichtigkeit, einmal weil man dabei das Kohlenklein benutzen kann, was in ökonomischer Hinsicht theils für den einzelnen Hüttenbesitzer, theils im Allgemeinen für die Waldschonung von grofser Bedeutung ist, und dann auch, weil die gut gerösteten Erze einen bei weitem besseren Gang des Ofens geben als die schlecht gerösteten, die fast jedesmal Kochen vor der Form und immer einen gröfseren Kohlenaufgang erzeugen. — Auch können durch ein geschicktes Rösten sehr viele rothbrüchige und andere unartige Erze vollkommen brauchbar werden.

So einig man also auch in Betreff des Nutzens der Röstung selbst ist, so verschieden sind doch die Meinungen über den vortheilhaftesten Grad von Röstung für den Betrieb, und über die Frage: ob man für Roh- und Gufseisen einen gleichen Grad der Röstung anwenden müsse. Im Allgemeinen glaubt man dafs je dichter, reicher und quarzhaltiger ein Erz sei, desto stärker, und je körniger, loser, kalkhaltiger, desto schwächer müsse es geröstet werden. — Einige wollen alle Erze bis zur Schmelzung geröstet haben, Andere thun diefs blofs für das Roheisen, und geben für Gufseisen das haltbar sein soll eine mindere Röstung, und zwar bis zu dem Grade etwa, dafs das Erz durch und durch bläulich wird, und mittelst eines leichten Hammerschlages gekleint werden kann. Noch andere wollen Alles Erz, also auch das für Roheisenproduktion, nicht stärker als bis zu diesem Punkte geröstet wissen. Die herrschendere Ansicht ist, dafs die Erze überhaupt niemals in der Röstgrube schmelzen dürfen, indem dabei die Kieselerde der Erzbeimengungen leicht in eine chemische Verbindung mit dem Eisenoxydul eingehet, und ein Silikat bildet, das dann, wie die Frischschlacke, mit der es in eine Klasse tritt, schwer im Hohofen zersetzt werden kann. Es ist auch nicht zu läugnen, dafs beim Gebrauch von vielen schon angeschmolzenen (laklupen) Erzen, die Hohofenschlacke schwarz und eisenreich wird, und die Kohlen kleinere Gichten tragen, dafs ferner durch leicht entstehendes Frischeisen sich Bühnen erzeugen, und dafs es vor der Form kocht; dagegen glaubt man, dafs etwas rothbrüchige Erze bis zu diesem Grade bei der Röstung erhitzt werden müssen, wenn sie den Schwefel vollkommen verlieren sollen. Andere meinen wieder, dafs eben dies Zusammenschmelzen der Verflüchtigung des Schwefels hinderlich sei, da die Schmelzung zu früh vor sich gehe, den noch anwesenden Schwefel in eine innigere Verbindung mit dem Eisensilikat bringe, und den Weg für die inneren Schwefel-Beimengungen durch das Schmelzen der Oberfläche sperre. Nicht zu läugnen ist es, dafs wenn ein stark rothbrüchiges Erz gleich anfangs scharf geröstet wird, es später nicht leicht vom Schwefel befreit werden kann. — Die Dannemora-Erze müssen sehr aufmerksam behandelt werden, denn die zu stark gerösteten übersetzen den Ofen fast eben so leicht als die zu schwach gerösteten, und zwar eben weil, wie man glaubt, ein stark geröstetes Erz, wenn die Hitze allmahlig stieg, schon in ein Silikat übergegangen sei, aus dem das Eisen schwer zu reduziren, oder, war die Hitze zu schnell und stark gestiegen, Schwefel und Arsenik nicht völlig hatten entweichen können. Besonders für das Gufseisen von dem grofse Haltbarkeit gefordert wird, darf nach der Meinun der besseren Hüttenleute die Röstung durchaus nicht bi zur Schmelzung gehn, um so mehr da man allgemeii annimmt, dafs zur Erzeugung von haltbarem Gufseise die Anwesenheit von Schwefel nothwendig sei; deshal röstet man die zur Gattirung beigezogenen rothbrüchige

Erze nur sehr schwach um den Schwefel nicht ganz zu entfernen.

Auf den Gießsereien röstet man daher alle Erze im Allgemeinen schwächer als auf den Roheisenhütten, und sortirt dann noch die gerösteten Erze, wobei die stärker gerösteten für den Roheisen- die schwächer gerösteten für den Guſs-Betrieb verwandt werden. — Daſs bei diesen noch Schwefel zurückgeblieben, beweist sich theils durch den Schwefelwasserstoff, der sich bei Uebergieſsung der von ihnen gewonnenen Schlacken entwickelt, theils durch die Rothbrüchigkeit des aus ihnen erblasenen Eisens.

Rothbrüchige Erze werden dadurch verbessert, ja vollkommen brauchbar gemacht, daſs man sie ein- bis zweimal ungekleint röstet, wobei man immer möglichst wenige Gestübbe aufgiebt, um die Temperatur recht niedrig zu erhalten, und die Erze nach dem Rösten wieder recht lange der Witterung, oder besser noch der Einwirkung von flieſsendem Wasser aussetzt; die Feuchtigkeit dringt in die feinen durch das Rösten entstandenen Ritze ein, oxydirt den Schwefel mit etwas Eisen zu auflöslichen schwefelsauren Eisensalzen, die vom Regen- oder Fluſswasser weggespült werden; dann (nach mindestens einem Jahre) kleint man die Erze und röstet sie wie gewöhnlich, was auch nach Umständen mehrmals wiederholt wird. Das sehr rothbrüchige Åsebro-Erz röstete man zur Probe zweimal und löschte es jedesmal mit Wasser. Es verlor beide male am Gewicht; das erste mal nahe an 5 Prozent, das zweite mal 3 Prozent. — Daſs schon ein mehrjähriges Liegen der Erze unter freiem Himmel selbst oft ohne vorhergegangene Röstung genügt den Schwefel fortzuschaffen, hat sich auch bei den Magneteisensteinen Schlesiens gezeigt. In Schweden hat man neuerdings eine besondere Röstmethode für rothbrüchige

Erze mit Glück versucht, indem man sie nämlich mit sehr wenig Kohle locker schichtet, kein Kohlenklein aufschüttet, den Haufen vorn entzündet, und wenn er anfängt vorn nieder zu brennen immer kleine Kohlen nachschüttet, die zwischen den Steinen durchlaufen, und auf diese Weise eine lange anhaltende nicht zu stark hitzende Röstung geben, die den Schwefel ganz entfernen kann, wenn nur immer eine starke Erhöhung der Temperatur sorgsam vermieden wird. Die Schwefelkiesmassen finden sich dann in blutrothes Eisenoxyd umgewandelt, den Schwefel selbst findet man oft in kleinen Gruben der Erzstücke als Blumen angesetzt.

Ein praktisches Mittel um zu erfahren ob ein geröstetes Erz noch viel Schwefel enthält, ist, zwei Stücke davon wie den Stahl gegen den Feuerstein zu schlagen. Enthalten sie noch bedeutende Mengen von Schwefel, so wird ein deutlicher Geruch nach schweflichter Säure bemerkbar.

Ein starker Rückhalt von Schwefel ist für den Roheisenbetrieb nicht blos wegen des Rothbruches des daraus zu frischenden Stabeisens schädlich, sondern auch, weil von einem noch schwefelhaltigen Erze weniger auf eine gleiche Menge Kohlen gesetzt werden können als von einem schwefelfreien. Früher waren, wie mehrfach erwähnt, alle einigermafsen rothbrüchige Erze ganz verboten, jetzt aber durch die aufmerksamere Behandlung derselben beim Rösten und die genauere Bestimmung des Verhältnisses beim Erzsatze durch das Abwiegen der Gichten, sind die meisten Verbote wenn auch nicht eben aufgehoben, doch in Vergessenheit gerathen, und die Erze werden mit durchgeschmolzen, helfen sogar bei schwerschmelzbarem Erze zum besseren Gange. Für die kupferhaltigen und kaltbrüchigen besteht das Verbot aber noch.

Für die Verbesserung der kaltbrüchigen Erze hat Sefström vorgeschlagen, sie mit Kalk geschichtet zu rösten. Noch ist darüber kein Versuch gemacht.

Alle kalkhaltigen Erze müssen, so wie der Rost ausgebrannt mit einem leichten Dach bedeckt werden, sonst zerfallen sie. Ueberhaupt verschlechtern sich alle nicht rothbrüchigen Erze für den Betrieb, wenn sie nach dem Rösten lange unter freiem Himmel liegen, wahrscheinlich durch Einsaugen von Feuchtigkeit; doch behaupten einige dafs das Liegen unter Dach nach dem Rösten und Kleinen die Erze verbessere.

Die sich dem Eisenglanze nähernden Erze bedürfen nur einer schwachen Röstung, ja können zuweilen ohne Gefahr ganz roh aufgegeben werden. — Die Seeerze werden gelinde geröstet, eigentlich nur getrocknet, wobei sie an 20 bis 30 Prozent im Gewicht und 10 bis 12 Prozent im Volum verlieren. Man hat schon mehrmals dran gedacht die Gichtflamme dazu zu benutzen. Es kommt wohl vor, dafs die Seeerze so nafs aufgesetzt werden, dafs das Wasser noch herausläuft. — Die Morasterze werden nur an der Sonne getrocknet.

Was bei dem Rösten eigentlich vorgehe, darüber weifs man auch in Schweden nichts Gewisses; es ist nicht einmal mit Bestimmtheit zu sagen ob die Erze dabei reduzirt oder höher oxydirt werden. Einzelne Blutsteine haben beim Rösten an 16 Prozent an Gewicht verloren, andere nur 3,25 Prozent, hatten sich aber dabei um 5,84 Prozent ausgedehnt. Andere Erze sollen auch schwerer geworden sein. Bei der jetzt eingeleiteten genaueren Untersuchung der Röstpraxis ist auch für die Röstheorie einige Aufklärung zu hoffen.

c. Pochen der Erze.

Das Kleinen der Erze geschieht vor der Hand oder durch ein Wasserpochwerk. Auf vielen Hütten, wo die Einrichtung besteht, dafs die Wittwen und hinterlassenen Kinder der verstorbenen Hüttenarbeiter eine Art von Pension erhalten, läfst man von diesen das Pochen vor der Hand verrichten. Die Erze werden mit Handhämmern auf Gufseisenplatten nufsgrofs zerschlagen, und dabei die unhaltigen Stücke ausgeworfen. Im Sommer geschieht diese Arbeit im Freien, wenn es kalt wird auf dem Gichtkranze wo der Platz es zuläfst. — Es geht dabei durch Zersplittern u. s. w. nicht unbedeutend an Erz verloren. In Finspång rechnete man z. B. vom rohen Erze bis zum auf die Gicht geführten $12\frac{1}{3}$ Prozent Verlust, wobei aber auch die ausgeworfenen unhaltigen Stücke eingerechnet sind.

Durch Wasserpochwerk wird das Erz zu Sand zerschlagen, ein Arbeiter und ein Knabe genügen zur Wartung. Man wirft diesem Erzsande vor, dafs er leicht durch die Kohlen rinne, was man selbst nicht einmal ganz dadurch verhindern könne, dafs man die Hälfte der Kohlengicht aus groben Kohlen bestehen läfst, diese zuerst aufgiebt und ausbreitet, und auf diese die andere aus kleineren Kohlen bestehende Hälfte aufsetzt, wodurch die Zwischenräume ziemlich verschlossen werden. — Eben so ist es schwerer beim Wasserpochwerk die unhaltigen Stücke abzusondern. Man behauptet in Schweden, dafs besonders dann der Erzmull gefährlich für den Gang werden könne, wenn er beim Pochen angefeuchtet worden sei. Er soll dann zum Ansetzen von Bühnen Veranlassung geben (?). Bei den Giefsereien hat man gefunden, dafs zu Sand gepochtes Erz ein graues unhaltbares Gufseisen giebt. Man pocht daher für diese Produktion immer vor der Hand.

Man schlug vor, das Taberg-Erz dadurch reicher zu machen, dafs man es nach dem Rösten auf dem Wasserpochwerk zu Mehl kleinte, und durch Schlemmen dann die Trapppartikeln, die, wie man nach dem Rösten sieht, nur mechanisch dem Eisenoxydule beigemengt sind, und sich durch ihre lichtgraue Farbe deutlich von den bläulichen Erztheilen unterscheiden, wenigstens theilweise abzuscheiden. Es sind Versuche der Art wirklich angestellt worden, und es ist geglückt, das Erz von dem ursprünglichen Eisengehalt von 25 Prozent auf 40 bis 43 zu bringen, und zwar lieferte jeder Hammer an 75 Centner täglich, wobei nur 3 bis 5 Prozent Eisen des Erzes versplittert wurden und verloren gingen. Man hat aber mit diesen nassen mehlartigen Sätzen oft Störungen im Hohofengange erfahren, und es ist deshalb diese Abscheidung nicht weiter im Grofsen angewandt worden. Andre geben an, dafs diese Störungen nur daraus entstanden, dafs man die nun reicheren Erze in gleicher Volummenge mit den früheren armen aufgegeben habe. Wir vermochten nicht uns über diesen Gegenstand völliges Licht zu verschaffen.

d. Gattirung.

Neben der praktischen Gattirungskunde die ihre Resultate jedesmal auf dem Versuchswege gewinnen mufs, hat sich neuerdings eine mehr wissenschaftlich begründete Theorie gestellt, welche die chemische Analyse zum Führer genommen, und dahin strebt a priori von dieser aus die nöthige Gattirung bestimmen zu können. Wir erlauben uns daher das praktische und das theoretische der schwedischen Gattirung besonders zu betrachten.

Die praktische Gattirungskunde trennt zuerst See- und Morasterze von den Bergerzen ganz. Die sehr leicht schmelzbaren See- und Morasterze bedürfen eben keiner so genauen Gattirung, und man verschmilzt eben die zusammen und in der Quantität, wie man sie gerade besitzt. Nur die Gröfse des Eisengehaltes der Erze kann, wenn sie an die beiden Extreme streift Gesetze vorschreiben. So verschmilzt man die sehr reichen (55 bis 60 Prozent) eben so ungern als die ganz armen (12 bis 20 Prozent) allein, und mengt sie daher. Es werden deshalb alle Seeerze zu den für sich selbst ohne Zuschlag oder Gattirung schmelzenden (engåend) gerechnet. Die Morasterze dagegen sind, obwohl sie auch für sich schmelzbar, doch nicht ohne Beimengung von Seeerzen zu verschmelzen, weil sonst ihr Phosphorgehalt ein kaltbrüchiges Stabeisen giebt.

Unter den Bergerzen hat besonders die ältere Praxis hinsichtlich ihres Verhaltens für die Gattirung mehrere Klassen unterschieden, die aber jetzt mehr und mehr aus den Schriften über das Eisenhüttenwesen, und aus dem Munde des wissenschaftlich gebildeten Hüttenmannes verschwinden, und den dem heutigen Standpunkte der Mineralogie angemeſsneren Platz machen.

Man unterschied namlich zuerst diejenigen Erze die wie die Seeerze ohne Zuschlag oder Gattirung verschmolzen werden können, von denen, die der Gattirung bedürfen. Diese ersteren Erze machten die Klasse der engående malmer aus. Bei denen die für sich nicht verschmolzen werden können, unterschied man diejenigen, die zu zahe steife Schlacken geben (Torrsten) von denen, deren Schlacken zu dünnflüssig sind (Quiksten). Es sind diese Klassen an und für sich selbst bei sehr genauer Feststellung des Begriffes schon schwer zu trennen gewesen, geschweige denn bei der Art, wie sie die Hüttenpraxis gebraucht hatte; so nannte man z. B. die Dannemora-Erze engåend, während man sie doch unter sich selbst gattiren, ja sogar zuweilen noch Zuschlag benutzen muſs; dann sprach man ferner (z. B. Bremer in seiner Hohöfnerei) von engående Torrsten und Quiksten, und diese Benennungen verwirrten sich so, daſs man nie recht bestimmt wuſste, wovon die Rede sei. — Die gemeinen Hüttenleute, ja selbst die Inspektoren, die, wie leicht begreiflich, die beigemengten Mineralien eines Erzes nicht erkennen, und deren Einfluſs auf die Schmelzung nicht verstehen, haben ihre ganz eigenen Ansichten und nennen alles was sichtbaren Schwefelkies enthält Quikstein, das andere Torrstein; doch wird auf der einen Hütte behauptet, ein Erz z. B. das von Stenebo sei ein überaus strengflüssiger Torrstein, während man auf einer anderen Hütte sagt, er sei sehr leichtflüssig, und man setze ihn zu, um den Gang zu erleichtern. Einige Hohöfner halten Hornblende für streng- andere für sehr leichtflüssig. — Die gebildeteren Hüttenleute haben nun zwar ausgemittelt, welche Bergarten besonders trägschmelzige oder dünnflüssige Schlacken geben und sagen: „Fluſsspath, Braunspath, Kalk, Hornblende u. s. w. machen „die Erze heiſsgehend, also zu Quiksteinen; Quarz dagegen, Eisenkiesel, Asbest, Talk, Feldspath machen sie „trägschmelzig, also zu Torrsteinen, und engående sind „solche, denen Granit, Epidot, Glimmer und viel Kalk „oder Hornblende beigemengt ist." Nun kommt es aber so sehr auf die Struktur des Erzes, seinen Reichthum und die Verhaltnisse der Gemengtheile zu einander an, selbst vielleicht auf die Zusammensetzung der Schachtsteine, daſs dadurch ein anscheinender Torrstein engåend, ja sogar Quickstein wird, und umgekehrt. Diese ganze Eintheilung ist daher unzuverlässig, und wird mit Recht in neuerer Zeit mehr vernachlässigt.

Eine andere Erzeintheilung, nämlich in Haupt- und Gattirungserz, ist rein ökonomisch. Was der einen Hütte das Eine ist, mufs der Lokalität der anderen nach dort das zweite sein. Sehr oft versteht man aber darunter, ob ein Erz seiner Natur nach zum Haupterz gewählt, oder ob es nur in kleinen Beimengungen verschmolzen werden dürfe, wie diefs z. B. bei den roth- und kaltbrüchigen Erzen der Fall ist. In dieser allgemeinen Bedeutung ist diese Eintheilung nicht ohne Werth.

Mit wenigen Ausnahmen mufs in Schweden zu den Erzen noch Kalk zugeschlagen werden. Der sich darbietende ist aber höchst unrein, wie man aus den Analysen unter Artikel Zuschlag ersehen möge, so dafs man oft sehr grofse Quantitäten zugeben mufs. Das Maximum erreicht der Zuschlag bei den Taberg-Erzen, wo 3 Volum Kalk auf 1 Volum Erz aufgesetzt werden.

Besonders gefürchtet hinsichtlich ihrer Schwerschmelzbarkeit sind die talkhaltigen Erze, die bei einigermafsen starker Setzung die Form verschmieren. Man mufs ziemlich heifsgehende Erze dagegen setzen, wenn sie den Gang nicht sehr erschweren sollen.

Die Gattirung für ein neues Erz wird praktisch durch sogenannte Probebetriebe, gewöhnlich vom Oberhohofenmeister selbst, ermittelt. Aus der Beimengung und Struktur kann man schon vorher ohngefähr beurtheilen, ob das Erz eines Zusatzes von Kiesel- oder Kalkerde bedürfe *), und so beginnt man denn meist zu Ende einer Hohofenkampagne die Probe damit, dafs man das neue Erz in

*) Wobei zuweilen noch eine kleine Tiegelprobe mit benutzt wird, um den Eisengehalt kennen zu lernen.

kleinen Portionen dem gewöhnlich gebrauchten Erzsatze zugiebt, und dafür das ihm am meisten ähnliche allmählig daraus weglafst; man steigt dann mit dem Zusatze bis sich irgend ein entstehender Mangel im Betriebe zeigt, und man so die gröfste Quantität ermittelt, die von dem zu probenden Erze zu den übrigen an diesem Ofen vorhandenen ohne Schaden für den Gang zugesetzt werden darf. Man lafst dann gewöhnlich von dem beim Probebetrieb gewonnenen Roheisen einen Theil verfrischen, und untersucht Bruch, Haltbarkeit und Harte des Stabeisens. Die Resultate solcher Probebetriebe werden in den Annalen des Eisenkomptoirs öffentlich bekannt gemacht. — Um schon im Kleinen zu beurtheilen ob ein neues Erz Unarten enthalte, hat man einigemale eine Tiegelprobe deshalb angestellt. Es wurden 12 bis 15 Loth des Erzes fein gepocht, mit 3 Loth Kohlenpulver in den Tiegel getragen, das Gemenge mit 1 Loth Kohle und 9 Loth metallfreiem Glase bedeckt, und darauf $\frac{1}{4}$ Stunden geblasen. Gab das Erz roth- oder kaltbrüchiges Eisen, so zeigte sich diefs beim Ausrecken des kleinen Regulus.

Was den Reichthum der Gattirung betrifft, so ist er sehr verschieden. Die Seeerze die strichweise sehr arm sind, geben zuweilen Gattirungen von kaum 20 Prozent, doch erheben dagegen sich wieder andere Gattirungen bis auf 40 und 45 Prozent. Höher geht man nicht gern, man glaubt, dafs wenn man über 50 Prozent Eisengehalt gattire, der Ueberschufs in die Schlacken gehe. Bei solcher reichen Gattirung kann der Gang alle Zeichen des gaaren haben und doch wird das Eisen weifs, weil es die wenige Schlacke nicht hinreichend vor dem Gebläse geschützt.

Wieviel man von rothbrüchigen Erzen ohne bemerkbaren Schaden für das Eisen mit aufgeben darf, ist sehr verschieden, und wird durch die Röstmethode zu sehr bedingt, als daſs sich eine allgemeine Angabe aufstellen lieſse. — Von den kaltbrüchigen Grangärde-Erzen darf man nicht über $\frac{1}{6}$ des Erzsatzes beimengen, sonst kann das Roheisen nicht mehr verfrischt werden.

Der Unterschied in der Gattirung für verschiedene Zwecke ist folgender:

α. Für Guſseisen das eine groſse Haltbarkeit zeigen soll, dürfen nur Magneteisensteine genommen werden; Blutstein giebt ein lockeres und See- und Morasterz ein noch viel lockereres Eisen wieder als dieſs, das Eisen aus diesen letzteren ist dabei grau, weich, zwar zusammendrückbar, aber keiner brechenden oder zerreiſsenden Kraft widerstehend. Weil die Magneteisensteine aber gewöhnlich für sich zu schwer schmelzbar sind, und eine träge Schlacke bilden, so ist man genöthigt etwas Blutstein aufzugeben, dessen Quantität auf den drei groſsen Gieſsereien Stafsjö, Finspång und Åker zwischen $\frac{1}{13}$ und $\frac{1}{4}$ des ganzen Erzsatzes schwankt. Man braucht dazu das Erz der Insel Utö das sehr leicht flieſst, und deshalb beim Aufgeben über die Form gesetzt wird. Steigt man mit dessen Zusatze, so wird in selbem Maaſse der Gang leichter, die Schlacke dünnflüssiger und eisenreiner, aber in eben dem Maaſse wird auch das Eisen grauer, weicher und unhaltbarer. Früher da man noch die Erze weniger röstete, muſste man beim Geschützeisen bei weitem mehr Utö aufgeben als jetzt, weil sonst der Gang zu träge wurde. — Man glaubte früher eine Gattirung für haltbares Guſseisen dürfe nicht reicher als 30 Prozent sein. Jetzt fürchtet man sich aber nicht bis 45 zu gehen, und hat noch keinen Nachtheil bemerkt. — Daſs um haltbares Guſseisen erzeugen zu können, man die Anwesenheit von Schwefel für durchaus nothwendig hält, die zu diesem Eisen bestimmten Erze daher unter den schwefelkieshaltigen sucht und schwächer röstet als für Roheisen, sagten wir schon oben beim Abschnitte vom Rösten. Früher hielt man es für vortheilhaft zu haltbarem Eisen geröstetes und ungeröstetes Erz zu mengen, doch hat man das jetzt ganz aufgegeben.

Aber nicht alle Magneteisensteine geben ein haltbares Eisen, nur einige wenige derselben, besonders Förola, Scottwång, Herrång und Elgsjö-Erz stehen in besonderem Rufe als ein starkes Eisen liefernd. Diese haben alle ein quarzartiges Muttergestein. Das Oxydul ist in grofsen krystallinischen Parthien die einen sehr deutlichen Durchgang der Blätter zeigen, in den weifsen oft in's gelbe stechenden Quarz eingelagert; zuweilen ist diesem Hornblende und Feldspath beigemengt, doch immer nur im geringen Mafse im Verhältnisse zum Quarz. Sie enthalten meist selbst etwas Schwefelkies, es kommt aber dessen in den übrigen Erzen noch mehr dazu. Diese vorzüglich zur Erzeugung haltbaren Gufseisens geeigneten Erze machen auf den Giefsereien, wenn solches Eisen dargestellt werden soll, etwa die Hälfte des Erzsatzes aus, die übrige Hälfte besteht aus Utö-Erz und solchen Magneteisensteinen, deren Gruben die Hütten noch von altersher besitzen, die daher mit durchgeschmolzen werden, ohne dafs man eben eine andere vortheilhafte Wirkung auf das Produkt erwartete, als durch ihren Schwefelgehalt. Für sehr vortheilhaft hält man eine Beimengung von Kupferkies. Wir haben jedoch in dem Herrång-Erze das ihn enthalten soll keinen auffinden können.

Dafs man diese oben genannten Erze z. B. beim Geschützgufs nicht durch andere, anders konstruirte ersetzen dürfe, bewies ein eigends angestellter Versuch, wo ein mit Förola-Erz erzeugter 18pfünder nicht durch die stärksten Ladungen gesprengt werden konnte, und dagegen ein anderer ohne Förola bereiteter eben so konstruirter 18 pfünder die halbkugelschwere Probeladung nicht aushielt. — Eine Erfahrung welche die Ansicht bestätigt, daſs Schwefel und Kupfer wesentlich die Haltbarkeit des Geschützeisens unterstützt, machten wir an den sogenannten Nasen die beim Kupferprozeſs erhalten werden; sie sind überaus zähe, hart, und ihr Bruch ungewöhnlich scharf und hackig. Ihre Bestandtheile sind Eisen, Schwefel und Kupfer.

Zu den Erzen werden noch Abgänge von Roheisen aufgegeben, und zwar variiren die verschiedenen Hütten darin von 5 bis 14 Prozent; man glaubt, daſs dadurch das Guſseisen haltbarer werde; es finden sich dafür aber keine Beweise; jedenfalls erhält man doch den Vortheil dadurch schneller die zu einem groſsen Guſsstück nöthige Eisenmasse in's Gestelle zu bekommen, wodurch dies mehr geschont wird, als wenn das flüssige Eisen so lange darin gehalten werden muſs. Man rechnet dabei, daſs um drei Gewichtstheile Roheisen umzuschmelzen, man soviel Kohle bedürfe, als um einen Theil Erz zu schmelzen und zu reduziren.

β Guſseisen für weniger haltbare Artikel. Die Gieſsereien für Töpfe, Oefen u. s. w., die alle auf einer geringeren Stufe der Ausbildung stehen, befinden sich fast ausschlieſslich im südlichen Theile Schwedens, und bedienen sich der See- und Morasterze die ein sehr graues dünnflüssiges, die Form wohl füllendes Eisen geben, wie dieſs überhaupt fast alle Oxyderze, zumal die phosphorhaltigen thun. Doch beschäftigen sich auch die Geschützgieſsereien mit Maschinen- und Topfguſs, nehmen dann aber einen anderen Erzsatz als zu dem haltbaren Eisen, das zu steif flieſst, und sich zu sehr beim Erkalten zusammenzieht, um für schärfere Gusse tauglich zu sein. Man nimmt dann mehr Utö-Erz was als Oxyderz das Eisen grauer und dünnflüssiger macht, und wählt weniger rothbrüchige, mehr feinkörnige, scharf geröstete Magneteisensteine.

γ. Roheisen zum Verfrischen. Wenn man die durch die Oberhohofenmeister festgestellten Quantitäten bis zu denen gewisse Erze wegen ihres Roth- oder Kaltbruches mit durchgeschmolzen werden dürfen, ausnimmt, so giebt es für die Gattirung zu Roheisen zum Verfrischen eigentlich keine feststehenden Regeln. Nur in Dannemora, dessen Eisen genauer beachtet wird, und wo die englischen Abnehmer des Stabeisens ein schlechteres Fabrikat selten zu rügen unterlassen, hat man auch neben den ökonomischen Zwecken noch den der Güte des Produktes vor Augen. Alle übrigen schmelzen die ihnen nächst gelegenen und im Verhältnisse zum Eisengehalte wohlfeilsten Erze, ohne weitere Berücksichtigung als die, einen guten Gang des Ofens und ein möglichst wohlfeiles Produkt zu gewinnen. Von ihnen kann daher nichts Allgemeines angegeben werden. Sie erhalten je nach der Natur der Erze ein bald mehr bald minder graues, halbirtes oder gleichförmiges Eisen; diefs ist in den einzelnen Gegenden ziemlich konstant geworden, und darnach hat sich die Frischmethode dieser Gegenden gebildet, nicht aber sind, wie man wohl angiebt, die Frischmethoden das ursprünglich gegebene, nach denen sich der Hohöfner künstlich richtete.

Auf den Dannemora-Werken wird die Gattirung gewöhnlich schon vor der Röstung gemacht, wie diefs auch bei einigen Gewerkshütten anderer Gegenden der Fall ist. Die Dannemora-Erze sind, wie erwähnt, in sofern engåend, dafs sie untereinander gattirt keines tauben Zuschlages bedürfen, obwohl einzelne für sich zu heifsgehend oder strengflüssig sein würden. Besonders wird das Myrgrube-Erz das sehr viel Kalk enthält als Flufsmittel der strengflüssigeren gebraucht. Das beste sich besonders zur Stahlfabrikation eignende Eisen erhält man von den Erzen der Oedes- und Jordsgrube (im mittleren Felde) von denen aber nur Leufsta, Oesterby und Gimo Antheile haben; den übrigen Werken wird daher auch ihr Fabrikat weniger hoch bezahlt. — Am gefährlichsten können die Erze aus Södrafeld werden; sie sind rothbrüchig, und sollen auch Arsenik enthalten; für das Stahlstabeisen halten Einige einen geringen Grad von Rothbruch für nothwendig, deshalb wird in diesem Falle die Beimengung von einem Theil solchen Erzes (etwa höchstens $\frac{1}{5}$ des ganzen Satzes) für vortheilhaft angesehen. Andere sind nicht dieser Ansicht, auch wird das Eisen durch den Rothbruch untauglich für das Walzwerk in Skebo; auf einigen Hütten läfst man daher die Södrafeld-Erze nach dem Rösten ein Jahr der Witterung ausgesetzt liegen, und braucht sie dann nur sehr vorsichtig. Man setzt nur wenig davon auf, und sucht einen möglichst gaaren Gang zu halten, so dafs man wöchentlich davon nur etwa 600 Centner Eisen erhält, während man im Durchschnitte mit Erzen vom mittleren Felde bis 750 Centner kommt. Der Eisengehalt der Dannemora-Gattirung ist etwa 50 Prozent.

Die theoretische Behandlung des Gattirens nun gehört der neusten Zeit an. Professor Sefström, Vorstand der Bergschule, war ursprünglich Chemiker und Schüler von Berzelius. Wenn nun schon durch diesen Letzteren selbst die Chemie in Schweden ein allgemeines hohes Vertrauen gewonnen, so war es zu erwarten, dafs Sefström ihr auch nun auf die Hüttenprozesse Eingang verschaffen werde. Er hat auch wirklich fast ausschliefslich die chemische Behandlung der Prozesse aufgefafst, und ist von seinen Schülern darin bestens unterstützt worden. Er hat Vieles speziel interessante auf diesem Wege schon aufgedeckt, doch scheint es fast als sei vielleicht zu früh diesem speziell wichtigen allgemeine Gültigkeit gegeben worden. Die Zahl der chemischen Untersuchungen ist bis jetzt noch gering, hat sich noch fast allein an die Schlackenbildung gehalten, und da diese Analysen gröfstentheils von den Eleven zur Uebung angestellt worden, so sind sie vielleicht noch nicht ganz so zuverlässig, dafs man aus ihnen die Regeln mit Sicherheit entwickeln dürfte, die in neuerer Zeit mündlich und schriftlich daraus hergeleitet worden.

Das Bestreben dieser chemisch-theoretischen Untersuchung war bisher fast ausschliefslich nur auf die schwedischen Erze gerichtet. Blos von Berzelius selbst findet sich in einer kleinen Schrift eine Bemerkung über schwedische Erze im Vergleich zu ausländischen, worin er als ausgemacht annimmt, dafs das schwedische Eisen blos deshalb besser als ausländisches sei, weil die schwedischen aus uralten Bergen entnommenen Erze nicht solche Unart erzeugenden Beimengungen haben, als die Eisenerze aus jüngeren Formationen, und weil ferner von den in Schweden angewandten Holzkohlen nicht so leicht ein übrigens gutes Eisen verdorben werde, als von den im Auslande gebrauchten Steinkohlen. — Wir können dem ersten Theil dieser Ansicht, nach den von der Bergschule selbst angestellten und oben vorgelegten Analysen, die eben dieselben Bestandtheile in dem schwedischen Erze nachweisen als sie immer bei den unsrigen gefunden worden, nicht beipflichten. Ist wirklich schwedisches Eisen bedeutend besser als das gute deutsche, so mufs der Grund ein anderer sein. Ob übrigens Steinkohleneisen in irgend einer Beziehung dem aus demselben Erze bereiteten Holzkohleneisen nachzusetzen sei, bedarf erst einer genauen Untersuchung, da die neuere Zeit, die zuerst anfing die Eisensorten ihrem wahren Werthe nach zu würdigen, manches dem widersprechende aufgedeckt hat.

Hinsichtlich der schwedischen Erze beschäftigte man sich besonders mit Untersuchung der Gattirung, die das Gufseisen im Vergleich mit Roheisen erfordert, und des entscheidenden Einflusses, den einige Erze auf die Beschaffenheit, besonders Härte und Haltbarkeit des Gufseisens äufsern. Im Allgemeinen glaubte Sefström gefunden zu haben, dafs um ein gutes Gufseisen zu erhalten, man eine Trisilikatschlacke zu gewinnen suchen müsse, dafs aber für gewöhnliches Roheisen eine Bisilikatschlacke vortheilhafter sei. Diejenigen Erze nun die besonders viel Quarz enthalten, daher leicht eine Trisilikatschlacke bilden, sollten ein vorzugliches Gufseisen geben; daher sollte es kommen, dafs das Förola-, Herrang-, Scottwång- und Elgsjö-Erz die allerdings quarzreich aussehen fast ausschliefslich ein gutes Geschützeisen geben, die anderen Magneteisensteine aber ein schwächeres.

Betrachtet man nun diese Regeln genau, so findet sich sehr vieles dabei zu erinnern. Zuvörderst ist bei dieser doch allgemeinen Norm gar keine Rücksicht auf die See-, Morasterze und Blutsteine genommen. Diese alle geben, man möge sie wie immer gattiren, ein weicheres, unhaltbareres, dünnflüssigeres Gufseisen, als alle Magneteisensteine; deshalb lehrt die alte schwedische Erfahrung, man müsse zu kleinen Gufswaaren die ein scharf ausfliefsendes weiches Eisen verlangen, am liebsten See- oder Morasterz, oder doch bei Bergerzen einen starken

Zusatz von Blutstein anwenden; wolle man dagegen ein haltbares hartes Eisen, so dürfe man niemals See- und Morasterz, ja selbst höchst wenig Zusatz von Blutstein zu den Magneteisensteinen nehmen. — Hier scheint also schon ein wichtiger Punkt der Gattirung übersehen, indem es nicht gleichgültig ist, welches die Erzarten seien, wenn nur die Erdbeimengungen aller zusammen ein Bi- oder Trisilikat bilden.

Ferner sind die Erze die so vorzügliches Geschützeisen liefern, gar nicht wirklich an Kieselerde reicher als andere minder brauchbare. So ist z. B. Förola eines der vorzüglichsten Geschützerze und Stenebo eines der unbrauchbarsten, und doch hat Stenebo 34 bis 36 Prozent Kieselerde, Förola dagegen nur 25 bis 30 (siehe Liste No. 7.) Man nahm zwar Zuflucht zum Talkerdegehalt des ersteren, der Ein Prozent gröfser ist als beim Förola, und wollte daraus die Schwerschmelzbarkeit des Stenebo, und dadurch Untauglichkeit zum Geschützgufs darthun; allein einmal wird auf einigen Hütten diese Schwerschmelzbarkeit ganz geläugnet, und andrerseits ist auf den Unterschied von Einem Prozent bei Analysen zweier verschiedenen Erze wenig zu geben, wenn man sieht, dafs bei zwei Analysen desselben Erzes Unterschiede von 10 bis 14 Prozent entstehen können, wie diefs z. B. bei den verschiedenen Analysen des Utö, im Thonerdegehalt, beim Petang im Kiesel- und Kalkerdegehalt sich zeigt (siehe die Liste).

Endlich geben die Schlackenanalysen selbst, deren wir mehrere in der nebenstehenden Liste No. 12. zusammengetragen, keinen entscheidenden Aufschlufs. Alle diese Schlacken sind Mittelstufen von Bi- und Trisilikat, oder vielleicht Bisilikate mit überschüssiger freier Saure, da zur Zusammentretung derselben mit einigen Bisilikaten zu Trisilikate besondere Umstände, Temperaturen u. s. w. nothwendig sein möchten. Allerdings geben die Schlacken von Stafsjö (No. 8 und 15 der Liste) und die von Edsbro bei Erzeugung eines überaus haltbaren Eisens gewonnenen No. 11 und 22 eine Schlacke, die sich bei weitem mehr zum Trisilikate hinneigt als die anderen bei gewöhnlichem Roheisen erhaltenen; aber doch sind auch sie nicht Trisilikate wie bei No. 8 ersichtlich, dasselbe würde bei 15, 11, 22 statt finden, wenn man den Sauerstoffgehalt der Basen mit 3 statt mit 2 multiplizirte. Ob die Thonerde nicht zuweilen die Säurerolle mit übernimmt, scheint auch noch nicht entschieden.

Sefström gab später den Glauben an den ausschliefsenden Einflufs dieser Schlackenbildung auf die Haltbarkeit des Gufseisens auf, meinte aber doch, dafs es auf die Geneigtheit desselben sich umschmelzen zu lassen einwirken könne. Auch diefs möchten wir bezweifeln, aber höchst wahrscheinlich ist es, dafs es für das Oekonomische des Hohofenganges von Wichtigkeit wäre, immer dieselbe Silikatstufe (höchst wahrscheinlich nicht immer eine gleiche für alle in den Schlacken vorkommende Basen), während des Betriebes zu erhalten. Wir wollen auch gern glauben, dafs bei See- oder Flötzerzen die ziemlich gleich in allen ihren Theilen zusammengesetzt sind, sich diefs allenfalls auf dem Wege der Analyse feststellen lasse, aber bei den schwedischen Bergerzen wo oft die sorgfältigst gewählten Generalproben desselben Erzes so ungleiche Bestandtheile zeigen, dürfte sich diefs schwer erreichen lassen.

Es scheint nicht, als werde man, so lange die Eisenarten selbst nicht genauer untersucht sind, durch blofse Erze- und Schlacken-Analysen entscheidende Fortschritte im Eisenhüttenwesen machen können. Alle in Schweden gemachten vielfachen Versuche, zu erklären warum Förola ein sehr haltbares, Stenebo ein unhaltbares Gufseisen giebt, erklären durchaus nichts; alle diese Versuche halten sich nur an die Analyse die das Erz zertrümmert und es schon dadurch zu einem anderen macht. Es scheint sich mit der chemischen Untersuchung dieser Mineralien wie mit der des organischen Reiches zu verhalten, es müssen nämlich nähere und entferntere Bestandtheile wohl unterschieden werden; alle organische Körper bestehen aus 3 bis 4 Stoffen, deren quantitative Verhältnisse selbst in sehr verschieden zusammengesetzten und verschiedenartigen Körpern wenig von einander differiren, aber diese einfachen Stoffe sind erst zu einfachen organischen Körpern zusammengesetzt, und aus deren sehr mannigfachen verschiedenartigen Verbindungen geht erst das eigentliche Organon hervor. So dürfte es, wie es scheint, wichtiger sein die näheren Bestandtheile des Erzes, nämlich Hornblende, Epidot u. s. w. quantitativ zu bestimmen, als nach den entfernten Kiesel-, Thonerde u. s. w. zu suchen, die auf verschiedene Weisen vorher untereinander in Wechselwirkung gesetzt, sich nicht überall wo ihre Mengen gleich sind, deshalb auch ihrer Thätigkeit nach gleich verhalten werden.

Es ist hier nicht der Ort unsere eigene Ansicht weitläuftig auszuführen, warum das haltbarste Eisen aus Förola, das nächstfolgende aus anderen Magneteisensteinen, das hierauf folgende aus Blutsteinen, das weichste, lokkerste, unhaltbarste aber aus Seeerzen und Thoneisensteinen dargestellt werde. Wir glauben aber anführen zu dürfen, dafs wir hoffen darthun zu können, dafs es hierbei hauptsächlich auf die chemische und mechanische Vertheilung der Eisenatome (sit venia verbo) im Haufwerke des Erzes ankomme. Je weniger das Eisen vertheilt ist (je niedriger daher die Oxydationsstufe, je gröſser die eigentlichen Erzpartikeln in dem Haufwerke, je reicher das Erz, natürlich bis zu gewisser Gränze), desto härter, elastischer, haltbarer wird, so glauben wir, das Eisen. Förola und alle die anderen gepriesenen Geschützerze sind nun wirklich die grobkörnigsten schwedischen Magneteisensteine, und deshalb geben sie das haltbarste Eisen; Stenebo dagegen ist höchst feinkörnig, und giebt schlechteres Eisen; arme, fein vertheilte Eisenoxydhydrate als Thoneisenstein, Seeerz u. s. w. müssen nach dieser Ansicht das weichste, lockerste Guſseisen geben, und so ist es denn auch wirklich. Wir glauben auf diese Weise einfach erklären zu können, wie Schweden von jeher haltbares Guſseisen, selbst bei mangelhaftem Betriebe auch aus dem Hohofen gewinnen konnte, während uns dieſs selbst jetzt bei viel geregelterem Betriebe noch schwer wird, ja es scheint mit unserer Ansicht sich auch ein Weg ermitteln zu lassen, auf dem wir aus unseren Erzen ein dem schwedischen an Güte nahe kommendes, wenn nicht gleiches Geschützeisen gewinnen können, nämlich durch ein dekarbonisirendes Umschmelzen gut ausgewählten Roheisens im Flammofen, und Zusatz von Schmiedeeisen. Einem anderen Orte bleibe dieſs weiter auszuführen überlassen.

e. Betrieb im engen Sinne.

aa. Anwärmen.

Das Anwärmen wird in Schweden als einer der wichtigsten Gegenstände für den Betrieb betrachtet, und sowohl Garney als alle späteren Hüttenleute empfehlen auf das dringendste, daſs man damit nicht zu schnell steigen und den ersten scheinbaren Kohlenverlust nicht fürchten solle, da er später durch einen guten Betrieb reichlich ersetzt werde. Man soll danach wenigstens 20 Tage auf das Anwärmen zubringen, doch wird diese Zeit (bei den Gewerkshütten besonders) fast niemals gehalten, weil das Anschaffen so großer Kohlenmengen vor dem eigentlichen Beginnen des Betriebes Schwierigkeiten hat; daher nimmt gegen das Ende des Betriebes die Produktion immer ab, statt daſs bei gehörigem Anwärmen und sehr allmähliger Vermehrung des Erzsatzes der Ofen am Ende des Betriebes mehr Erz trägt, wenigstens eben so viel als im Anfange. Zu den ersten Erzgichten, die etwa 14 bis 15 Tage nach dem Anzünden der den Schacht füllenden Kohlen aufgegeben werden, wählt man ein leichtflüssiges nicht zu reiches Erz, oft Blutstein. Wenn die erste Gicht über die Form tritt, setzt man das Gebläse in Gang, und von diesem Augenblick an beginnt gesetzlich der Betrieb. Das Eisen der ersten Tage ist sehr grau, kann nur mit groſsem Abbrande verfrischt werden, und wird auf den Gieſsereien besonders zum Umschmelzen benutzt; Gegenstände welche die gröſste Haltbarkeit erfordern gieſst man nicht vor dem 20sten Tage nach dem Anblasen.

bb. Kohlengicht.

Die Kohlengicht wird in Schweden durchgehends gemessen, und zwar wie schon oben gesagt nach Tonnen die 6,3 schwedische = 5,5 preuſsische Kubikfuſs enthalten. Die Gröſse der Kohlengicht ist sehr verschieden, und schwankt zwischen 10 und 20 Tonnen. Sie ist auch bei demselben Ofen zuweilen eine zweifache, eine groſse und kleine, von denen eine um die andere aufgegeben wird; man hoffte davon früher vielen Vortheil für den Betrieb; jetzt ist diese Methode fast ganz aus dem Gebrauche, und die Gichten werden schon um die Uebersicht der Resultate bei den verschiedenen Oefen zu erleichtern so viel man vermag, auf 12 Tonnen = 66 Kubikfufs preufsisch überall festgestellt; doch erhebt sich manche alte Gewohnheit, manches Vorurtheil dagegen. Es ist übrigens nicht zu läugnen, dafs für die oft sehr weiten Oefen allerdings diese Gichten fast zu klein sind, und es ist kaum möglich für im Kubikinhalte so sehr ungleiche Schachte dieselbe Gicht einzuführen. Einen entscheidenden Vorzug eben dieser Gichtengröfse hat man nicht gefunden, doch ermüden die kleineren Gichten die ohnehin so belasteten Gichtenführer zu sehr, und bei den viel gröfseren glaubt man gefunden zu haben, dafs ein Theil der Kohle ohne direkte Einwirkung auf das Erz verbrenne, auch dafs die Temperatur vor der Form sehr bedeutend verschieden sei, je nachdem gerade die Kohlen- oder die Erz-Gicht davor stehe; die Temperatur wird dabei zu niedrig, die Schlacken bleiben zähe und halten viele Eisenkörner mechanisch zurück. Bei demselben Erze und bei Gichten von 99 Kubikfufs Kohle bedarf der Centner Eisen 18 Kubikfufs Kohle, während er bei 66 Kubikfufs Kohlengichten nur 15 bis 16 Kubikfufs braucht. Man ist aber ohne Schaden oder Vortheil für das Ausbringen bis zu 33 Kubikfufs mit den Kohlengichten herabgegangen. — Um den Verlust bei den grofsen Gichten zu vermeiden, hat man sie auch wohl getheilt, und eine Hälfte Kohle mit einer Hälfte Erz, und gleich darauf die andere Hälfte Kohle und andere Hälfte Erz aufgesetzt, allein auch diefs ist nicht vortheilhaft befunden worden, indem immer viel Wärme unbenutzt entweicht, wenn die Gichtensäule so tief niedergeht, ehe eine neue Gicht aufgesetzt wird.

Wir sagten schon oben dafs bei Erzmull gewöhnlich die halbe Gicht aus Grobkohlen besteht, die andere aus kleinen, und dafs man die Erstere unten, die Letztere darauf setzt. Bei den Dannemora-Werken halt man es aber für vortheilhafter sie zu mengen. — Bei diesen, wo die Gebläse stark sind, rechnet man auch darauf, dafs auf der Formseite mehr Kohlen verbrennen als auf der Windseite; um das daraus entstehende schiefe Niedergehen der Gichten zu vermeiden, wird deshalb auf der Formseite mehr Kohle aufgesetzt als auf den übrigen.

Das Auffördern der Kohlengichten geschieht meist in Körben, die auf Schubkarren befestigt sind, und vier Tonnen fassen. Die Schubkarren werden bis auf den Gichtkranz gefahren und umgedreht; eine über die Gichtöffnung gelegte Eisenstange verhütet das Hineinfallen des Karrens.

cc. Erzgicht.

Bis vor wenigen Jahren war das Abmessen auch der Erze beim Aufgeben allgemein im Gebrauch, und noch jetzt ist erst der kleinste Theil der Hütten mit Wagen versehen. Neben dem Vortheile in polizeilicher Hinsicht bei den Gewerkshütten, neben der grofsen durch die Abwagung hervorgehenden Einfachheit und Uebersichtlichkeit der Schmelzbücher und der Resultate des ganzen Betriebes, hat diese Methode auch für den Betrieb selbst die entschiedensten Vorzüge gezeigt, so dafs selbst die so sehr am Alten hangenden Gewerke sich ziemlich allgemein von der Zweckmafsigkeit überzeugt, wiewohl sie bis jetzt noch nicht so haufig eingeführt als zu wünschen ist. Man erhält einen bei weitem gleichmafsigeren Gang des Ofens, da man die Erzgicht um jede Kleinigkeit nach Bedarf vermehren oder vermindern kann, während früher das geringste Maafs die halbe Schaufel, also 25 bis 30 Pfund war, und die Messung ohnehin bei zwei oder mehr sich ablösenden Aufgebern sehr verschieden ausfallen mufste.

Bis 1820 gaben alle Betriebs-Journale die Gichten in Schaufelzahl an, deren Gewicht höchst verschieden war. Auf den drei Geschütz-Giefsereien enthielt die Schaufel zwischen 36 und 48 Pfund Erz. Schon bei letzteren Schaufeln war es schwer Unterschiede von 8 bis 10 Pfund zu vermeiden. Bei einigen Gewerkshütten bediente man sich aber zum Aufgeben gar der Karren die 6 bis 7 Schaufeln fafste, wo also Fehler von 20 bis 30 Pfund bei jeder Karre sehr leicht vorkommen konnten. Diese Methode war aber immer verpönt.

Die Wageeinrichtung selbst ist überaus einfach, wohlfeil, und verdient Empfehlung bei unseren Hohöfen, wo sie an vielen Stellen leider noch ganz fehlt, oder in dunklen Räumen entfernt vom Gichtkranze steht, und durch das oft dadurch nöthig werdende doppelte Transportiren der Erze mehr eine Last als eine Erleichterung ist. Wir glauben deshalb sie hier genauer beschreiben zu müssen, da so viel wir wissen, sie noch wenig oder gar nicht in Deutschland bekannt ist.

Die Wage steht oben am Gichtkranze in einer Ecke der Ummauerung. Auf beiden Seiten derselben, an den Wänden sind so viel Fächer angelegt, als der Ofen Erze verschmilzt; aufserdem ist eins für den Kalk bestimmt. In jedem Fache hängt eine Tafel mit dem Namen des Erzes. In diese Fächer werden die gerösteten und schon gepochten Erze, so lange es warm ist, hinaufgefahren, ist es aber kalt, so werden sie, wie erwähnt, in den Fächern selbst gepocht. — Die Wage ist eine Schnellwage, und an einem Schwenkgalgen aufgehängt. Der Baum AB (s. Tafel I Fig. 16, 17 und 18) ist von Holz, alles übrige von Gufseisen, und das Ganze kostet etwa

14 Thaler preufs. Die Wage GHI ist auf der Bahn CD vermittelst der Rollen EF verschiebbar, je nachdem die Erzfacher näher oder entfernter sind. Die Schaufel fafst 160 Pfund (10 Lispfund Berggewicht), die Eintheilung von HI reicht also so weit. Die Schaufel wird erst nach dem Fache gebracht worin das Erz liegt das eben aufgesetzt werden soll, und mittelst einer kleinen Mulde wird es in die Schaufel gefüllt. Man stöfst dann die Schaufel durch Umdrehung des Schwenkgalgens über die Gichtöffnung, und schüttet durch Schwenken am Stiel der Schaufel das Erz aus. Dadurch, dafs der Aufgeber die Schaufel nicht tragt, kann er viel leichter das Erz über die ganze Gichtöffnung ausbreiten. Man glaubte im Anfange die Gichtenführer würden durch diese Einrichtung mehr Arbeit haben, man hat sich aber vom Gegentheile überzeugt, und die Gichtenführer ziehen, wenn sie erst eingeübt sind, diese Methode bei Weitem der früheren vor. Sonderbar genug ist es, dafs wir bei einigen Oefen die Einrichtung fanden, dafs man die Erze schon wog, den Zuschlag aber noch mafs.

Die Stelle im Gichtkranze wo die Erze aufgesetzt werden beachtet man meist ziemlich genau. Ein leichtflüssiges Erz setzt man über die Form, alle strengflüssigen Erze mitten auf die Kohlen, besonders die heifsgehenden; an die Mauern bringt man dagegen gern die besten Erze, die nicht zu reich sind, um das Ansetzen von Frischeisen zu vermeiden.

Die Menge des Erzes welche man aufgiebt ist je nach der Gröfse der Kohlengicht, nach der Art und Güte der Erze und dem Zweck des Betriebes natürlich sehr verschieden. Im Allgemeinen dürfte bei gutem Gange das Maximum 1050, das Minimum etwa 650 Pfund sein. Bei den Giefsereien werden wenn haltbares Eisen dargestellt werden soll, wegen der mit aufgesetzten schwefelhaltigen weniger gerösteten Erze nur kleinere Erzgichten aufgegeben; sollen kleine Artikel gegossen werden, so setzt man weniger Erz auf als für grofse, wo die Abkühlung des Eisens langsamer ist; eben so wird wenn man ein graues leichtflüssiges Eisen braucht, der Erzsatz vermindert.

dd. Gichtenwechsel und Gebläsekraft.

Wie sehr die Zahl der Gichten die in 24 Stunden niedergehen, je nach den Gegenden und Erzen verschieden ist, möge man aus der Betriebs-Tabelle ersehen; man kann 12 als das Minimum, 25 bis 26 als das Maximum ansehen. Man hat über die beste Zahl viele Versuche angestellt, und glaubt gefunden zu haben, dafs wenn sehr viele Gichten gehen, das Eisen ungleich beim Verfrischen, oder wie die schwedischen Hüttenleute es bezeichnen: nicht genug durchgearbeitet werde, und der Ofen sehr leide. Gehen die Gichten dagegen zu langsam, so verliert man an Produktion, die Schlacke wird zahe, das Eisen fliefst trage, und soll ebenfalls Ungleichheiten beim Frischen zeigen. Für Dannemora haben sich 20 bis 22 Gichten als die vortheilhafteste Zahl dargethan.

Die Veranderungen im Gichtenwechsel können theils durch Vermehrung oder Verminderung des Gebläses hervorgebracht werden, theils durch das mehr oder mindere Stechen der Form. Um die angemessensten Gichtenwechsel, also das richtigste Verhaltnifs des Geblases zum Ofen festzustellen, hat man viele Resultate die an den Oefen selbst gewonnen waren, besonders an den sich so sehr ungleichen Betrieben von Dannemora und Taberg benutzt, und aus diesen Resultaten allgemeine Regeln abstrahirt, die aber nicht sicher begründet sind, und auf die Praxis noch wenig Einflufs gewonnen haben.

Für Tabergerz mufs, wie es scheint, wenn der vortheilhafteste Gichtenwechsel eintreten soll, die Luftquantität die in einer Minute in den Ofen geht 0,63 des Schachtraumes betragen, für Dannemora 0,7.

Diefs Verhaltnifs zwischen Geblasequantität und Ofenraum ist bei den meisten Hütten bis jetzt noch reines Werk des Zufalls. Im Allgemeinen schwankt die Quantitat des Geblases in einer Minute zwischen 0,3 und 0,7 des Schachtraumes, die Pression ist ebenfalls verschieden, und betragt, einzelne Ausnahmen abgerechnet, am Quecksilberwindmesser 0,35 bis 2,1 Grad, wovon 14 auf einen schwedischen Dezimalzoll gehn; man glaubt, dafs eine über 2 Zoll steigende Pression schon für die Oefen gefahrlich werde.

ee. Gang.

Was beim Betriebe im Ofen mit dem Erze vorgehe, besonders ob es irgend einen Moment als reines Eisen sich darstelle, oder bei der Reduktion zugleich Kohle aufnehme, darüber sind in Schweden die Ansichten getheilt. Um auf dem experimentellen Wege einen entscheidenden Aufschlufs zu erhalten, wurden 1825 die Oefen in Finspång im vollen Betriebe gedammt um das Feuer zu verlöschen. Man hoffte auf diese Weise die Gichtensaule in dem Zustande in dem sie sich beim Betriebe selbst befindet festzuhalten und untersuchen zu können. Man verschlofs die Form, Brust und Gichtöffnung auf das sorgfaltigste, aber das Feuer wollte nicht verlöschen. Man sah sich genöthigt durch die Gichtenöffnung Wasser einzugiefsen, und konnte, da durch eine unzahlige Menge feiner Risse und Oeffnungen den Kohlen immer wieder Luft zuging, die Glut nicht eher bezwingen, bis fast alle Kohlen verbrannt, und dadurch die verschiedenen Erzgichten durcheinander gefallen waren. Es fanden sich allerdings Metallbrocken vor die sich schmiedig zeigten, aber sie lagen oft tief unter schon kohlenhaltigen. Es fanden sich keine stahlartige Partikeln, wodurch Garney's Ansicht, dafs das reduzirte Eisen erst zu Stahl dann zu Roheisen werde, widerlegt scheint. In dem einen Ofen hatte man Erzmull aufgegeben, in dem anderen nufsgrofse Erzstücke. Die Reduktion fand sich in ersterem besser vorgeschritten. — Es ist aber auf den ganzen Versuch nicht viel zu rechnen, indem die Abkühlung an 12 Wochen gedauert hatte, und doch dann die Temperatur noch so hoch war, dafs eine kleine Weile nach dem Oeffnen des Ofens trotz dem, dafs man 50 Eimer Wasser eingegossen, doch die Flamme wieder hoch aufschlug, so dafs man nach dreimal 24 Stunden grofse Mengen Wasser einpumpen mufste, um nur das Feuer zu löschen. Der Inhalt war in dieser Zeit gewifs sehr verändert worden, und konnte wenigen Aufschlufs über den Zustand im Augenblicke des Verdämmens geben. Man will den Versuch wiederholen.

Professor Sefström versuchte in einer eisernen oben durch ein trichterförmiges Dach geschlossenen Schale, Erze in den Schacht zu versenken, indem er die an einer Stange befestigte Schale mit einer Gicht niedergehen liefs. Nur das Kohlenoxydgas konnten die Erze treffen, nicht die Kohlen selbst. Wir haben bei den wenigen bisher damit angestellten Versuchen kein Aufschlufs gebendes Resultat gesehen.

Wir sagten schon oben, dafs die Zeichen die man im praktischen Hüttenleben Schwedens benutzt, um die Art des Ganges zu erkennen, sehr einfach seien, und nur für einen Betrieb ausreichen, bei dem Fehler im Gange immer so leicht wieder hergestellt werden können als im schwedischen. Die Aufmerksamkeit der Hohöfner ist dabei sehr gering, der schädlich einwirkenden Umstände sind dagegen viele. Die Kohlen liegen fast nie unter Dach, sind jeder Witterung Preis gegeben, werden überdiefs im Winter aufgeschüttet, ohne dafs man den indefs fallenden Schnee wegschaffen könnte, sie sind daher überaus ungleich, bald sehr trocken durch die Sonnenhitze, bald sehr nafs durch Regen und gethauten Schnee; die Erze, selbst derselben Grube, sind höchst ungleich und sind es noch mehr bei den Gewerkshütten, wo jeder Bergmann seine Erze die er entweder selbst irgendwo gebrochen, oder von wem es auch immer sei gekauft hat, und die oft noch obenein schlecht geröstet sind, zu seinem Blasetage verwenden will; dazu kommt die häufig ungleiche Wirksamkeit der Gebläse, ausgebrannter Schacht, Nachlafsigkeit des Gichtenführers und noch viele andere Umstande. Es ist daher nicht zu verwundern, wenn der Gang sehr ungleich wird, und oft in 24 Stunden von sehr gaar zu sehr scharf besetzt, ja übersetzt springt und umgekehrt, dafs es vor der Form kocht, und das Eisen schwerflüssig wird. Fast das einzige Mittel, was die Hohöfner bei solchen Gelegenheiten anwenden (den gaaren Gang ausgenommen) ist Verminderung des Erzsatzes; binnen Kurzem setzt sich dann der Gang von selbst wieder in Ordnung.

Im Allgemeinen hat man bei jeder Hauptgattung von Erz und Schmiedemethode ermittelt, wie die Eisenart, wie also der Gang sein müsse, um ein möglichst leichtfrischendes Eisen in gröfster Menge zu erhalten. So wird man z. B. den Gang in Taberg Bergslag mehr gaar, den in Dannemora mehr scharf besetzt nennen müssen. Machen Umstände jenen weniger, diesen mehr gaar, so erhalt man mehr Abbrand und weniger Produktion, aber das Roheisen bleibt deshalb immer brauchbar. Gufseisen dagegen wird nur bei einem bestimmten Gange haltbar, und bleibt dabei noch mit Meifsel und Feile zu behandeln; die Grenzen liegen sich ziemlich nah und werden sie überschritten so hält das Eisen entweder nicht, oder läfst sich nicht bohren und abdrehen, mufs daher verworfen werden, und giebt nur ein schlechtes Roheisen, bei dessen Verfrischen Rothbruch zu fürchten ist. Auf den Giefsereien ist daher eine etwas genauere Beachtung des Ganges zu finden.

Um ein haltbares Gufseisen zu erzeugen, mufs der Gang, wie die Schweden sagen, lagom sein, d. h. weder gaar noch besetzt, und eben die gehörige Menge Erz gegen die Kohlen erhalten. Als Haupt-Erkennungszeichen werden Schlacke, Bruchansehen und Bruchprobe des Eisens angewandt. Die Schlacken laufen beim gaaren Gange gut von der Schaufel ab, ziehen sich in Fäden, sind beim Erkalten graublau porzellanartig, und haben oft schöne Krystallgefüge. Bei mehr gaarem Gange werden sie weifser und es treten deutliche Krystalle hervor; bei diesem Gange ist das Eisen sehr locker, unhaltbar und unelastisch. Bei zu scharf besetztem Gange sind die Schlakken schwarz, und mit einer smaragdgrünen Glasdecke belegt. Tritt diese Schlacke ein, so wird das Eisen trägflüssig, sehr hart, füllt die Formen nicht aus, und kann nicht bearbeitet werden. Die Schlacken welche einen guten Gang andeuten sind porzelanartig mit schwarzen Rändern und einer blaugrauen Porzelandecke. — Das Bruchansehen und die Bruchprobe des Eisens nimmt man an einer 1,92 Zoll im Gevierten haltenden, 20 Zoll langen Barre, die beim Fliefsen des Eisens in eine feuchte Lehmform gegossen wird; sie wiegt etwa 25 Pfund. Man setzt sie nach dem Erkalten in ein Futter in einer Wand abik (siehe Tafel I. Fig. 19.) wo sie bei k in der Hälfte ihrer Länge unterstützt ist. Durch das eiserne Band efgh wird der Hebelarm lmc daran befestigt, so dafs kg = 2,88 Zoll. Man hängt eine Wagschale bei p an und setzt sehr vorsichtig erst gröberes, dann feineres Gewicht darauf, bis die Stange bricht. Am besten ist es ein Kissen auf die Wagschaale zu legen, damit nicht durch das Auffallen eines Gewichtes die Stange zu früh breche. Der Hebelsarm lo ist = 61,12 Zoll, le = 1,36 Zoll, no = 3,50 Zoll, lm = nq = 1,82 Zoll; der Hebel wiegt 61 Pfund und ist von geschmiedetem Eisen. Man hält Eisen für hinreichend haltbar, wenn die Stange mit Einschlufs der Wagschaale aber ohne Hebelapparat 652 Pfund trug. — Die Bruchfläche dieser Stange zeigt, wenn das Eisen gaar ist, eine Annaufung sehr feiner glänzender Körner, die nach den Randern zu matter wird; je gaarer und unhaltbarer das Eisen ist, desto gröfser und glänzender sind diese Körner; wird der Gang lagom, und erhält das Eisen seine gröfste Starke, so bilden sich kleine weifse krystallinische Ecken; bei zunehmender Besetzung des Ganges nehmen die weifsen Ecken an Gröfse zu, und vereinigen sich endlich zu einem Ringe, nur einen grauen zylindrischen Kern übrig lassend, der dann sehr feinkörnig ist; diese Stangen halten wenig und zeigen einen zu scharf besetzten Gang an.

Die Bruchproben liefern nur ein ohngefähres Resultat, da unter sichtbar ganz gleichen Umständen gegossen und gebrochen, wie wir durch Versuche dargethan, die Stangen um 10 bis 15 Prozent in den getragenen Gewichten differiren können; überdiefs geht ihre Haltbarkeit nicht mit der desselben, aber in gröfseren Stücken erkalteten Eisens parallel fort. Doch gewahren sie wenigstens, wie wir aus eigener Erfahrung wissen, die Sicherheit, dafs sich wenn sie beim Geschützgufs angewandt werden, ganz unhaltbare Geschütze dadurch erkennen lassen, und die Kosten des Bohrens und Bearbeitens dafür erspart werden.

Neben dem Bruchansehen dient als Merkmal des Ganges auch der Grad des Einsinkens der vertikal gegossenen Barre beim Erkalten; je gaarer er ist, je tiefer sinkt sie. Bei gutem Gange beträgt dieſs etwa $\frac{1}{4}$ Zoll, bei zu gaarem $\frac{3}{4}$ bis $1\frac{1}{2}$. Durch eine Reihe von Versuchen haben wir gefunden, daſs die in horizontaler Form gegossenen Probestangen bedeutend mehr tragen als die vertikal gegossenen; doch konnten wir, sonderbar genug, keine Zunahme der Kraft der Stange bemerken, wenn der Guſs nicht in feuchten Sand sondern in eine geglühte Lehmform geschah. Bei etwa 10 horizontal und vertikal in Sand und Lehm gegossenen war die Tragkraft im Durchschnitt gleich, auch wurden die Unterschiede der in Lehm gegossnen unter sich nicht kleiner als sie die in Sand gegossnen zeigten.

Bei den Tabergöfen ist der Gang ziemlich trage, die Schlacken sind sehr schwarz, zähe, überaus voluminös. und walzen sich Lava ahnlich. — Sie haben etwa das 60fache Volum des erzeugten Eisens. Man begieſst sie um die kleinen Hüttenräume vor ubergroſser Hitze zu schützen mit Wasser, dabei blahen sie sich bei weitem mehr auf als sonst Eisenschlacken thun, und nehmen eine rostgelbe Farbe und ein sehr zelliges Gefüge an. Sie enthalten eine sehr groſse Menge Eisenkörner mechanisch eingeschlossen, weshalb man sie an einigen Orten unter den Wasserpocher bringt, und durch Schlemmen die Eisenkörner absondert. Bei scharf besetztem Gange sind sie porzellandicht, bei gaarem schaumig aber immer sehr schwarz. Es soll der Schlacke an Kiesel fehlen, und man soll durch Kieselzuschlag sie bei weitem dünnflüssiger machen können. — Das Eisen wird dort gewöhnlich alle 12 Stunden abgestochen.

In Dannemora ist die Schlacke dünnfliefsend, bräunlich, und geht wenn der Ofen ein wenig scharf besetzt ist in's dunkelgrüne. Man bildet Schlackenziegeln daraus in einer Form die leicht auseinander genommen werden kann, und vor dem Einfliefsen der Schlacke mit Schlakkenstücken gefüllt wird. Es werden täglich 50 bis 60 Ziegeln (12 Zoll lang, 6 Zoll hoch, 8 Zoll breit) gemacht. Nach der siebenten Gicht klingelt der Aufgeber, das Eisen wird abgestochen, und die sechs Ellen lange Ganz nach dem Erkalten von einem Pferde mit dem Göpel aus der Hütte gewunden.

Bei sehr rothbrüchigen Erzen wird die Schlacke kolophoniumartig und sehr schwer. Das Eisen fliefst sehr träge und bekommt runde Kanten beim Erkalten. Von Utöerz werden die Schlacken blau und porzellanartig.

ff. Produkt.

Theils nach den Erzen, theils nach dem Zwecke mufs das schwedische Hohofenprodukt ein sehr ungleiches sein. Wir betrachten die einzelnen Eisensorten deshalb jede für sich, und beginnen mit dem sehr haltbaren Gufseisen, weil man auf seine Struktur und Eigenschaften mehr Aufmerksamkeit verwenden mufs als auf die der anderen.

aaa) Haltbares Gufseisen. Zu Geschützen, Schleusenthoren, Walzen und Pfeilern, überhaupt zu allen Gufswaaren die grofser Harte, Kohasion und Elastizitat bedürfen, wird ein eigenes Eisen, durch schon oben beschriebene Röstung, Gattirung und Gang dargestellt, das aus dem Ofen mit rothem Lichte, ziemlich trager Bewegung, und Auswerfen rother kurzer Schweifsfunken fliefst; in kleinen Stücken erkaltet ist es lichtgrau, feinkörnig, und bildet an den Punkten die der Oberfläche am entferntesten liegen, eine fedrig blättrige eben so gefärbte Krystallisation, die den Glanz des Graphits hat, während die anderen feinkörnigen Partikeln nur Fettglanz zeigen. Diese Krystalle färben nicht ab, und sind in kleinen sternartigen Gruppen vereint. Bei ganz kleinen Stükken sieht man nur eine Neigung zu dieser Krystallbildung. In gröfseren Stücken aber von mindestens $\frac{1}{4}$ Fufs im Durchmesser, also in allen Geschützen und Walzen, bildet sich diefs lichtgraue Eisen vollkommen in ein halbirtes um. Die weifsgraue Grundmasse ist feinkörnig, hat Fettglanz und ist sehr hart. Eingestreut liegen darin Elipsoide von ungleicher Gröfse mit einer sternförmigen Vereinigung der Strahlen; sie sind rauchgrau, fast schwarz, mit einem sich dem metallischen nähernden Glanze. Die weifse Masse ist sehr hart, die schwarzen Gruppen brökkeln aus; der Bruch fühlt sich sehr scharf an, und hängt wie Häkchen am Finger; wird eine solche Eisenfläche abgedreht, so sieht sie pockenartig aus. Das Eisen läfst sich gut feilen und bohren, das Abschlagen eines Stückes ist schwer, es ist als wolle man ein inniges Drathgewirre trennen. Das Eisen rostet leicht, und hat bei + 18 Grad Celsius ein spezifisches Gewicht von 7,21. — Wird es verfrischt, so giebt es rothbrüchiges Stabeisen. — Je besser diefs Eisen ist, desto lichter wird es dadurch, dafs die schwarzen Körperchen kleiner werden. Es ist dann sehr hart. Je gröfser dagegen diese Körper werden, und je stärker und gröber ihre Fasern, desto unhaltbarer und weicher ist das Eisen. In sehr schlechten gesprungenen Geschützen und Walzen zeigen sich zuweilen mitten in der Masse goldgelbe Punkte, die, wenn man sie mit bewaffnetem Auge betrachtet, sich als Oxydulhaut darthun.

Wie diese Oxydation mitten in die Masse hineingekommen, können wir nicht erklären.

Diese starke Eisengattung zieht sich beim Erkalten zusammen, bei vertikalem Guſs bis $\frac{1}{18}$ der ganzen Länge. Sie ist deshalb zum Munitionsguſs nicht anzuwenden.

Das schwedische Geschütz hat lange Zeit seinen Ruhm verbreitet, und in Schweden hat man zuerst es gewagt Feldgeschütz aus Eisen zu gieſsen, das sich bis jetzt gut bewährt. Den in anderen Ländern gegossenen Geschützen hat man dagegen von jeher vorgeworfen, daſs sie haufig bei der Probe springen, und auch später unversehens und oft von einer geringeren Ladung als sie schon vielfach ausgehalten gesprengt werden. Im Allgemeinen ist es auch nicht zu läugnen, daſs die schwedischen Geschütze denen anderer Länder vorzuziehen sind; sie halten oft unglaubliche Proben aus, und leiden im Ganzen weniger von Kugeleindrücken, dagegen ist man auch wieder unbillig gegen die nicht schwedischen Geschütze. Die schwedischen welche in's Ausland gehen sind gesetzlich im Inlande schon durch schwedische Artillerie-Offiziere untersucht und Probe geschossen, kommen sie daher zu uns, so erhalten wir schon bewahrte, und wenn wir dann unsere Proben vornehmen, so ist es leicht begreiflich, daſs sie besser halten müssen als die unseren, wo noch gut und schlecht durcheinander der Probe unterworfen wird. In Schweden springen bei diesen vorlaufigen Proben im Durchschnitt eben so viele Geschütze als bei uns, ja ganze Lieferungen müssen verworfen werden, was wir bei unseren Vergleichen nicht wissen, oder nicht in Anrechnung bringen. Auch nach der Probe springen schwedische Geschutze, wovon erst neuerdings sich auffallende Beispiele gezeigt, und so lange man nicht im Stande sein wird, dem Guſseisen einen bedeutend höheren Grad von Elastizität zu geben, werden Fälle, wo Geschütze bei äufserer Unverletztheit nach einer Reihe von Schüssen zerspringen, immer vorkommen müssen, in Schweden wie bei uns, nur dort seltener vielleicht, weil das dortige Eisen wirklich elastischer zu sein scheint als das unsere.

Einzelne schwedische Geschütze unter den vielen versuchten, haben allerdings fast unglaubliche Proben ausgehalten. Um nur ein besonders auffallendes Beispiel zu nennen, dessen Wahrheit wir bezeugen können, möge das Probiren eines norwegischen Marine-18 pfünders den man sprengen wollte hier näher angegeben werden. Die Seele des Geschützes ist lang 7 Fufs 4 Zoll preufsisch der Durchmesser derselben = 5,35 Zoll, die Metallstärke am Bodenstück = 6,73 Zoll und hinter dem Bändchen am Kopfe = 2,96 Zoll. Das Geschütz hielt (1826) folgende Schüsse aus, ohne zu springen:

1 mit $12\frac{3}{5}$ Pfund Pulver preufs. und 1 Kugel = $16\frac{4}{5}$ Pfund.
1 — 8 — — — — 3 — = $50\frac{2}{5}$ —
1 — 8 — — — — 4 — = $67\frac{1}{5}$ —
1 — 8 — — — — 6 — = $100\frac{4}{5}$ —
1 — $12\frac{1}{5}$ — — — — 4 — = $67\frac{1}{5}$ —
1 — $12\frac{3}{5}$ — — — — 8 — = $134\frac{2}{5}$ —
1 — $16\frac{1}{5}$ — — — — 10 — = 168 —
1 — $16\frac{1}{5}$ — — — und einem Zylinder vom Durchmesser der Kugel und 36 Zoll Länge 216 Pfund wiegend.

Trotz dieser fast unglaublichen Haltbarkeit des Einen Geschützes können, wenn der Gang gaarer wird, die Erze nicht gleichmäfsig geröstet sind oder sonst Versehen vorfallen, die nächsten sehr schwach werden. Man lernt aber bei einiger Uebung den Bruch so genau kennen, dafs man, wenn der verlorne Kopf eines Geschützes abgeschnitten wird, mit Berücksichtigung der Probestange (die mit jedem Geschütz gegossen, und dann nach dem Erkalten zerbrochen wird) erkennen kann, welche Geschütze des Bohrens nicht werth sind, welche ziemlich und welche sehr gut halten werden.

Diese zum Geschütz- und Walzenguſs beste Eisenart, kann wie sie aus den geeigneten Magneteisensteinen unmittelbar aus dem Hohofen dargestellt wird auch aus Blutsteinen, und vielleicht selbst See- und Morasterz (die kaltbrüchigen ausgenommen) gewonnen werden, wenn man das aus diesen erblasene graue weiche Roheisen nochmals umschmilzt, wodurch es härter, elastischer, dichter wird.

Der Hauptunterschied dieses schwedischen Geschützeisens und unseres direkt aus dem Hohofen erhaltenen scheint der zu sein, daſs es neben groſser Kohäsion auch groſse Harte besitzt, während bei dem unseren entweder Härte oder Kohäsion vorwaltet, und beide selten vereinigt gefunden werden. So weit einige Analysen der Bergschule reichen, scheint die Haltbarkeit des Guſseisens mit dem Kohlengehalte ziemlich im umgekehrten Verhältnisse zu stehen, was mit unseren weiter oben ausgesprochenen Ansichten sehr wohl übereinstimmt, wenn man annimmt, daſs ein Erz dessen Eisentheilchen hoch oxydirt und fein vertheilt sind mehr Kohle aufnimmt als andre wo eine niedrigere Oxydationsstufe und gröbere Anhaufung vorhanden. Daraus würde man schlieſsen können, daſs die erdigen Oxyderze ein sehr kohlehaltiges Eisen geben, wahrend die sehr grobkörnigen Magneteisensteine das kohlenärmste liefern.

bbb) Gewöhnliches Guſseisen. Zu dieser Sorte werden Erze gewählt die ein graueres Eisen geben und obenein hält man den Gang gaar; es flieſst mit weiſsem Lichte sehr dünn, und spielt nach dem Gieſsen noch lange an der Oberfläche; nach dem Erkalten ist es lichtgrau, sehr feinkörnig, behält aber bei Magneteisensteinen immer eine Annaherung an die erst beschriebene Sorte, ist meist viel harter und weniger dünnflüssig, und überhaupt weniger zum feinen Guſs geeignet als unser aus Thoneisensteinen gewonnenes; zum Umschmelzen taugt es höchst selten, und bekommt dann eine feinlöchrige Oberflache. — In Finspång gieſst man Medaillen und andere feine Waaren wie in Berlin und Gleiwitz, allein selbst die Stücke die aus dem gaarsten im Anfange des Betriebes erblasenen Eisen durch Umschmelzen erzeugt worden, stehen hinsichtlich der Scharfe und Reinheit des Gusses den unsrigen nicht gleich. — Bei weitem besser eignet sich zum Guſs und zum Umschmelzen das Eisen der See- und Morasterze, das in jeder Hinsicht unserem aus den Erzen der Flötzformation dargestellten Eisen sehr nahe steht. Beim Umschmelzen im Flammofen wird dies graue Eisen im Ansehen und allen Eigenschaften der erst beschriebenen haltbaren, bei Magneteisensteinen direkt aus dem Hohofen gewonnenen Eisenart völlig gleich. Probestangen dieses Eisens halten senkrecht gegossen etwa 400 bis 450 Pfund Belastung.

ccc) Roheisen für die Wallonenfrischerei. Es wird nur aus den Dannemora-Erzen dargestellt. Ueber die für den Frischprozeſs beste Eisensorte sind die Ansichten nicht ganz übereinstimmend. Im Allgemeinen halt man ein ganz silberweiſses Eisen das einen zackigen scharfen Bruch hat, und mitunter wohl auch grobe nicht scharfkantige Körner enthalt, für besonders gut, und nennt es warmgehend. — Eisen aber, das zinnweiſs glanzende blattförmige Strahlen, oder einen ebenen spiegligen oder splittrigen Bruch und eine in's gelbliche oder blauliche gehende Farbe hat, hält man für weniger gut, und nennt es kaltgehend. In Oesterby und anderen Punkten zieht man dagegen das letztere vor; die erstere Sorte soll etwas rothbrüchig sein, was man zur Darstellung eines guten Stahlstabeisens für nothwendig hält. So glaubt man auch in neuester Zeit, dafs ein dem gaaren sich näherndes Eisen, wenn sich die Frischer erst daran gewöhnt, das aller vortheilhafteste sei. — Man hat zufällig gefunden, dafs das Eisen der Dannemoraerze wenn es mehr gaar gehalten, und ihm Utöerz zugesetzt wird, sehr haltbar werden kann, ja viel haltbarer als das auf den Geschützgiefsereien bereitete. Es haben Probestangen dieses Eisens, von den genannten Dimensionen, an 1300 Pfund getragen. Man schreibt dies den Schwefelbeimengungen der Erze von Södrafält bei.

ddd) Roheisen für die Halbwaltonenschmiede. Diese Frischmethode, die nur in Söderfors in Upland im Gebrauche, ist bekanntlich nur eine sehr sorgfältig behandelte deutsche Frischerei. Sie kann daher auch das Eisen der Wallonenfrischerei nicht brauchen, sondern mufs ein mehr gaares graues anwenden. Es werden deshalb, wenn Roheisen dafür erblasen werden soll, höchstens 860 Pfund Erz auf die Kohlengicht von 66 Kubikfufs gegeben, wahrend man beim Betriebe für Wallonenheerde 1050 Pfund auf dieselbe Kohlengicht estzt. Die wöchentliche Produktion des Ofens ist im ersten Falle nur etwa 570 Zentner, wahrend sie im lezten bis 770 steigt. Das Eisen was man am liebsten wahlt ist halbirt oder aschenrandig; es hat an der oberen Flache kleine Höhlungen, die wie zersprungene Blasen aussehen.

eee) Roheisen zur deutschen Frischerei. Obwohl die deutsche Frischmethode mit jedem Eisen vorlieb nehmen kann, so sucht man doch wo dafür geblasen wird, ein lichtgraues Roheisen darzustellen, damit es nicht zu schnell frische, und den Frischern Zeit lasse, die Luppen des vorigen Schmelzstückes gehörig auszurecken. Es geht dabei schon mehr oder weniger in das halbirte über, wie das der Tabergerze, das unten weifs fazettirt, oben mehr oder weniger fein halbirt ist und dabei sehr scharf ausgeschiedenen Graphit zeigt. Es ist dies das Roheisen woraus man das vorzüglich gute weiche Småländische Dratheisen frischt. Am liebsten hat man es, wenn es auf der oberen Fläche eine graue, nicht bläuliche Farbe und kleine Löcherchen hat, sonst aber ringsum dicht ist. Macht das weisse Eisen mehr als die Hälfte der Decke der Ganz, so muss es sehr licht sein, aber nicht feinkörnig.

Im Allgemeinen nimmt man an, dafs um ein weiches Stabeisen zu erhalten man arme und schwer schmelzige Erze nehmen müsse, wovon das Roheisen grau wird; wenn es nun auch mehr roh im Heerde geht, so giebt es doch alle Kohle bis auf kleine Rückstände leichter ab, während ein aus reicheren, feinkörnigen und leichtschmelzigeren besonders Oxyd Erzen erhaltenes halbirtes oder weifses Eisen zwar leichter frischt, aber immer einen beträchtlicheren Rückhalt von Kohlenstoff nicht abgiebt; dagegen will man bei einigen Stahlhütten ein mehr gaares Roheisen zur Rohstahlfrischerei. Ob der Titangehalt der Tabergerze auf die besondere Weichheit des dortigen Stabeisens einwirke, ist schwer bis jetzt zu ermitteln. Wahrscheinlich hat die zufällige Entwickelung des Drathzieher Gewerbes in jenen Gegenden die Aufmerksamkeit mehr auf Erzeugung eines solchen weichen Materialeisens hingeleitet, und diese Eigenschaft des Eisens ist mehr in der Behandlungsart als in der geringen Titanbeimengung des Erzes zu suchen. — Fast überall wird das Roheisen beim Erkalten mit Wasser begossen, um es vom Sande zu reinigen und schon etwas zu entkohlen.

7) *Umschmelzen des Roheisens.*

Bei den meisten Hütten die aus den Hohöfen giefsen, findet man auch kleinere Schachtöfen zum Umschmelzen des Eisens. Besonders beliebt waren früher die Sturzöfen, deren Construktion in Deutschland wohl bekannt ist; in neuerer Zeit hat man sich zwar bemüht an deren Stelle die Kupoloöfen einzuführen, doch sind erst an wenigen Orten deren errichtet, ja man neigt sich sogar wieder zu der früheren Einrichtung, und es scheint nicht als wenn die Sturzöfen sobald verdrängt werden dürften.

Aufser diesem Umschmelzbetriebe auf den Hütten selbst, giebt es besonders zwei grofse Giefsereien in Schweden, die des Owen in Stockholm und die dem Staate gehörige in Motala am Wettersee, die dem Bau des Gothakanals ihr Entstehen (1822) verdankt; sie ist von dem Engländer Fraser angelegt. Owen hat Flammofenbetrieb, Motala's Giefserei dagegen bis jetzt Kupoloöfen mit Koaksbetrieb. Beide Giefsereien verschmelzen meist Seeerzeisen, doch klagen sie auch oft über diefs, und allerdings kommt es hinsichtlich der Güte zum Umschmelzen nicht dem englischen oder schlesischen Steinkohleneisen gleich. Die Walzen, Pfeiler und andern Artikel die Owen aber durch Umschmelzen dieser oder auch des grauen Bergerzeisens darstellt, schätzt man eben so sehr, ja vielleicht noch höher als die in Åker aus Geschützeisen unmittelbar aus dem Hohofen gegossenen.

Bei den Kupoloöfen die mit Holzkohle betrieben werden rechnet man im Durchschnitte auf den Centner Eisen 10½ Kubikfuſs Kohle und 6 bis 8 Prozent Abbrand. Die Kohlengichten sind 1 Tonne (5,5 Kubikfuſs).

Beide Fabriken haben besonders auf die Gieſsmethoden, zumal auf das Formen in Schweden einen sichtbar vortheilhaften Einfluſs geäuſsert. Die noch heutige Gieſsmethoden aus dem Hohofen mit ihrer fast unglaublichen Unvollkommenheit, und besonders einzelne Guſsstücke der Vorzeit zeigen deutlich, auf welchem Standpunkte der Kindheit sich früher alle diese Prozeduren befunden haben müssen. Jetzt wird wenigstens an einigen Stellen schon recht gut geformt, obwohl dieſs nur von Maschienentheilen und gröberen Artikeln zu verstehen ist. Kochgeschirre fallen immer noch sehr schwer und unsauber aus, und wiegen oft noch mehr als das dreifache der Unsrigen den gleichen Inhalt habenden.

II. Stabeisenbereitung.

In dem Bemühen den Hohofenprozeſs zu heben verlor man seit geraumer Zeit die Stabeisenfabrikation ganz aus dem Auge; es geschah durchaus Nichts für sie, und obwohl man seit den letzten Jahren begonnen auch an ihre zeitgemäſse Umgestaltung zu denksn, so ist doch bis jetzt noch Nichts von dem Vorgeschlagenen in's Leben übergegangen, und die Frischerei selbst steht genau auf dem Punkte auf den sie Rinmann sah und beschrieb. Wir werden daher nur Weniges seinen allbekannten Schilderungen beizufügen haben, da es von geringem Interesse sein kann Heerdmaſse und andere eben so geringfügige als willkührliche Aenderungen in den bekannten Frischmethoden hier vorzulegen. Wichtiger aber wird es sein die Vorbereitungen die zu einer Umgestaltung der ganzen Fabrikationsweise seit Jahren begonnen, so wie die darüber geführten Meinungskämpfe genauer zu betrachten, weil sie nicht blos Lokales Interesse gewähren, und manche gute Untersuchung hervorgerufen haben.

1) Die Frischerei wie sie heute ist.

Das Vergessen der Frischerei, bei den Maafsregeln die zur Hebung des Eisenhüttenwesens geschahen, geht so weit, dafs man selbst bei Anstellung von beaufsichtigenden Beamten nicht für sie sorgte, und einen kleinen Zeitabschnitt abgerechnet, wo die Oberhohofenmeister eine Art von Aufsicht darüber führten, sie sich selbst und den Åldermännern die den Zunftgesetzen gemäfs ernannt werden mufsten, überliefs. Daraus ist es zu erklären, dafs im Allgemeinen die Kenntnifs der höheren Beamten vom Frischprozesse bei weitem geringer ist als vom Hohofenbetriebe. Dazu kommt, dafs man der Meinung war die Verschiedenheit des Ausbringens und der Güte, liege gröfstentheils in der Hand des Frischers der daher dafür verantwortlich bleiben müsse, weshalb auch für Verbesserungen hier weniger zu thun und wissenschaftliches Eindringen sehr schwierig sei. Die besseren Frischer von denen man erst das Faktische lernen müfste, lassen sich übrigens selten geneigt finden das was ihnen durch Uebung gekommen mitzutheilen, und wie bekannt sind sie auch seltener im Stande, was ein gewisses richtiges Gefühl ihnen giebt, zu beschreiben, wenigstens nicht dem blos theoretischen Hüttenmanne der nicht selbst anhaltend frischt. Ueber Stellung des Feuers, Handgriffe, Windstärke, Richtung u. s. w. ist daher nichts allgemeines fest gestellt. Jeder Frischer richtet sich das Feuer nach seiner Weise ein, und hält auf die halben Zolle von Hängen und Neigen seiner Zacken und Bodenplatte mit abergläubischer Festigkeit. Welche von diesen Stellungen der Bodenplatte, Zacken wirklich von einigem Einflusse sind, welche gleichgültig, darüber hat man ebenfalls erst in neuerer Zeit zu versuchen angefangen, noch ist man aber weit entfernt zu einem, nur einigermaafsen richtigen Resultate gekommen zu sein.

a. Dimensionen, Bruch, Güte.

Die in Schweden gebräuchlichen Stabeisensorten sind nach dem jüngeren Rinmann folgende:

Plattes.

Voyage jern *)	$1\frac{1}{2}$ schwed. Zoll breit	$\frac{3}{8}$ dick,	5 Ellen lang	
Extra platt	$1\frac{1}{2}$ — —	$\frac{3}{8}$ —	$8-8\frac{1}{2}$	—
Fint platt	$1\frac{3}{4}$ — —	$\frac{3}{8}$ —	$7\frac{1}{2}-8$	—
Ordinarie platt	$1\frac{7}{8}$ — —	$\frac{3}{8}$-$\frac{1}{2}$ —	$7-7\frac{1}{2}$	—
Oegeljern	6 — —	$\frac{1}{2}$ —	$1\frac{1}{2}$	—

Vierkant.

Extra ordinarie fyrkant (dies ist die feinste Sorte für den Stabeisenhammer)	$\frac{3}{4}$ Zoll im Quadrat,	7—8 Ellen lang	
Extra sorten	$2\frac{1}{4}-2\frac{1}{2}$ —	5—4	—
	3 —	$2\frac{1}{2}-3$	—
Ordinarie fyrkant	$\frac{7}{8}-1\frac{1}{4}$ —	7	—
	$1\frac{1}{2}-2$ —	6	—
Bergmannsjern	$2\frac{1}{2}-3$ —	$1\frac{1}{2}-2$ El. dick.	

Schamplunjern nach bestellten Maafsen zu Bauten und Fabriken.

---

*) Es ist auf den Transport mit Esel berechnet, deshalb hat es so feine Dimensionen.

Ojemtjern, das sind die Dannemora-Sorten die von England bestellt werden.

Räkt och oslätadt ist für Manufakturen bestimmt; es wird blos gereckt und nicht kalt überhammert, theils weil es gleich wieder verarbeitet wird, theils weil die äufseren Fehler dadurch versteckt werden können. Alles dies Eisen wird nur so heifs als möglich mit wenigen Schlägen gestreckt und mit Wasser abgelöscht um den Glühspahn abzusprengen.

Ueber die Eigenthümlichkeiten in der Natur des Stabeisens sind in der letzten Zeit in Schweden mehrere Abhandlungen erschienen, wodurch die verschiedenen Eigenschaften schärfer bestimmt und gesondert werden, und die daher von allgemeinem Interesse sind, da wir in dieser Hinsicht sehr oft uns in Sprach- und Sachverwirrung befinden.

Man spricht gewöhnlich im Allgemeinen von der Kohasion des Eisens und versteht darunter die an sich verschiedensten Eigenschaften, die Schmiedbarkeit, Haltbarkeit bei Belastung, Dehnbarkeit u. a. m. die eben sowohl getrennt hervortreten können, als sie bei vielen Eisenarten sich vereinigt befinden. Sefström will daher mit Recht scharfere Definitionen eingeführt sehen; wir geben seine Idee hier wieder in Verbindung gebracht mit der die Lagerhjelm in seinem Werke über Schmiedbarkeit des Stabeisens entwickelt hat, und erlauben uns selbst einige Modifikationen.

Sefström nimmt an: bei Gleichbleibung der anziehenden Kraft der Atome des Eisens sei eine Verschiebung derselben möglich; dann kann, seiner Ansicht nach, erstens durch die anziehende Kraft allein bedingt werden:

1) Die Haltbarkeit die der Theilung der Körper durch Ausstrecken, Zusammendrücken, Biegung und Drehung widersteht. Wir aber glauben, dafs nur das Ausstrecken eine Anforderung ist der ein blos kohärenter Körper entsprechen kann, zu den drei anderen gehört schon Verschiebbarkeit.

2) Harte und Weiche. Sie werden gemessen durch das Eindringen eines festeren Körpers in den zu prüfenden.

Zweitens wird durch die anziehende Kraft verbunden mit Verschiebbarkeit bedingt:

1) Schmiedbarkeit, (Duktilität) und zwar zerfallt diese wieder in zwei Unterabtheilungen, in die Duktilität beim Druck und beim Strecken. Sie ist mit Haltbarkeit nicht zu verwechseln, da diese mehr die Kohasion allein, diese fast nur die Verschiebbarkeit allein in Anspruch nimmt. Gold und Silber sind duktil, weil ihre Theile sehr verschiebbar sind, sie halten deshalb sehr gut so lange eine blofse Verschiebung der Theile hinreicht der von aufsen eindringenden Kraft zu widerstehen, sobald aber die Theile auf irgend eine Weise direkt aneinander halten sollen, so lassen sie los, weil sie mit wenig Kraft zusammenhangen; so lassen sich beide Metalle sehr gut durch die feinsten Löcher als Drath ausziehen, allein nur wenn der Drathzug allmahlig geschieht; zieht man stark, so hilft die Verschiebbarkeit Nichts mehr, die direkte Kohasion der Theilchen unter sich wird in Anspruch genommen und der Drath reifst. Andere Metalle haben dagegen mehr zusammenhaltende Kraft und weniger Verschiebbarkeit, z. B. Eisen. — Sind die Partikeln schwer verschiebbar, so kann ein Körper wohl duktil sein, allein es gehört eine gröfsere aufsere Kraft dazu seine Form zu verandern; dann nennt man ihn steif.

2) Elastizität; vermöge derselben lassen die Körper eine Verschiebung der Theile zu, die sich von selbst wieder aufhebt. Lagerhjelm nennt Gränze der Elastizität eines Körpers die Kraft, die eben hinreicht eine Veränderung darin hervorzubringen welche die Elastizität, sich selbst überlassen, nicht ganz wieder aufheben kann. Maafs der Elastizität dagegen nennt er die Gröfse der Veränderung die eine bestimmte Kraft, die jene Gränze noch nicht erreicht, auf denselben Körper hervorbringt.

3) Sprödigkeit. Ein spröder Körper d. h. ein solcher, dessen Theilchen wenig oder nicht verschiebbar sind, kann viel Haltbarkeit haben, wenn man direkt der anziehenden Kraft entgegenwirkt, er wird aber zerbrochen, wenn irgend eine Verschiebung der Theilchen nothwendig wird.

Lagerhjelm theilt diese allgemeine Eigenschaften in Bezug auf Stabeisen in absolute und relative. Schmiedbarkeit und Dichtigkeit (d. h. Kontinuität) nennt er die absoluten Eigenschaften die jedes Stabeisen haben müsse, wenn es gut genannt werden solle. Die verschiedenen Klassen des guten Eisens werden aber durch folgende relativen Eigenschaften bedingt.

1) Härte. Es ist hier darunter verstanden was oben Steifheit genannt wurde, sie zerfällt in

a. Zähe Härte, eigentliche Steifheit, wobei Veränderung der Form, obwohl nur bei grofser Kraft möglich ist.

b. Spröde Härte, das was wir oben Sprödigkeit nannten, nur mit Härte gepaart.

2) Weichheit, das was oben Schmiedbarkeit genannt wurde, mit der Bedingung des geringeren Widerstandes gegen den Hammer. Sie zerfällt in:

a. Zähe Weichheit, diefs ist der höhere Grad von Duktilität.

b. Spröde Weichheit, diefs ist der mindere, wo ebenfalls wie bei aller Sprödigkeit gröfserer Widerstand in Bezug auf direkte Trennung, z. B. Zerreifsung nach der Länge, sichtbar wird, als in Bezug auf Verschiebung der Theile, z. B. Beugen.

Dadurch zerfällt das gute Eisen, in 1) hartes und zähes, 2) hartes nicht zähes, 3) weiches und zähes, und 4) weiches nicht zähes. Das erstere wird für das beste gehalten, es biegt sich eher als es bricht, hält Stöfse besonders gut aus, bei Aetzung der Fläche zeigt sich diese eben, nicht drathig, nicht schimmernd, sehr lichtgrau, ohne Wolken und Streifen, im Bruch ist es fast silberweifs, feinkörnig, die Körner ohne sichtbare Absonderung, es läfst sich in nicht zu starken Dimensionen biegen ohne zu brechen, es mufs starke Hitze zum Schweifsen haben, glüht dabei milchweifs, und wirft ganz feine weifsbläuliche, rauschende, leichte, weitfliegende Funken.

Das harte nicht zähe Eisen ist feinkörnig, lichtgrau, erfordert mehr Hämmerung, nutzt sich schwer ab, wird unbiegsamer durch das Härten, wirft grofse Schweifsfunken, und ist besonders gut zum Stahlbrennen. Die dazu geeigneten Erze sind die von Dannemora, Bisperg, Långbanshytta u. a. m.

Das weiche und zähe Eisen ist am vollkommensten wenn es in dünnen Dimensionen bis zu zwölf mal gebogen werden kann ohne zu brechen, beim Bruch überall gleichfadig ist, und dieser von vorn gesehen lichtgraue, von der Seite Eisen-Farbe hat. Es wird besonders von Taberg-Erzen und Blutsteinen, z. B. Utö dargestellt.

Das weiche nicht zähe Eisen ist besonders zu

gedrechselten Arbeiten, überhaupt mehr zu Zierden u. s. w. anzuwenden. Es ist gewöhnlich kurzsehnig, dunkler als das 3te, hat weniger Metallglanz, und nimmt sehr leicht Schweifshitze an.

Die Fehler des schwedischen Stabeisens über die man jetzt am meisten klagt, sind wie schon oben erwähnt, Ungleichheiten der Stangen in ihrem Bruche, ihrer Härte und Haltbarkeit. Besonders entstehen nach der allgemeinen Meinung diese Mängel aus dem Streben nach möglichst geschwinder Produktion und Ueberschufs an Kohle und Eisen. Auch bemerkt Lagerhjelm sehr richtig, dafs man den Fehler begehe Erze durcheinander zu schmelzen, wovon das Eine geneigt sei ein weiches, das Andere ein stahlartiges Eisen zu geben, wodurch man das Produkt verderbe, statt jedes der Erze für sich zu verschmelzen, und ein gutes weiches und ein gutes hartes Eisen zu gewinnen. Die grofsen Schmelzstücke z. B. der Butschmiede, lassen kein gehöriges Ausscheiden der Schlacken zu, und zeigen die gröfste Verschiedenheit in den Luppen, je nachdem sie der Form näher oder entfernter lagen. Dabei kann man als ziemlich durchgehend annehmen, dafs je mehr Ueberschufs an Eisen und Kohle ein Frischer hat, desto ungleichmäfsiger und unhaltbarer ist sein Produkt. — Nur die Wallonenfrischerei mit ihren kleinen Schmelzstücken eines ohnehin leichtfrischenden Eisens, oder die überaus grofse Sorgfalt des Halbwallonenheerdes bei schwerer frischendem Eisen, können ein gutes gleichmäfsiges Produkt geben. Wir sahen von diesen Methoden auch die beiden Extreme welche die Frischerei zu erzeugen vermag in vollkommenster Schärfe dargestellt, nämlich ein hartes dabei vollkommen schmiedbares sehr haltbares Stahlstabeisen, und ein überaus zähes, weiches und kaum zu zerreifsendes Ankereisen. — Nur noch das zum Drathziehen bei Taberg bereitete Stabeisen, wobei aber nur die mittelsten Theile des Schmelzstückes benutzt und sehr viele Stangen als unbrauchbar ausgeworfen werden, kann als vorzüglich gut genannt werden; das übrige schwedische Stabeisen wie es jetzt ist, dürfte trotz seines guten Rohmateriales unser besseres Stabeisen nicht um Vieles übertreffen.

Man macht in Schweden einen Unterschied zwischen sehnigem und körnigem Stabeisen, und will dafs beide nicht zugleich in einer Stange sein sollen; auch giebt man sich Mühe jedes derselben immer sicher darstellen zu können. Es sind wenige dieser Bemühungen geglückt, und es dürfte wohl überhaupt an der Erreichung dieses Zieles nicht viel gelegen sein, und zwar aus folgenden Gründen. Es scheint nämlich als sei der dem reinen, oder dem ihm sich nahenden Eisen natürliche Bruch der körnige, und zwar je reiner das Eisen ist, mit desto gröfseren Körnern unter übrigens gleichen Umständen. Die sehnige Struktur ist allemal aus der körnigen entstanden, und ist das Produkt irgend einer Plattung oder Biegung welche die Körner im erweichten Zustande getroffen. Jedes gehämmerte Eisen wird besonders bei feinen Dimensionen, immer einige sehnige oder blättrige Stellen zeigen, zumal wenn schon beim Frischen selbst durch das Aufbrechen und Einstechen mit dem Spette die Eisentheile stellenweise langgedehnt worden sind. Deshalb findet man in groben Dimensionen und bei Frischmethoden wo das Schmelzstück nicht zu lange weich geblieben, immer mehr die körnige Struktur vorwaltend. Man wird daher wohl dahin wirken können, das Korn des Eisens wo es erscheint gröber oder feiner zu erhalten, je nachdem es weicher oder härter, d. h. reiner oder kohlenhaltiger werden soll; aber Sehnen werden immer, besonders bei dem groben Korn, schwer vermieden werden können, werden auch nichts schaden, da die Eisenstange doch weiter verarbeitet werden muſs, und bei der weiteren Ausstreckung unter dem Hammer fast durchgehend sehnig werden wird.

Da wo es geglückt ist ein sehnenfreies Eisen zu gewinnen, lag es daran, daſs man ein hartes feinkörniges Eisen dargestellt hatte, das überhaupt schwerer sich zur Sehne strecken läſst. Deshalb hält man auch das sehnenfreie Eisen für besonders gut zum Stahlbrennen, weil es sich eben dadurch als hart darthut. Gröſsere Aufmerksamkeit als die Vermeidung des sehnigen Bruches verdient daher wohl theils die Gleichförmigkeit und Gleichfarbigkeit der Körner in derselben Stange, theils die Vermeidung des schiefrigen Bruches der durch eingemengte Schlackentheile entsteht, und allerdings dem sehnigen zuweilen ähnlich ist.

Für das beste Materialeisen hält man das, was zwischen dem weichen sehnigen Eisen und dem Stahle steht, das zu gröberen Dimensionen ausgereckt (wenigstens $1\frac{1}{2}$ Zoll breit und $\frac{3}{4}$ Zoll dick) einen körnigen, wie aus silberweiſsen Fäden vereinigten Bruch zeigt, der einem abgerissenen Tau ähnlich ist. Zu Drath und Flintenläufen wählt man einen möglichst g r o b k ö r n i g e n Bruch, der dabei dicht und silberweiſs ist. Für beide Artikel ist das Material dasselbe, nur sind die Dimensionen verschieden. Für jede Stange welche die Drathzieher annehmen erhält der Frischer besondere Vergütigung. Dies Eisen verhält sich gleich gut beim Ausrecken und Auswalzen. Beim Probiren wirft man die Stangen mit hochgehobnem Arm auf dreikantige Eisenblöcke, deren Rücken 1½ Fufs über dem Fufsboden erhaben ist. Längenrisse hält man, obwohl sie durch eingemengte Schlacke entstehen, für ein gutes Zeichen, da sie nur bei weichem Eisen sich zeigen.

b. Die Frischmethoden.

aa) Wallonenfrischerei. Sie ist auf die Dannemora-Werke beschränkt, und wird noch heute von den Nachkommen der eingewanderten Wallonen betrieben. Die Luppe ist im Durchschnitt 74 Pfund schwer, und das Frischfeuer jetzt 7 Zoll unter der Form tief. Die Form sticht stark (14 Grad) und das Gebläse ist ebenfalls stärker als gewöhnlich. Der Reckheerd ist 8 bis 12 Zoll tief. Im Frischfeuer liegt die schon abgefafste Luppe der vorigen Schmelzung als Unterlage für das neue Schmelzstück. Beide werden zugleich herausgenommen, die ältere dem Reckheerde übergeben, das Schmelzstück zur Luppe zusammengeschlagen und wieder in's Frischfeuer gebracht. — Bekanntlich gewinnt der Reckheerd in jeder Schicht in der 6 Frischungen vorgenommen werden, eine 7te Luppe aus den Abgängen der 6 gereckten, die aber sehr ungleich und mit Schlacke gemengt ist, und von den meisten Hütten deshalb nur im Lande verkauft und nicht versandt wird.

Es scheint als halte das Dannemora-Eisen theils durch seinen Mangangehalt (?) mehr aber vielleicht noch durch diese schnelle Niederschmelzung viel Kohle zurück, werde dadurch hart, fest, und besonders zum Stahlbrennen geschickt. Wenigstens wird durch deutsche Frischerei das Dannemora-Eisen sehr weich und schlecht zur Stahlgewinnung, dagegen kann mit Wallonenfrischerei wieder nicht leicht Materialeisen für Walzwerk und Drathzieherei erzeugt werden.

Die Schichten der Frischfeuer sind sehr kurz (3 Stunden) und die Arbeiter beschwerten sich vielfach über die kurze Rastzeit. In der einen Schicht arbeitet der Meister, ein Geselle und ein Junge, in der nächstfolgenden ein Geselle und ein Knecht. Am Reckheerde dauert gewöhnlich die Schicht 8 Stunden, in der einen Schicht ist ein Meister, ein Geselle, ein Knecht und ein Junge, in der anderen zwei Knechte und ein Junge beschäftigt, also beim ganzen Wallonenheerde 12 Mann, doppelt so viel als bei der deutschen Frischerei. — Die Wallonenschmiede hat jetzt (bei $5\frac{1}{2}$ Arbeitstagen) eine wöchentliche Produktion von im Durchschnitt 160 Centnern wenn gröbere Sorten ausgeschmiedet, und die Rohenden nicht abgehauen werden. — Wie grofs aber auch hierbei der Unterschied ist sahn wir in Oesterby, wo ein sehr geschickter Frischer neben einem gewöhnlichen arbeitet; in der Zeit wo wir uns dort befanden, hatte der erstere in den 43 Schichten einer Woche 184 Centner ausgeschmiedet, letzterer nur 154; ersterer hatte dabei nur 23 Prozent Verlust vom Roheisen; letzterer 28. — Früher war in Oesterby der Verlust beim Frischen mindestens 36 Prozent des Roheisens gewesen; jetzt ist er nur 28, also 5 Prozent mehr als bei der deutschen Frischerei gesetzmafsig ist *). Etwas wird der Eisenverlust noch verringert durch das Ausschmelzen der Frischschlacken.

Das Dannemora-Stabeisen zeigt einen sehr feinkörnigen, dichten, dem Stahle sich schon nahenden Bruch. In Ortala wird für die Gewehrfabrik in Norrtelje das Eisen bereitet, man nimmt dazu $\frac{2}{3}$ Dannemora-, $\frac{1}{3}$ Pers-

*) Fur die Wallonenfrischerei ist gesetzlich nichts uber Eisen- und Kohlen-Consumtion festgestellt, es beruhet dies blos auf Privatabkommen.

Erz, und glaubt dafs ersteres dem Eisen Stärke, und letzteres eine glatte schöne Fläche gebe.

Durch genauere Versuche und die sorgfältigste Prozedur fand man folgende Verhältnisse des Verlustes und der Kohlenconsumtion

100 Theile Roheisen gaben

88,67	im Schmelzstück	. Abbrand	11,33
83,62	gekolbte Luppen	. —	5,05
			16,38

Kohlenaufgang war beim ganzen Einschmelzen, Frischen und Kolben auf den Centner gekolbte Luppe 13,6 Kubikfufs Kohle.

Beim Recken gaben:

100 Theile geschrotete Luppe

76,02 Stabeisen — Abbrand 23,98

dagegen gab die Reckerluppe Ersatz

18,66 Theile in der Luppe

diefs gab 12,86 Stabeisen es bleiben also im Ganzen

11,12 Abbrand.

Der Kohlenaufgang beim Recken betrug auf den Centner Stabeisen 13.5 Kubikfufs Kohle, also im Ganzen war der Abbrand vom Roheisen 25,67 Prozent, der Kohlenaufgang 25,8 Kubikfufs für den Centner Stabeisen, und die Zeit die zum Frischen desselben nöthig 54 Minuten.

bb) Halb-Wallonen-Frischerei. Diese Frischmethode führt sehr mit Unrecht den halb uns fremden Namen, denn sie ist durch und durch deutsch, und indem sie Alles aus der deutschen Kochschmiede entlehnt, hat sie nur in der sehr unwesentlichen Hinsicht einige Aehnlichkeit mit dem Wallonenfrischen, dafs wenn man Materialeisen darstellt man die Luppen nicht im Frischheerde selbst ausreckt, sondern sie der Ankerschmiede roh übergiebt. Wird aber Stabeisen, z. B. zu Flintenläufen und dergleichen erzeugt, so geschieht das Ausrekken wie bei aller deutscher Frischerei während des Einschmelzens.

Als wir nach Söderfors kamen, dem einzigen Orte wo diese Methode im Gebrauche ist, fanden wir leider die Feuer nicht im Gange; man hatte zwar die Güte eine Schicht für uns frischen zu lassen, doch war der Heerd kalt, und die Resultate waren deshalb nicht so günstig als sonst. — Es kommt bei dieser Frischmethode sehr auf die Auswahl des Roheisens an. Ist das Eisen nicht ganz so wie man es wünscht, so muſs es gattirt und 2 bis 3 Arten zusammengeschmolzen werden, denn es darf weder zu langsam noch zu schnell frischen. — Der Feuerbau war in der Hauptsache noch ganz wie ihn Rinmann beschrieben.

Zuvörderst wird das Eisen sehr langsam zum Kochen gebracht; man kühlt alsdann mit Wasser ab, bricht auf, legt das Schmelzstück (Rohstück) auf die Seite, und bildet aus den Brocken, die vor der Form niedergeschmolzen werden eine Sule, die so lange niedergeschmolzen wird, bis sie weiſsleuchtend und sehr weich ist. Auf diese schmilzt man dann mit Frischschlacke das Rohstück nieder, kühlt es wieder mit Wasser und bricht abermals auf, (Frischstuck) bildet wie vorhin eine Sule, und schmilzt auf diese das Frischstück nieder.

Wird Stabeisen geschmiedet, so wird die Rohsule nicht so sorgfaltig gemacht, auch das Schmelzstück nicht mit Wasser gekuhlt, sondern gleich nach dem Aufbrechen gewandt und niedergeschmolzen. Wir sahen wie das Frischstück in vielen einzelnen Stücken niedergeschmolzen wurde, ja manches Stück dreimal bis es vollkommen weiſs im Heerde leuchtete, keine Spur eines rothen Lichtes mehr sichtbar war, und es überall mit der

Brechstange angefühlt, eine teigige Konsistenz hatten. Das Produkt ist so zähe, wie uns noch nichts der Art vorgekommen; eine $\frac{1}{2}$ Zoll im Gevierte haltende Stange war kalt nicht durch Hin- und Herbiegen zu zerbrechen, der vorher grobkörnige silberweifse Bruch hatte sich in lange Fäden verwandelt, und die vollkommen bis zur entgegengesetzten Richtung umgebogene Stange hatte das Ansehen eines recht zähen auf gleiche Weise behandelten Holzes.

Man glaubte durch die gewöhnliche Kochschmiede etwas Gleiches erreichen zu können; ein Meister Pierrot (?) gab sich viel Mühe die Anwendbarbeit dieser einfacheren und wohlfeileren Methode zu erweisen. Er war sehr geschickter Frischer, und hatte sich lange vergeblich gemüht ein Eisen mit Kochschmiede zu bereiten, das die Probe des Ankereisens aushielt. Zuletzt hatte er aus dem Betriebe einer Woche die besten Brocken ausgesucht, sie zusammen gefrischt, und zu einem Ankerschaft verarbeiten lassen. Er stellte sich in die Nähe des Gestelles wo der Rammbär auf das zu probende Eisen niederfällt. Sein Ankerschaft auf den er das vollkommenste Vertrauen setzte, wurde in das Gestelle gebracht, der Rammbär fiel, der Schaft zerbrach, und ein Stück davon schlug den unglücklichen Meister tod.

Man hat in Schweden allgemein ein sehr grofses Vertrauen auf diese Frischmethode und das dadurch gewonnene Stabeisen, und es scheint, dafs nur der Aufwand an Material und Zeit so wie der Mangel an hinreichend sorgsamen Arbeitern die Einführuug derselben an der Stelle der deutschen Frischerei verhindert.

Wird Schmelzen und Recken zu Stabeisen an Einem Heerde verrichtet, wobei drei Mann in jeder Schicht arbeiten, so werden nur etwa 26 Centner wöchentlich gefertigt, wobei je nach dem Eisen 18 bis 40 Kubikfuſs Kohle (nach Andern bis zu 60 Kubikfuſs) auf den Centner Stabeisen aufgehen, der Abbrand 17 bis 21 Prozent, und die Zeit für die Schicht etwa 9 Stunden beträgt. Macht man blos Schmelzeisen, so werden etwa 270 Pfund Roheisen für jede Schicht die 3 bis 4 Stunden auch länger dauert, aufgegeben, es ist ein Abbrand von 9 Prozent und 19 Kubikfuſs Kohle auf den Centner, dabei werden wöchentlich 66 Centner dargestellt. Ein Reckheerd kann 100 Centner Stabeisen wöchentlich ausrekken, wobei immer nach der vierten Reckung wie beim Wallonenheerd eine eigene Reckluppe gemacht wird. Der Abbrand beträgt an 15 Prozent; der Kohlenaufgang 19 Kubikfuſs für den Centner.

Andere Versuche geben folgende Resultate:

a. Wenn blos Schmelzstücke gemacht wurden, gaben

100 Theile Roheisen
89,81 — Schmelzstücke

also 10,19 Abbrand

dabei war der Kohlenaufgang 18,5 Kubikfuſs für den Centner. Jede Schicht dauerte 4,66 Stunden, jedesmal wurden 302 Pfund Roheisen eingeschmolzen.

b. Bei Ausschmiedung der Schmelzstücke in besonderem Feuer zu 2 Zoll breitem und $1\frac{1}{2}$ Zoll dickem Stabeisen gaben

100 Theile Schmelzstücke
82,86 Stabeisen

mithin 17,14 Abbrand

Der Kohlenaufgang für den Centner Stabeisen war 18,5 Kubikfuſs.

c. Wenn das Frischen und Ausrecken zugleich in demselben Feuer geschah, gaben

100 Theile Roheisen
78,65 Stabeisen
21,35 Abbrand.

Der Kohlenaufgang war 37,6 Kubikfufs auf den Centner, jede Schicht dauerte 9,43 Stunden, es wurden jedesmal 260 Pfund Roheisen aufgesetzt.

Gut gethan wird den Schmieden bei Erzeugung von Schmelzstücken ein Abbrand von 9 Prozent, und auf den Centner 30,3 Kubikfufs Kohle. Wenn es aber bis zum Stabeisen ausgereckt werden soll, rechnet man einen Abbrand von 23 Prozent, und auf den Centner Stabeisen 56,7 Kubikfufs Kohle.

cc) Deutsche Frischerei. Sie tritt in Schweden besonders in drei Formen auf, als Koch-, But- und Sulu- oder Råbutfrischerei; letztere waren gesetzlich verboten, weil man glaubte, dafs diese Methode wegen der grofsen Schmelzstücke und der unzulänglichen Einwirkung der Schlacke und des Gebläses nothwendig ein rohes und ungleiches Produkt geben müfsten. Neuerdings ist dies Verbot aufgehoben, und wir haben bei mehrmonatlicher Beobachtung der Butschmiede wohl gefunden, dafs das Eisen eben nicht zum Ankerschmieden taugte, aber doch eben nicht schlechter ausfiel als was wir bei Kochfrischerei gesehen. — Eben hier ist in Feuerstellung und Art der Arbeit ein charakteristisches Gewirre von Abweichungen, die gröfstentheils wenigstens ohne alle Werth und Einflufs sind. Im Allgemeinen scheint, wie Sefström in den Eisenkomptoir-Annalen VII. S. 103 sehr richtig sagt, nur so viel gewifs, dafs wenn man einen gaaren Gang will, der Heerd flach, die Form grofs und fast horizontal, das Gebläse schwach sein müsse, der Formzacken nicht in dem Heerd hängen dürfe, und dafs grobe, etwas feuchte Kohlen sehr dienlich seien;

das Uebrige ist Sache einer mehr oder weniger sorgsamen Arbeit. — Die Ungleichheiten des Eisens hat man dem Umstande beimessen wollen, dafs die Frischer um einen besseren Gang zu erhalten, sehr gaares und weniger gaares oder halbirtes Roheisen zusammen verschmelzen, jede dieser Roheisenarten ein anderes Stabeisen gebe, und diese verschiedenen Stabeisensorten sich nicht durch die weitere Bearbeitung in ihrer Eigenthümlichkeit zerstören liefsen. Dafs diefs nicht der Grund ist, sieht man bei der Halbwallonenschmiede, die ebenfalls sehr ungleiche Roheisensorten zusammen verschmilzt, und doch ein überall gleich weiches und haltbares Produkt darstellt. Vielmehr liegt die Schuld gewifs an den grofsen Schmelzstücken und dem ungleichen Grade von Entkohlung den sie je nach ihrer letzten Lage im Feuer erhalten. Deshalb wäre es unrecht diese Eisengattirung die den Abbrand und die Schwierigkeiten so sehr vermindert, wegen eines Fehlers abschaffen zu wollen den sie zur Ungebühr trägt.

Die verschiedenen deutschen in Schweden gangbaren Frischmethoden sind im Wesentlichen nicht von den bei uns unter gleichem Namen allgemein üblichen Prozeduren verschieden; in unwesentlichen Dingen zeigen sich aber so vielfach schwankende Unterschiede, dafs man nicht einmal angeben kann, was darin als Norm zu betrachten sei Die Butschmiede mit ihrer Untergattung der Suluschmiede *) kann nur bei sehr gutartigen Erzen angewandt werden, weil sonst bei den sehr grofsen

*) So zum Unterschiede von der eigentlichen Butschmiede genannt, weil bei ihr aus Stampfeisen aufser dem grofsen Schmelzstücke noch eine besondere Luppe (Sula) gewonnen wird.

Schmelzstücken (bis zu 4 Centnern) ein sehr ungleiches schlechtes Eisen erhalten werden könnte; sie ist daher besonders in Wermland als Suluschmiede und in einigen Gegenden von Ostgothland und Südermannland als Butschmiede eingeführt. Bei schlechteren Erzen, oder wo man ein sehr dichtes weiches Eisen haben will, wie z. B. bei den Walzwerken in Skebo ist dagegen die Kochschmiede im Gebrauch. — Im Ganzen bestehen $\frac{5}{6}$ der ganzen Frischerei Schwedens aus deutschen Methoden.

Im Allgemeinen geben alle in Schweden gebräuchlichen deutschen Frischmethoden ein weiches Eisen, das auch wo es in kleineren Schmelzstücken niedergeschmolzen wird (z. B. bei Taberg) dicht und ziemlich gleichförmig wird, zumal wenn man nur die Mittelstücke des zerschroteten Schmelzstückes wählt. Macht man aber die Schmelzstücke, wie diefs häufig geschieht, bis zu 4 Centnern, so ist allerdings keine Gleichförmigkeit zu erwarten. — Zur Stahlbereitung taugt das auf diese Weise gefrischte Eisen nicht, weil es fast allen Kohlenstoff verloren hat.

Wir sagten bereits, dafs der gesetzmäfsige Abbrand bei deutscher Frischerei so berechnet sei, dafs 26 Lispfund Roheisen 20 Lispfund Stabeisen geben müssen; er beträgt also 23,08 Prozent. Dabei werden 24 Tonnen Kohlen pro Schiffpfund gut gethan, das sind 45,3 Kubikfufs auf den Centner. Doch kann man im Durchschnitt auf eine ziemlich bedeutende Ersparnifs rechnen. Folgende Angaben zeigen das nähere Verhalten bei der Kochschmiede.

Von 100 Theilen Roheisen erhält man

	höchstens	mindestens	im Durchschnitt
Stabeisen . . .	91,0	76,92	83,96
Abbrand . . .	9	23,08	16,04
	100	100	100

Eine andere Beobachtung stellt die Verhältnisse folgendermafsen:

	höchstens	mindestens	im Durchschnitt
Beim Einschmelzen des Roheisens ist bis zum Schmelzstück Verlust in Prozent	12,11	5,89	9
Vom Einschmelzen des Roheisens bis zum fertigen Stabeisen	23,08	7,24	15,16
Man setzt Roheisen auf jede Schicht	408 Pfd.	208	308
Kohlenaufgang auf den Centner Stabeisen	41,7 Kbf.	21	31,3
Der Schmidt erspart dabei Kohlen, (Prozent der gutgethanen)	53,7	7,9	30,3
Der Schmidt erspart dabei an Eisen	14,84	0,00	7,42

Die Zeit einer Schicht ist folgendermafsen vertheilt; sie bedarf:

	höchstens Std.	höchstens Min.	mindestens Std.	mindestens Min.	im Durchschnitt Std.	im Durchschnitt Min.
zum Wärmen, Schmelzen, Recken	6	20	3	46	5	3
zum Kochen und Frischen	1	50	—	28	1	9
zum Abkühlen	1	—	—	30	—	45
zum zweiten Niederschmelzen	3	—	1	50	2	25
zum Zerschroten . . .	—	27	—	17	—	22
	12	37	6	51	9	44

Die **Suluschmiede** setzt aufser dem Roheisen noch Stampfeisen, das aus den zahen Hohofenschlacken gewonnen, mit auf, und bildet aus diesem die sogenannte Sula die eine eigene Luppe bildet. Hier gaben beim Versuche

100	Roh- und Stampfeisen		
97,2	Schmelzstücke,	Verlust	2,8
82,63	Stabeisen,	Verlust	15,57
			18,37

Dabei gingen pro Centner Stabeisen 24,5 Kubikfuſs Kohle drauf, es hatte der Frischer mithin 4,71 Prozent Ueberschuſs an Eisen und 45,9 Prozent an Kohle. Jede Schicht dauerte 9,3 Stunden.

Die wöchentliche Produktion der deutschen Methoden sind im Durchschnitt 90 Centner für einen Hammer und zwei Feuer; doch geht es wohl bei besonders gutem Betrieb bis 100 und 105.

Wir führen hier noch die Behandlung von kalt- und rothbrüchigem Eisen bei der deutschen Frischerei an.

Das rothbrüchige Eisen muſs grau erblasen sein, der Heerd ist enger und flacher, die Form sticht, und das Geblase ist stark. Man setzt nicht mehr als 200 Pfund auf jede Schicht, legt das Schmelzstück beim zweiten Niederschmelzen hoch in die Kohlen und laſst stark kochen; unter diesen Umstanden wird das Produkt noch ziemlich gut.

Mit kaltbrüchigem Eisen hat man Versuche angestellt es durch Zusatz von Kalk zu verbessern. Es war für sich so spröde, daſs es kalt gehammert oft hinter der Hand des Schmiedes sprang. In einem gewöhnlich gestellten Feuer wurde beim Frischen das Eisen mit Kalkpulver bestreut, das Eisen ward gut aber undicht durch eingemengten Kalk. Man schmolz deshalb gleiche Theile Kalk und Frischschlacke im Schlackenofen zusammen. Beim Frischen gab man mit 200 Pfund Roheisen

80 Pfund dieser Schlacken auf, und setzte während des Einschmelzens noch 24 Pfund dazu. Das Frischstück kühlte schneller ab als sonst das kaltbrüchige Eisen thut. Unter dem zweiten Niederschmelzen gab man noch 56 Pfund Schlacken auf, und das erhaltene Eisen war dicht, frei von dem groben rothen Glühspahn den das kaltbrüchige Eisen gewöhnlich hat, und war wie das beste Stabeisen streckbar auch im Kalten. Man reckte aus dem Mittelstücke Stäbe, die 5 Biegungen hin und her aushielten bis sie zu brechen begannen, dann gingen sie zähe ab, nicht wie das kaltbrüchige mit knatterndem Tone und queerweg. Die Frischschlacke war nicht mehr zu brauchen, sie ward zwar durch neuen Kalkzusatz besser, aber kam doch der neu bereiteten nicht gleich. Um 100 Pfund dieser Komposition zusammenzuschmelzen waren 5,2 Kubikfuſs Kohle gebraucht worden, Abbrand hatte man 11,54 bis 19,23 Prozent vom Roheisen bis zum Schmelzstück, im Ganzen zum Stabeisen aber 23,84 bis 27,69.

Die Einrichtung der Heerde und Hammergestelle ist in Schweden im Allgemeinen ganz wie bei uns, einzelne Abweichungen nur findet man, die einer Erwähnung verdienen. So hat man an den Frischheerden im Rauchmantel einen Zug angelegt, damit die aufsteigenden Schweiſsfunken erst an der Hinterwand in die Höhe dann wieder nach vorn über niedergehen müssen; da sie nun erkaltet sind und nicht wieder mit dem Rauche aufsteigen können, so bleiben sie nun in diesem niedergehenden Zuge auf dem dort verschlossenen Boden des Rauchmantels liegen, wodurch theils die Feuersgefahr vermindert, theils aber auch die nicht unbedeutende Menge Eisen die damit fortgehen würde, gewonnen wird. Eben so hat man um die durch den Schornstein entweichende Wärme noch weiter zu benutzen, und dadurch Holz zu sparen, die Darren für das Malz das den Arbeitern gegeben wird, über dem Feuer angebracht. — Ein von den gewöhnlichen Hammergestellen völlig abweichendes, sahen wir in Leufsta bei Dannemora. Es war aus Eisen gegossen, hatte gar keine Strebebalken, nahm wenig Platz ein, bedurfte weniger Reparatur, und man war in jeder Hinsicht sehr damit zufrieden. Seine Gestalt wird man aus Tafel I. Figur 20 und 21 ersehen.

Nachdem wir nun das Nöthige über die jetzt in Schweden üblichen Frischmethoden angeführt, sei es uns erlaubt noch einer veralteten, die nur noch in einigen nördlichen Gegenden im Gebrauch ist, zu gedenken.

Die Osmundfrischerei dient in Norr-Westerbotten und Dalarne nur zur Verschmelzung von Morasterzen die örke oder yrke heifsen, rothbraune Farbe und süfslichen Geschmack haben, und theils als feine Erde, theils als in Klumpen gebacken vorkommen sollen. Diese Frischmethode heifst in jenen nördlichen Gegenden Hedningsblaster, Blasterverk auch Rannsmide. — Das Niederschmelzen geschieht entweder in Heerden oder niedrigen Oefen, die kallinger oder blasterugnar heifsen. Benutzt man diese Methode statt der Sulufrischerei um Stampfeisen zusammenzuschmelzen, so kann der Frischer 30 Centner wöchentlich liefern, wobei 37,5 Prozent Abbrand und auf den Centner 12 bis 18 Kubikfufs Kohlen draufgehen. Soll diefs Osmundeisen weiter verarbeitet werden und dichtes Eisen geben, so mufs es nochmals im Frischfeuer umgeschmolzen werden; man legt es gleich als Frischstück auf die Kohlen, und schmilzt es einmal nieder, es gehen dabei noch 11,3 Kubikfufs Kohle, und wenn es ausgereckt werden soll 20 Kubikfufs pro Centner auf, so dafs auf diesem Wege für den Centner Stabeisen vom Stampfeisen an 45 bis 56 Kubikfufs Kohle verbraucht werden. Dabei ist das Eisen noch nicht gut zu nennen, denn es ist schiefrig und muſs sorgfältig ausgewählt werden. Stahl erzeugte man früher durch ein schnelleres aber zwei bis dreimaliges Niederschmelzen, wobei es mit Frischschlacke und Wasser behandelt wurde. Der Stahl war oft schon ohne Gerben sehr gut. — Diese Frischmethode hat noch den Vortheil, daſs sie aus schon ziemlich kaltbrüchigen Erzen die durch den Roheisenprozeſs ein untaugliches Eisen geben, noch ein vollkommen gutes und brauchbares darstellt. Sie ist nicht ökonomisch, besonders deshalb nicht weil so sehr viel Eisen verschlackt; der Kohlenaufgang vom Erz bis zum Stabeisen ist bei reichen Erzen 68 Kubikfuſs für den Centner Eisen, bei armen und tragschmelzigen steigt er aber bis 120. Die wöchentliche Produktion wenn Erze verschmolzen werden ist 8 Centner bei armen Erzen, höchstens 18 bei reichen.

2) Die Bestrebungen zur Umgestaltung der Stabeisenfabrikation.

Nachdem anhaltende Klagen über geringe Güte und Gleichförmigkeit des Stabeisens und viele Vorschlage zur Anlage von Frischerschulen, Musterbetrieben u. s. w. ohne Erfolg geblieben waren, rief ein unbedeutender und sogar verkehrter Versuch eines Privatmannes eine lange Reihe von Bestrebungen hervor, und mit dieser entstanden ganz neue Ansichten und theoretische Untersuchungen, die, wenn sie erst ausgekämpft haben werden, von dem entschiedensten Einflusse auf die Praxis sein müssen.

Man glaubte auf dem Plattenwalzwerk in Closter gefunden zu haben, daſs es bei der deutschen Frischmethode nicht möglich werde ein Eisen zu gewinnen, das dicht genug sei, um durch Auswalzen zu dünnen Blechen nicht feine durchgehende Löcher zu erhalten, was beim Verzinnen dieser Bleche Blasen, durch die verdünnte eingeschlossene Luft, erzeugte. Man kam daher auf die Idee das Eisen zu dieser Fabrikation im Reverbirofen zu puddeln, obwohl grade in England, wo sonst alles Eisen gepuddelt wird, man doch zu dieser Platten-Fabrikation sich des mit Holzkohle im Heerde gefrischten Eisens bedient. Man setzte die Versuche durch mehrere Jahre fort, und erhielt befriedigende Resultate. Dies lenkte die Aufmerksamkeit auf die englische Fabrikationsweise, und man wurde darin noch bestärkt, da Telfords bekannte Versuche das englische Stabeisen fast besser erscheinen liefsen als das schwedische. Die Brukssozietat ordnete daher jene Versuche über den Puddlingsprozefs an von denen wir schon sprachen. Den Gang derselben theilen wir nicht mit, da Ure's Werk darüber bereits durch Uebersetzung bei uns bekannt geworden. Im Allgemeinen fand man:

1) dafs man das schwedische Eisen nicht vorher wie es mit dem englischen geschieht, zu fine metall zu machen brauche, wobei man bis 9 Prozent Abbrand gehabt und auf den Centner Roheisen 4,4 Kubikfufs Kohle verbraucht hatte, ohne dafs das Eisen gaarer gehend geworden wäre.

2) Das Eisen wird beim Puddeln sehr weich, dabei aber innig mit Schlacke gemengt, ist daher zu manchen Zwecken kaum zu gebrauchen.

3) Die Unarten, z. B. Rothbruch, lassen sich schwer wegschaffen, daher ist das englische Eisen meist rothbrüchig.

4) Dagegen scheint das Eisen gleichmäfsiger an den verschiedenen Theilen des Schmelzstückes zu sein, als das in den Heerden der Fall ist.

Die ökonomischen Resultate waren etwa folgende:

1) Der Prozefs geht mit Holz so gut, als mit Steinkohle; die verschiedene Trockenheit des Holzes und der Grad der Kohlenbindung des Roheisens macht aber gröfsere Unterschiede in der Dauer der Schmelzung. Der Abbrand beträgt im Durchschnitte 16,2 Prozent und man bedurfte 6,2 Kubikfufs Holz auf den Centner Schmelzstücke. Beim Ausrecken verlieren die Schmelzstücke durch abfallende Brocken 22 Prozent, und der Centner Stabeisen braucht zum Ausrecken 25,6 Kubikfufs Kohle. Diese Brocken verlieren, wenn sie im Frischheerde zugute gemacht werden 13 Prozent Abbrand, und auf den Centner Schmelzstücke gehen 6,4 Kubikfufs Kohle auf.

2) Im Durchschnitt dauerte die Schicht 3 Stunden. Zu jeder Schmelzung wurden 2,5 Centner Eisen aufgegeben. Von den 8 Schmelzungen der 24 Stunden geht eine fürs Schlagen des Schmelzbodens ab, es können daher in der Woche 56 Centner gefrischt werden. Drei Oefen haben einen Reckheerd. Jeder Ofen hat vier Arbeiter, der Reckheerd sechs; es produziren daher 18 Arbeiter wöchentlich etwa 170 Centner Stabeisen.

Nach dem jüngeren Rinmann verhält sich der Abbrand u. s. w. auf folgende Weise:

100 Gufseisen geben

	83,87 Schmelzstücke	(= 16,19 Abbrand)
werden diese ausgereckt, so geben sie .	65,37 Stabeisen	= 18,44 —
	Summa	34,63 Prozent

Werden die aus dem Puddlingsofen kommenden Schmelzstücke um sie von der eingemengten Schlacke zu befreien, nochmals im Frischheerde zu Frischstücken umgeschmolzen, so stellt sich das Verhältnifs wie folgt:

100 Gufseisen geben

	83,81 Schmelzstücke	=	16,19 Abbrand
diese geben .	73,00 Frischstücke	=	10,81 Abbrand
diese ausgereckt geben . . .	60,84 Stabeisen	=	12,16 Abbrand
	Summa		39,16 Abbrand

Im ersten Falle beträgt der Kohlenaufgang für den Centner Stabeisen:

Wärmen des Ofens	=	1,3	Kubikfufs
das Puddeln	=	11,3	—
das Ausrecken	=	12,2	—
		24,8	Kubikfufs

Im zweiten Falle steigt der Kohlenaufgang auf 34,4 Kubikfufs.

Hieraus scheint hervorzugehen, dafs auch in ökonomischer Hinsicht der Puddlingsprozefs den vorgenannten Frischmethoden nachzusetzen wäre.

Diese ungünstigen Erfolge und die Beobachtung die man an einigen englischen Eisensorten gemacht haben wollte, dafs sie unganz sein, mit Schlacke gemengt, und sich schwer umschmieden liefsen, machten, dafs man das ganze englische Verfahren verwarf; das schwedische auf diese Art behandelte Eisen war zwar besser als das englische, aber schlechter als das schwedische gewöhnliche. Es zeigte einen dunklen, sehr kurzsehnigen Bruch, und brach bei der ersten Biegung in's Knie; es zeigten sich mit der Lupe betrachtet selbst in dem besten Eisen Schlakkentheilchen, es blieb nach dem Erhitzen nicht lange schmiedbar, sondern wurde bald immer wieder steif. Man schrieb dieses Alles dem Puddlingsprozefs als unvermeidlich zu, und glaubte dafs das Auswalzen statt des Schmiedens die Mängel noch vermehre, weil der Hammer die Schlacke auspreſst und schlechtes Eisen zerschlägt, die Walze dagegen die Schlacke noch fester in das Eisen einschlieſst, und nur ein höchst schlechtes Eisen unter ihr zerfällt.

Eine andere Parthei (Lagerhjelm, Rothoff) war der Ansicht, es könne das englische Eisen so schlecht nicht sein, als es nach af Ure's und Anderer Versuche befunden, sonst würde es nicht so stark exportirt, und in England selbst so vielfach zu wichtigen Bauwerken benutzt werden können.

Erneuerte Versuche mit englischem Eisen zeigten, daſs wirklich mit einigen Handgriffen sich dieses wohl umschmieden lasse, und daſs es sogar ein recht gutes Material sei. Das Miſslingen der in Schweden angestellten Puddlingsversuche schrieb man einer zu kurzen Erfahrung zu *), wandte dennoch aber die Aufmerksamkeit mehr von diesem Theile der Fabrikation, den Lagerhjelm den chemischen nennt, ab, und beschäftigte sich mehr mit dem sogenannten mechanischen, dem Walzen und Gerben, von dem man viel für Schweden erwartete. Rothoff schlug 1823 der Brukssozietat vor, man solle gröſsere Versuche mit Walzwerken anstellen. Er und Lagerhjelm hofften dadurch, daſs das Ausrecken ganz vom Frischen getrennt würde, die Aufmerksamkeit des Frischers also nicht getheilt sei, werde das Frischen selbst gebessert, auch die so sehr schwere Arbeit der Frischer erleichtert werden. Da man des Reckens wegen nun nicht mehr das Einschmelzen zu verzögern brauchen

*) Dagegen führt af Ure an, daſs man zuletzt bei dieser Arbeit so viel Uebung gehabt, daſs man im Stande gewesen sei es jedem Roheisen anzusehen, wie lange die Schmelzung dauern und welchen Abbrand man haben werde.

werde, würde man bei weitem mehr Frischstücke und diefs zwar mit geringerem Kohlenaufwande erhalten als sonst; sie meinten ferner dafs, weil beim Walzen alle Theile schnell hintereinander dieselbe Streckung erfahren, die Temperatur auch nicht ungleich auf ihre einzelnen Theile wirken könne, beim Hämmern dagegen wo es viel langsamer geht, und der eine Theil daher in der Schweifshitze behandelt wird, während die anderen bei hellrother und andere gar bei dunkelrother Hitze gestreckt werden, müsse selbst ein an sich ganz gleiches Eisen ungleich werden. Die Brukssozietät schlug 15 bis 20,000 Thaler zu diesen Versuchen an, man kam aber nicht weiter damit als zur Anlegung der Glühöfen, und gab dann die Fortsetzung auf, weil man fand, dafs die geschweifsten Schmelzstücke oft sehr undicht waren, und man nun, sonderbar genug, ohne alle weiteren Versuch annahm, diese Schmelzstücke würden unter der Walze doch immer ein schlechtes Eisen geben, man könne daher nicht eher an's Walzen denken, bis man nicht vollkommen Meister des Frischprozesses sei. Lagerhjelm der sich am lebhaftesten für die Walze und das Gerben interessirte, entschlofs sich nun selbst nach England zu gehen und schwedische Schmelzstücke mitzunehmen, sie dort walzen und auch dort probiren zu lassen. Die Methoden und Erfolge dieser sowohl für die Technik als für die reine Wissenschaft überaus interessanten Versuche, sind in seiner obengenannten Schrift (Försök att bestämma valsadt och smidt stångjerns täthet etc.) die durch Pfaff's Uebersetzung bereits in Deutschland bekannt ist, vorgelegt. Lagerhjelm zieht daraus folgende Resultate.

1) Das Walzen giebt immer ein dichtes Eisen, das Schmieden ist unsicherer, es giebt oft ein unganzes, schieferiges Produkt.

2) Das gewalzte Eisen ist gleichförmiger als das geschmiedete, weil der Hammer den Faden zuweilen zerquetscht; ein gewalztes Eisen kann wohl auf einer Seite gleichmäfsig weich, auf der anderen gleichmäfsig hart sein, nicht aber beim Schmieden, denn dabei wird alles durcheinander geworfen.

3) Hinsichtlich des Maafses (siehe oben) der Elastizität, so scheint diefs beim geschmiedeten ungegerbten Eisen gröfser zu sein als bei dem gewalzten ungegerbten, wahrscheinlich wegen der Kalthämmerung, die man aber auch dem gewalzten Eisen geben könnte. Beim gegerbten scheint die Methode des Streckens keinen Einflufs zu haben; die Gränze der Elastizität steht hier immer höher als beim ungegerbten.

4) Das Walzen macht das Eisen bedeutend duktiler als das Schmieden.

5) Die Haltbarkeit (Cohäsion) scheint fast unabhängig von der Streckmethode.

6) Das gewalzte Eisen läfst sich eben so gut als das geschmiedete zu Stahl brennen.

Gestützt auf diese Resultate glaubte Lagerhjelm die Anlage zweier grofser Walzwerke, wohin von den Hütten die rohen mit dem Hammer zusammengeschlagenen geschroteten Schmelzstücke zum Ausrecken geschickt würden, und wo man zugleich das Eisen nach den Schmelzstücken in hartes und weiches sortirte, dürfte von dem entschiedensten Vortheile für die schwedische Stabeisenfabrikation sein. Er wollte deshalb am Mälaren- und am Wetter-See wohin sehr viele Hütten zu Wasser ihr Eisen schicken konnten, ein solches Walzwerk für 25 bis 40000 Schiffpfund anlegen, und kam beim Könige um ein Privilegium ein. Dieser forderte das Bergscollegium und die Brukssozietät zum Gutachten auf; das erstere sprach sich günstig aus. Die Letztere bat af Ure und Professor Berzelius um ihre Meinung darüber. af Ure führte die schon oben genannten Gründe gegen das Walzen an, und fügte noch hinzu, durch das Walzen würde viel schlechtes Eisen das die Walze durchgelassen mit in den Handel kommen, und dadurch der Kredit sinken; in England, wo man den Abbrand nicht achte, könnten durch häufigeres Schweifsen die inneren Ungänzen verbessert werden, deshalb könne man in England auch gerben, allein in Schweden nicht; das gewalzte Eisen müsse hohen Import im Auslande zahlen; die Fabrikation würde durch das Walzen sehr erleichtert; man werde daher mehr Eisen als bisher erzeugen wollen (?) und das sei nicht zu wünschen für Wald und Erz, denn es sei eher danach zu streben besseres Eisen zu machen als mehr, also das Augenmerk besonders auf die Frischerei selbst zu richten; ferner bemerkt er, dafs das Auswalzen mehr Schweifshitzen als das Hämmern erfordere, der Abbrand dabei im Ofen völlig verloren werde, während im Heerde er in die Schlacke gehe, und den nächsten Schmelzstükken zu Gute komme. Auch geschehe wie er meint das ganze Ausrecken mit demselben Brennmaterial mit dem das nächste Schmelzstück niedergeschmolzen wird, während es beim Walzen neuer Hitze im Glühofen bedürfe. Er will daher nur das Manufaktureisen überwalzt haben. — Professor Berzelius zieht das Walzen dem Hämmern vor, indem jenes die Krystalle die sich bei der Schweifshitze im Schmelzstück bilden zu parallelen Längenfäden, diefs zu Blättchen umwandelt, und dabei, da der Hammer nicht überall eine gleiche Anzahl Schläge giebt, seine Wirkung auf die verschiedenen Theile der Stange ungleich ist, und fast einzig von der Geschicklichkeit des Schmiedes abhängt. Dafs der Hammer manches

Eisen zerschlage was die Walze durchläfst, sei keine Tugend des Hammers, denn was die Walze verbessert und gut macht, zerschlägt er vollends; er möge daher wohl zur Probe gut sein, nicht zur Bereitung. Das Gerben lobt Berzelius ebenfalls.

Rothoff suchte Ure's Gründe zu widerlegen, er führt an, er habe die in England ausgewalzten Stücke zur Ausschmiedung nach Eskilstuna erhalten und sie vortrefflich befunden, es scheine daher nicht, als werde das Eisen durch Walzen schlechter; die vorläufigen Versuche mit Glühöfen schildert er als unvollkommen und unvollständig, zumal da es die Puddlingsöfen gewesen, die man als eben vorhanden dazu gebraucht. — Er spricht sich dabei gegen das Gerben des schwedischen Eisens aus, das theuer und nur für Puddlingeisen unumgänglich nothwendig werde, doch glaubt er, dafs es für grobe Dimensionen vortrefflich sei, weil diese, wenn sie aus dem Ganzen bereitet werden, nur auswendig Dichtigkeit erhalten und inwendig locker bleiben; er will daher hiezu dünne Dimensionen zusammenwalzen lassen. — Besonders wichtig meint er werde das Walzwerk für die Eisen-Manufakturen sein, wo die sauber gewalzten englischen Sorten die ungleich geschmiedeten schwedischen fast verdrängt haben, und zwar müfste dazu nicht blos wie Ure will Stabeisen umgewalzt werden, sondern vom Schmelzstück an schon das Walzen beginnen, um ein dichtes sehniges Eisen zu erhalten.

Der Beschlufs der Sozietät war trotz dieser Einwendungen gegen das Anlegen eines Walzwerkes. Im Mai 1827 gelang es aber doch die königliche Erlaubnifs zu erhalten. Es wurde nun der Plan zu einer Anlage am Mälaren entworfen, und zur Theilnahme aufgefordert. Die Anlage war auf 300,000 Thaler Banko berechnet, man wollte aber nur die Hälfte davon zusammenschiefsen lassen. — Man hoffte 1829 die nöthige Summe gedeckt zu haben, doch scheint es nicht dafs wenigstens fürs Erste die Anlage wird geschehen können.

III. Einige besondere Fabrikationen.

1) Plattenfabrikationen. Die Platten werden in Schweden gewalzt, und zwar auf zwei Werken Skebo (sprich Schebo) in Upland und in Closter in Dalarne. Für Skebo wird das Materialeisen aus Dannemora-Roheisen im Wallonenheerde gefrischt; für Closter geschieht das Frischen mit Kochschmiede. Die Platten werden von sehr verschiedener Starke und Gröfse bereitet, und neuerdings mit grofsen von Epizykloiden-Radern bewegten Scheeren beschnitten, wozu mit Talk vorgezeichnet wird. — An beiden Orten sind drei Paar Walzen, wovon zwei immer in Arbeit sind, und das dritte als Reserve betrachtet wird, die sehr oft in Anspruch genommen werden mufs, weil die Walzen haufig neu abgedreht werden müssen, zuweilen alle 6 bis 7 Stunden, zumal wenn man erst viel von der anfanglichen Oberflache der Walzen abgenommen hat, indem sie im Innern weicher werden Die Walzen werden theils auf den Geschützgiefsereien theils bei Owen in Stockholm gegossen; man achtet die ersteren unmittelbar aus dem Hohofen und die letzteren aus Flammöfen und aus umgeschmolzenem Seeerzeisen gegossenen für gleich gut; beiderlei Art Walzen springen oft von selbst plötzlich, ohne sichtbare Veranlassung. Die Walzen sind in Skebo 40 Zoll, in Closter 30 Zoll preufs. in der Bahn breit, werden durch konische Räder von unten her bewegt, und machen 30 bis 34 Umdrehungen in der Minute; das Schwungrad ist von gegossenem Eisen 15 Fufs im Durchmesser.

Der Ofen hat vier geschiedene Theile und eben so viele Oeffnungen, aufser der wo die Feuerung geschieht; im Lichten ist er $21\frac{1}{4}$ Fufs lang, am Rost 3 Fufs 11 Zoll, am Schornstein 3 Fufs 7 Zoll breit. Der Ofen, der etwa $1\frac{1}{2}$ Famn Holz täglich verzehrt, ist eingetheilt in den Materialofen, oder dem Theile der der Feuerung zunächst liegt; dann Plattenofen No. 1. Plattenofen No. 2. und Glühofen. — In den Materialofen werden 120 bis 130 Stück schon von der Scheere zugeschnittenes Materialeisen gelegt, die in $1\frac{1}{4}$ bis $2\frac{1}{2}$ Stunde gewärmt sind, und zur groben Platte in $2\frac{1}{2}$ bis $3\frac{1}{2}$ Stunde bei 1 bis 3 Hitzen ausgewalzt werden. Sie kommen dann in den Plattofen No. 1. wo sie $\frac{1}{2}$ Stunde bleiben, gewalzt und dann der anderen Walze übergeben werden, wo man sie nun nochmals in dem Ofen No. 1. in Haufen aufsetzt, und auf der zweiten Walze weiter verdünnt. Sie werden dann in den Plattofen No. 2 gebracht, aufgewärmt, und je 4 zugleich überwalzt. Im Glühofen werden die fertigen Platten ausgeglüht. — Oefter als viermal des Tages wird nur selten frisches Materialeisen eingebracht. Einmal des Tages wird die Maschinerie geschmiert, wo dann die Arbeit stille steht. Der Tag ist in sechs Schichten zu vier Stunden getheilt. In Skebo bestand dabei das Personale aus:

1	Walzmeister
1	Plattenmeister
1	Sortirer
1	Schrotmeister bei der Scheere
2	Ofenmeister
10	Walzer
4	Schrauber
1	Schroterlehrling
8	Walzjungen
29	

In Closter werden wöchentlich 140 Centner Platten ausgewalzt, in Skebo 190 Centner. Wenn Dampfkesselplatten gewalzt werden beträgt die Fabrikation bis 270 Centner. 1827 wurden in Skebo im Ganzen 7200 Centner Platten gewalzt, wovon etwa 900 Centner für Dampfkessel bestimmt waren.

Der Abbrand beträgt etwa 11 bis 12 Prozent, der besonders beim ersten Aufwärmen des Materialeisens statt hat; der dabei sich bildende Sinter gab auf dem Hohofen 60 Prozent Eisen. Auf nothwendig abzuschneidende Ränder rechnet man 17,27 Prozent. Diese Ränder und anderer Schrot werden auf Wallonenheerden zu gute gemacht, wobei 20 Prozent Eisen und 30,4 Kubikfufs Kohle pro Centner gutgethan, und wöchentlich in 2 Heerden 140 Centner zu gute gemacht werden. Der Schmidt gewinnt dabei etwas Eisen, und erspart etwa 8,4 Kubikfufs Kohle am Centner Eisen.

2) Die Manufakturschmieden. Sie strecken das Materialeisen zu Band-, Rund- und Zaineisen aus, wozu man sich überall der kleinen Wasserhämmer die 2 bis 3 mal in der Sekunde aufschlagen, bedient. Diese Methode ist auch bei uns hinreichend bekannt. Wir haben nicht Gelegenheit gehabt solche Werke genauer zu sehen, können daher Nichts über das Oekonomische sagen. Die Dimensionen sind von $\frac{1}{2}$ bis $\frac{5}{8}$ Zoll im Quadrat, $\frac{3}{8}$ bis 1 Zoll rund oder achteckig, $\frac{3}{4}$ bis $1\frac{1}{4}$ breit und $\frac{1}{4}$ Zoll dick. Das Manufaktureisen ist im Durchschnitt 12,4 Prozent theurer als das Stabeisen.

3) Nägel. Die Nagelfabrikation ist sehr verbreitet, theils zum eigenen Gebrauch, theils zur Ausfuhr. Ueberall ist auch hierzu der Wasserhammer im Gebrauch. Man hat zwei Methoden die Nägel auszuschmieden. Bei der Einen wird der fertig geschmiedete Nagel gleich auf dem

Wasserhammer abgehauen, und vom Gehülfen mit dem Kopfe versehen (diese Methode heifst på klipp), oder es sind zwei Gehülfen die den unabgehauenen Nagel bekommen, ihn vor der Hand abhauen und dann fertig machen (för korspän). Die erste Methode giebt 2 Prozent mehr in gleicher Zeit und beschäftigt nur zwei Personen, doch bei der letzteren werden die Nägel besser. — Hammer und Ambofs haben bei ersterer Methode zur Seite eine scharfe Kante zum Abhauen des Nagels (s. Tafel I. Fig. 22.) — Bei den kleineren Nägeln (2 Zoll lang) verhält sich der Preis zu dem eines gleichen Gewichtes Stabeisen, wie 73:1. Bei den gröfsten Nägeln (über 9 Zoll lang) wie 11,5:1.

4) Drath wird in Småland besonders in Vessbo-Härad von den Bauern fabrizirt. Das Materialeisen wird in Tabergs Bergslag aus den Mittelstücken des Schmelzstückes gefrischt, und es steigt der Verbrauch jährlich auf 600 Centner. Die Bauern sind Meister im Auswählen ihres Materials, und für die 1 bis 2 Thaler die sie mehr für den Centner geben, schlagen sie den Hütten Eisen genug entzwei. Sie kaufen nur das vollkommen von jeder Ungänze freie, im Bruche silberweifse, grobkörnige Eisen. Das Ziehen des Drathes selbst ist sehr unvollkommen, und verdient keine genauere Beschreibung.

5) Ankerketten. Schon vor der im geschichtlichen Abschnitte erwähnten Aufmunterung des Königs zur Anfertigung von Ankerketten, wurden deren in Furudahl in Dalarne bereitet, und dasselbe Werk hat nun auch die dort genannte Unterstützung des Eisenkomptoirs erhalten, um ein Walzwerk zur Bereitung der stärkeren und stärksten Ketten für Kriegsschiffe anzulegen, auch ist ihm eine Wasserpresse nach der Fullerschen Art zugewiesen worden um die Ketten zu prüfen. 1824 wurde die An-

fertigung der Ankerketten Gegenstand einer Preisfrage der Akademie der Kriegswissenschaft, und das Folgende ist aus der gekrönten Preisschrift entnommen.

Das Eisen dazu wird mit Kochfrischerei angefertigt, auch wäre es vortheilhafter noch es mit Halbwallonen-Methode dazustellen. Jedenfalls müssen bei der ersteren die Schmelzstücke wohl ausgewählt werden. Nur das sehnige Eisen, durchaus nicht das stahlartige ist zu diesem Artikel tauglich, und zwar scheinen Norbergs Erze besonders vortheilhaft zu sein; die Dimensionen der Ankerketten sind in mehrere Nummern getheilt, die zwei Hauptgattungen bilden, die erste von 1 bis 8 heifst die schwedische, die zweite von 0 bis 08 heifst die englische. Die Tabelle No. 13. zeigt die Länge und Dicke der Eisenstücke zu den Gliedern für die verschiedenen Nummern. Die 1 bis $1\frac{1}{4}$ Zoll im Quadrat haltenden Stangen werden unter dem Wassergesenkhammer (s. Tafel III. Fig. 1.) rund gehämmert bis zur bestimmten Dimension der Kettenglieder Die Gesenke des Hammers und des Ambosses müssen am Anfang und Ende etwas weiter ausgebaucht sein, als die zu gewinnende Dimension, damit das Kettenglied recht glatt werde, und keine Hammerhiebe von den scharfen Kanten zeige Es kömmt sehr genau auf die Dicke eines jedes Gliedes an, da man auf die gleiche Haltbarkeit aller rechnen mufs.

Auf der gerundeten, durch eine Schablone geleerten Stange, wird die Lange der Glieder aufgetragen, und mit einem Setzeisen an beiden Seiten der Stange vorgehauen. Um das Eisen zu prüfen steckt man nun die Stange in den runden unverrücklichen Haken C Fig. 2. verbindet sie mit einem $2\frac{1}{2}$ Fufs langen Hebel Fig. 3. und biegt sie kalt auf die Weise, wie diefs in D zu sehen, wobei man darauf achtet, ob sie sich auch gleichmäfsig biegt.

Dann bricht man das umgebogene Stück ab, wo es dann wie Fig. 4. aussieht. — Die Stücke die einen grauen, dichten, sehnigen, splitterfreien Bruch, auch ausserhalb keine Splitter zeigen sind brauchbar, diejenigen aber, wo sich weiſse schimmernde Körner oder der mindeste Riſs zeigen, müssen verworfen werden. Die dabei ausfallenden Glieder können umgeschweiſst und zu dünneren Ketten ausgereckt werden. — Das Schweiſsen der Ankerketten ist sehr schwierig. — Das Gliedstück wird dazu an beiden Enden geplattet, und zugebogen und mit der Zange G in's Feuer gebracht. Der Schweissand muſs sehr staubrein sein, gewöhnlich wird Feldspath dazu gewählt, das Schweiſsen geschieht auf bekannte Weise, die Nath wird mittelst des Gesenkhammers Fig. 6. H. und auf dem Amboſs I mit sehr schnellen Schlägen überhammert, und das Glied erhalt die Form K Fig. 7. — Die Nath kommt zur Seite, nie am Ende des Gliedes. Ist das Eisen an der Nath verbrannt, oder nicht gut verbunden, so muſs das Glied sogleich zerhauen werden.

Um gröſsere Ketten zu verstarken, setzt man zwischen die Glieder Stützen, (s. Fig. 8.) die an beiden Enden nach der Dimension der Kette ausgerundet sind, so daſs sie um $\frac{1}{3}$ der Peripherie herumreichen, gewöhnlich gieſst man sie und überschleift sie dann noch.

Etwa 15 Ellen von dem Ende wo der Anker befestigt ist, wird ein Wirbelglied (Fig. 9.) eingefügt, damit sich die Kette selbst reguliren könne, wenn sie sich verwickelt hat, wodurch ein Querbruch verhindert wird. Ist sie über 300 Ellen lang und von stärkerer Dimension, so muſs auf jede 100 Ellen ein solcher Wirbel angebracht sein, weil sonst das groſse Gewicht der Kette die Regulirung durch den so weit entlegenen Wirbel hindert. An jedem Ende der Kette wird gewöhnlich eine Schake (Fig.

10.) mit Queerbolzen zur Befestigung des Ankers u. s. w. angebracht, doch ist der lange Queerbolzen unsicher, und die andere Form (Fig. 11.) mehr zu empfehlen; diese Schake mufs $\frac{1}{8}$ Zoll stärker sein als die Kette selbst. — Der Queerbolzen hat wie Fig. 12. zeigt einen runden Kopf und bei i ein Loch um einen kleinen Bolzen aufzunehmen, da man Schrauben gern vermeidet.

Die Ketten von No. 08 sind für Schiffe von 70 bis 80 Kanonen bestimmt, 07 für Schiffe von 50 bis 60 Kanonen, 06 zu Fregatten von 30 bis 40, 05 zu Fregatten von 20 Kanonen, 04 zu Briggs von 16 Kanonen, 01 zu Schooner von 10 Kanonen. Die Ketten No. 07 und 08 dürfen höchstens 350 Ellen lang sein. Bei den Ketten von den Fregatten aufwärts mufs jedes Glied eine Stütze haben.

Um trotz aller dieser Vorsicht, besonders in Gruben noch weniger einer Gefahr ausgesetzt zu sein, ist man Willens eine neue englische Kettenform einzuführen, wo, wenn auch einzelne Glieder reifsen, dennoch keine Gefahr erwächst. Denn trotz der gröfsten Sorgfalt reifsen doch zuweilen Grubenketten. So rifs eine der Ketten in Fahlu als wir dort waren und zerschlug sich selbst beim Niederfallen vollends in viele Stücke.

IV. Ausschmelzen der Hammerschlacken.

Das Ausschmelzen der Schlacken lohnt besonders bei der Wallonenmethode, wegen des grofsen Reichthums derselben, zumal wenn sie angerostet werden, weil sich dann das Eisen leichter reduziren läfst als aus dem reinen Eisenoxydulsilikat. Auf mehreren Dannemora-Werken ist daher diefs Ausschmelzen Sitte. Auch sehr zähe Hohofenschlacke in der Eisenkörner mechanisch eingeschlossen, können dabei ausgeschmolzen werden.

Der Ofen ist ein gewöhnlicher kleiner Schachtofen, in den die Schlacke mit Kohlenklein geschichtet aufgegeben wird. An dem Roste befindet sich eine verschiebbare eiserne Platte. Wenn man den Eisenklumpen ausbrechen will, was alle 1 bis 2 Stunden geschieht, wird diese Platte in den Ofen geschoben, wo sie dann die ganze Gichtensäule trägt. Früher hatte man diese Platten nicht, und mufste den Ofen deshalb jedesmal vor dem Abstich niedergehen lassen, wodurch man viel Wärme verlor. Man giebt jetzt Gichten von $1\frac{1}{2}$ Kubikfufs Kohle auf und im Durchschnitt 40 Pfund Schlacke. Der Ertrag ist etwa 15 bis 20 Prozent der Schlacke an Eisen. Das Schmelzstück wird unter dem Hammer zusammengeschlagen, und zum eigenen Gebrauch oder zu schlechteren Geräthen verwandt.

V. Stahlbereitung.

Leider wird in Schweden wenig Stahl bereitet, kaum so viel als die eigene Konsumtion der Hütten in Anspruch nimmt, es ist daher auch wenig für diesen Fabrikationszweig in neuerer Zeit geschehen. Die Oefen sind noch genau die, welche Rinmann und nach ihm Hausmann beschrieben. Es misrathen oft ganze Brennungen, öfter noch einzelne Kisten. Besonders haufig soll diefs bei den neuerdings aufgeführten gröfseren Oefen geschehen, die 450 bis 500 Centner Eisen aufnehmen, während die früheren höchstens 300 Centner aufnahmen.

Den Abgang von Rohstahl beim Gerben pflegt man auf 10 Prozent anzunehmen, doch steigt sie an einzelnen Orten höher, so z. B. bei Lesebo wo man aus Nora und Taberg-Roheisen Rohstahl bereitet, und diesen dann gerbt; dort verliert das Roheisen 19 Prozent bei der Umwandlung in Rohstahl, und dieser beim Gerben 30 Prozent.

Gufsstahl wurde früher vom Bergrath Broling, der die englische Gufsstahlfabrikation genau beschrieben hat, in kleinen Quantitäten bereitet. Mangel an Absatz nöthigten ihn diefs aufzugeben, neuerdings aber hat ein Stahlarbeiter Heljestrand in Eskilstuna diesen Fabrikationszweig wieder aufgenommen, und da er den Gufsstahl in sehr zierliche, weit gesuchte Arbeiten verwandelt, so verkauft er so viel, als er nur mit seinem kleinen Apparate bereiten kann.

Da die Methode Heljestrand's neu und eigenthümlich ist, so wird ihre kurze Beschreibung nicht ohne Interesse sein.

Die Tiegel werden aus dem feuerfesten schwarzen Höganäs-Thon bereitet. Das Formen derselben geschieht auf die gewöhnliche Weise mit Mönch und Nonne, doch wird die Tiegelmasse fester zusammengeschlagen als diefs sonst geschieht. Heljestrand hat gefunden, dafs es nicht vortheilhaft sei der Tiegelmasse viel gebrannten Thon beizumengen; denn je mehr die Menge des Letzteren wachst, desto weniger geneigt ist allerdings die Masse zum Schwinden, desto leichter schmilzt sie aber, so dafs, wo man höchste Unschmelzbarkeit erreichen will und dabei ein stärkeres Einschrumpfen nicht zu achten braucht, ein möglichst geringer Zusatz des gebrannten Thons dem ungebrannten beigegeben werden mufs. — Die Tiegel werden lufttrocken gemacht, und beim Einsetzen in die Esse vorsichtig angewarmt. Inwendig werden sie mit gebranntem Thon und Hanföl ausgeschmiert, wodurch der Tiegel mehr vor dem Angriffe der Schlackendecke geschützt wird. Aeufserlich überzieht man sie mit Oel und Kalk, wodurch sich eine Glasur bildet, die das Aufreifsen mehr verhindert. Die

Tiegel sind 8 Zoll hoch, 3 Zoll im Lichten weit, 3 Linien stark und fast zylindrisch.

Essen. Das Schmelzen geschieht in einer eigenthümlichen Art von Esse, in welche der Wind von allen Seiten zugleich eintritt, und in welcher dadurch ein sehr hoher Temperaturgrad erzeugt werden kann. Die Esse ist ein oben und unten offener Ring aus feuerfestem Thon gestampft. Im Lichten ist der zylindrische Raum der Esse 12 Zoll weit, die Höhe 10 Zoll, der Ring selbst ist 2 Zoll stark. Er wird zwischen zwei inwendig mit Oel bestrichene Eisenringe, die in einander gestellt werden, festgestampft. In dem äufseren Ringe befinden sich zwei Reihen Löcher, in jeder Reihe sind 8 Löcher und zwar so gestellt, dafs die der oberen Reihe auf die Intervallen der unteren kommen; jedes Loch hat 1 Zoll im Durchmesser. Ist der Thonring fertig gestampft, so sticht man in denselben durch die Löcher des äufseren eisernen Ringes, und bohrt auf diese Weise durch den Thonring in derselben Lage die 16 Löcher zylindrisch durch, zieht den inneren Eisenring heraus, und schneidet oben und unten den Pfalz hinein den die Durchschnitts-Zeichnung (siehe Tafel I. Fig. 23.) bei a a zeigt *). Der Thon darf zu dem Einstampfen nur sehr wenig feucht sein, und wird an einem warmen Orte noch vollends ausgetrocknet, wodurch er zusammenschrumpft; man nimmt nun auch den äufseren Eisenring ab. Um der Esse mehr Haltbarkeit zu geben, legt man nach dem Trocknen um

*) Der Pfalz wird, obwohl man ihn nur oben braucht, doch auch unten eingeschnitten, um wenn die obere Seite der Esse durch die dort gröfsere Hitze früher unbrauchbar werden sollte oder die oberen Löcher zuschmelzen, man sie umdrehen und so noch länger benutzen kann. Sie hält im Durchschnitt 10 Schmelzungen und nach dem Umdrehen noch 10.

dieselbe in der Mitte ihrer Höhe eine eiserne Schiene. — Diese Esse wird nun in einen Ofen eingesetzt, der eine zylindrische Vertiefung von 24 Zoll Durchmesser und 10 Zoll Tiefe hat; stellt man die Esse in die Mitte dieses Raumes, so bleibt ringsum ein Zwischenraum von 4 Zoll. Diesen verschliefst man oben mit einem eisernen scheibenförmigen Ringe der an der Esse sowohl als am Heerde luftdicht verschmiert wird. Der Wind tritt durch eine gewöhnliche Form in der Höhe der unteren Löcherreihe in den Zwischenraum, und zwar so, dafs der Luftstrahl nicht grade eins der Löcher trifft, vertheilt sich rings um den Zwischenraum, und tritt zu allen Löchern also ringsum mit gleicher Stärke ein. Der Wind mufs ohne Pression aber in grofser Quantität zugeführt werden. Der Tiegel wird auf Ziegeln gesetzt, und zwar so hoch, dafs die unterste Stahllage in demselben gleich hoch mit der unteren Löcherreihe kommt.

Material. Heljestrand meint, dafs um eine gute Schmelzung zu erhalten, man auf die Auswahl und Sortirung der Kohle die gröfste Sorgfalt verwenden müsse. Besonders komme es auf ziemlich gleiche Gröfse der Kohlen an; er wählt daher zuvor die besten grofsen Kohlenstücke aus, zerkneipt sie mit einer Zange in nufsgrofse Stücke, und siebt sie dann noch, um sie möglichst gleich zu erhalten.

Früher bediente man sich zu diesen Umschmelzungen nur des Brennstahles von Oesterby bei Dannemora. Jetzt wirft man diesem vor, dafs er rothbrüchig sei. Man mufs daher anderen Brennstahl gebrauchen, der aber nicht so feinkörnig wird. Um diesen Fehler zu verbessern, setzt Heljestrand Thon und Braunstein als Schlackendecke zu, wodurch der Stahl allerdings feinkörniger, aber der Tiegel auch leichter durchgefressen wird.

Schmelzung. Nachdem der Tiegel auf die beschriebene Weise in die Esse gestellt und abgewärmt worden, trägt man erst 4 Pfund zerschlagenen Stahl ein, und legt darauf schon benutzte Schlacke, die man an der Farbelosigkeit erkennt, da die frische violet gefärbt ist, darauf deckt man den Tiegel zu, und zwar mit zwei Deckeln, wie aus Tafel I. Fig. 24. zu ersehen, um wenn man in den Tiegel sehen will nicht den ganzen Deckel abnehmen und die schmelzende Masse dadurch abkühlen zu müssen. — Ob die eingelegte Masse zerschmolzen, fühlt man überdiefs mit einem krummen Drathe von weichem Eisen. Ist der Stahl sehr kohlehaltig, so zeigt sich der Drath beim Herausnehmen angefressen; diefs ist ein Zeichen, dafs die neue Schlacke braunsteinreicher als gewöhnlich beschickt werden müsse. — Sind die ersten 4 Pfund niedergeschmolzen, so trägt man wieder einige Pfund Stahl ein, und dazu neue Schlacke bestehend aus gleichen Theilen Braunstein und Thon. Nach Schmelzen dieser neuen Masse wird der Rest eingetragen, so dafs im Ganzen nun 10 Pfund Stahl und 1 Pfund Schlacke sich im Tiegel befinden. Das Füllen des Tiegels mufs deshalb allmählig geschehen, dafs wenn der Tiegel schlecht ist, man nicht den ganzen Stahl auf einmal verliere, und dafs die Schlackendecke die den Tiegel anfrifst, allmählig aufwärts geschoben werde, und nicht durch die ganze Schmelzung auf derselben Stelle bleibe, wo sie unfehlbar sich durchfressen würde. — Die Esse füllt man zum Schmelzen mit gesiebten Kohlen bis über den Tiegel, und setzt zwei, zusammen 3 Fufs hohe Schornsteine ebenfalls aus Thon geformt auf, welche die Wärme überaus wohl zusammen halten, und durch eine Kette und Winde leicht abgehoben werden können.

Ist die Masse geschmolzen, so wird sie in eine erwärmte und geölte zylindrische Gieſsbukel (s. Tafel I. Figur 25.) ausgegossen, in die man einen wohl passenden eisernen dick mit Thon beschmierten und stark erhitzten Trichter B einsetzt. Man gieſst die Buckel bis oben voll, und treibt dann einen starken Eisenpfropf C in die Trichteröffnung, um den Stahl an der Ausdehnung zu hindern; trotz dem wird er zuweilen porös. Das Ausrecken dieses Guſseisen-Zylinders muſs nicht mit zu schweren Hämmern geschehen, sie dürfen 6 bis 8 Pfund nicht übersteigen. Die ganze Schmelz-Operation dauert 5 Stunden und das Pfund Guſsstahl kostet etwa 8 Sgr. preuſsisch.

Liste No. 1.

Gebrochne Erzmengen 1825.

Namen der Bergmeister-Distrikte	Einzelne Unterabtheilungen	Erzausbringen in preussische Centner
Nora und Lindes Bergslag	Nora Bergslag . . .	414864
	Lindes und Ramsberg	157242
	Lekeberg's Bergslag .	57489
	Lerbäk's Bergslag . .	13759
Upland und Roslagen	Dannemora	205841
	Stockholm Län . .	70792
	Upsala Län	3483
	Gefleborg und Helsinge-Län	46526
Oester und Wester Bergslag	Oester und Wester Bergslag	582835
	Grangjärde	538864
	Söderbercke . . .	30968
Wermland	Norra Philippstad . .	285513
	Oestra	332444
Småland und Oestergöthland	Nyköping Län . . .	209641
	Taberg	72750
	Linköping Län . .	109706
Nya Kopparberg Bergslag	Nya Kopparberg Bergslag	58953
	Hjulsjö	12741
	Grythytte und Hellefors	3290
	Summa	3207701

Liste

Uebersicht der Hohöfen Schwedens und ih

Namen des Oberhohofenmeister-Distriktes	Län (Kreis)	Namen des Bergslags	Zahl der Hohöfen	Von den Oefen gehören: Privat-Besitzern	Gewerken	Gewerk- und Privatbesitz.
Södra	Oerebro . .	Nora . . .	13	1	8	4
		Lindes und Ramsberg	10	1	8	1
		Lerbäk . .	11	4	7	—
	Skaraborg .	—	2	2	—	—
	Jönköping .	—	15	10	5	—
	Kronoberg .	—	10	10	—	—
	Calmare . .	—	11	11	—	—
	Linköping .	—	5	2	3	—
	Nyköping .	—	7	7	—	—
Summa			84	48	31	5
Wermland	Carlstadt .	Philippstad .	33	11	20	2
	Oerebro . .	Carlskoga .	9	1	8	—
		Lekeberg .	7	1	5	1
		Hjulsjö . .	5	1	4	—
		Grythytte .	11	3	8	—
		Nya Kopparberg . .	5	—	5	—
Summa			70	17	50	3
Oester- und Wester-Bergslag	Westerås .	Norberg . .	26	10	13	3
		Skinskatteberg	3	—	3	—
	Stora Kopparberg . .	Oester . .	27	18	9	—
		Wester . .	40	12	22	6
Summa			96	40	47	9
Norra	Stockholm .	—	6	6	—	—
	Upsala . .	—	11	11	—	—
	Gefleborg .	—	29	20	6	3
	Jemtland .	—	1	1	—	—
	Westernorrbotten . .	—	5	5	—	—
	Westerbotten	—	6	6	—	—
Summa			57	48	6	3
S. Summar.		.	307	153	134	20

*) Die mittlere Produktion des Ofens ist im Durchschnitt auf

No. 2.

rer Produktion in preufsischen Centnern.

Tägliche Produktion	1817. Blasetage	1817. Produktion	1822. Blasetage	1822. Produktion	Mittlere Zahl aus sechs Jahren *)
60,5	1895	114647	1890	114345	118760
53	1316	69748	1082	57346	61274
34	584	19856	384	13056	15675
34	—	—	72	2448	3333
20,5	1067	21873	1119	22939	20671
34	268	9112	242	8228	10245
39	579	22581	432	16848	23940
45,3	429	19448	477	21590	24950
45,3	763	34589	597	27064	31097
		311854		283864	309945
64,3	3399	218679	2782	178975	212757
58,5	928	54288	1044	61274	98403
58,5	929	54346	781	45689	
49	554	27146	608	29792	28855
45,3	1024	46421	1078	48869	49957
70	880	61600	1025	71750	62981
		462480		436349	452953
64,3	1506	96886	1348	96511	107546
49	—	—	—	—	2048
64,3	2273	147229	1186	76299	116446
65,5	3844	251782	3067	200888	250714
		595897		373698	476754
79,3	322	25545	367	29115	27990
90,6	926	83956	535	48506	78341
60,5	2570	156455	2183	132071	149261
30	—	—	36	1080	1073
53	249	13197	286	15158	13414
49	96	4704	131	6419	6789
		283857		232349	296868
		1654088		1330260	1536520

58½ Centner angenommen.

Liste

Frischerei und Manufaktur wie sie 1824 pri

Län	Stockholm	Upsala	Oerebro	Westerås	Stora Kopparberg	Linköping	Calmare	Kronoberg
Anzahl der Frischhütten	5	12	58	50	57	26	14	17
Privilegirt auf: Stabeisen	30717	64800	152594	129584	136423	46673	21525	8822
Materialeisen	1639	1468	16400	5259	18040	14835	—	2734
Eisenmanufaktur	2029	432	26398	3911	13454	13485	435	5090
Stahlmanufaktur	—	1552	1849	174	1174	5366	—	—

Anmerkung. Bei der Gesammtsumme mufs man entweder
weil letztere aus ersterem bereitet wird, man also das

No. 3.

vilegirt waren, in preufsischen Centnern.

Jönköping	Skaraborg	Elfsborg	Carlstad	Jemtland	Geſleborg	Nyköping	Vesternorrbotten	Vester- und Norrbotten	Summa
11	8	12	67	1	48	20	14	12	442
13500	15362	17570	202015	1163	158830	42215	38176	22535	1102504
5029	1924	16004	16842	—	4697	3991	11035	2670	122567
2108	3349	365	11810	—	2285	5052	3091	1791	96057
—	—	—	—	—	—	2036	—	—	12151

das Materialeisen oder die Eisen- und Stahlmanufaktur weglassen, selbe Eisen zweimal in Rechnung brächte.

Liste No. 4.

Produktion auf den Dannemora-Werken 1826 in preufsischen Centnern.

Namen der Hütten	Stabeisen	Stahl	Nägel	Platten	Anker
Leufsta . . .	11245				
Carlholm . . .	3484				
Oesterby . . .	6154	1726			
Gimo	3486				
Rânäs	4030				
Strömsberg . .	4121				
Ullforfs . . .	3902				
Söderforfs . . .	7284				1097
Elfkarleö . . .	3666	1375	91		
Forfsmark . . .	6533				
Harg	7274				
Skebo und Ortala	—			5174	
Åkerby . . .	—	273			
Wefsland . . .	—		971		
Summa	61179	3374	1062	5174	1097

Liste No. 5.

Baumart	Grade nördlicher Breite	Gegend	Höhe üb. der Meeresfläche in Pariser Fuſs	Die Angabe ist von
Buche	50	Ostgothland .	200—300	Hisinger
	57	Kronoberg Län	600	—
Eiche	60,47	Gestrikland . .	50	Wahlenberg
	59,38	Westmannland	180	Hisinger
Fichte	68,12	Torneå Lappmark	790	v. Buch
	67	Luleå Lappmark	1000	Wahlenberg
	63,25	Jemtland . .	2200	Hisinger
	62,33	Herjeådalen .	2900	—
	61	Transtrand . .	2600	—
	59,45	Tellemarken .	2800—3000	Smith
Kiefer	70	Norwegische Finnmark . .	730	v. Buch
	68,30	Torneå Lappmark	1247	—
	67	Luleå Lappmark	1350	Wahlenberg
	62,33	Herjeådalen .	2300—2540	Hisinger
	62,5	—	2700	Naumann
	61,30	—	2554—2800	—
	60	—	2930—2937	—
Birke	70	Norwegische Finnmark . .	1480	v. Buch
	69	Kautokeino .	1700	—
	67	Luleå Lappmark	2100	Wahlenberg
	63,25	Jemtland . .	2130—2220	Hisinger
	62,20	—	3107	Naumann
	61	—	3325	Smith
	60,16	—	3557	Naumann
	59,42	Tellemarken .	3880	—

Liste

Ablohnung einiger

Art der Arbeiter	Jährliches Lohn		Hat zu entnehmen monatlich					
			$\frac{1}{8}$ Tonnen				Mark	Kappe
	Thaler	Schill.	Roggen	Gerste	Erbsen	Malz	Fisch	Salz
Hufschmidt	33	16	$4\frac{1}{2}$	1	$\frac{1}{2}$	$\frac{1}{2}$	15	1
Knecht desselben	—	—	3	1	$\frac{1}{2}$	$\frac{1}{2}$	10	$\frac{1}{2}$
Kleinschmidt	55	26	5	1	$\frac{1}{2}$	1	15	1
Stellmacher .	25	—	$4\frac{1}{2}$	1	$\frac{1}{2}$	$\frac{1}{2}$	15	1
Tischler	—	—	4	1	$\frac{1}{2}$	$\frac{1}{2}$	15	1
Anstreicher .	—	—	5	1	$\frac{1}{2}$	$\frac{1}{2}$	20	$1\frac{1}{2}$
Maurer	15	—	4	1	$\frac{1}{2}$	$\frac{1}{2}$	15	1
Ziegelstreicher .	—	—	4	1	$\frac{1}{2}$	$\frac{1}{2}$	15	1
Tagelöhner	—	—	4	1	$\frac{1}{2}$	$\frac{1}{2}$	15	1

Anmerkung. Die dabei für die Lebensmittel festgestellten

1 Tonne Roggen zu

1 Tonne Gerste zu

1 Tonne Erbsen zu

1 Tonne Malz zu

1 Tonne Salz zu

Ein Schiffpfund Fisch (Viktualiengewicht) $10\frac{2}{3}$ Thaler. —

No. 6.

Arbeiter zu Finspång

Taglohn	Die Lebensmittel betragen in Geld jährlich		Der Taglohn beträgt zu 288 Tagen		Der Arbeiter erhält jährlich heraus	
Schill.	Thaler	Schill.	Thaler	Schill.	Thaler	Schill.
24	113	36	144	—	63	28
20	81	12	120	—	38	36
24	128	—	144	—	71	26
24	113	36	144	—	55	12
24	103	12	144	—	40	36
24	122	24	144	—	21	24
$21\frac{1}{3}$	103	12	128	—	39	36
18	103	12	108	—	4	36
18	103	12	108	—	4	36

Sätze sind:
$10\frac{2}{3}$ Thaler Riksgeld
9 — —
$10\frac{2}{3}$ — —
9 — —
$6\frac{2}{3}$ — —
Alle obigen Geldangaben bezeichnen Riksgeld.

Liste

Analyse meh

Namen der Erze	Beschreibung.	spezifisches Gewicht	Enthält Eisen Prozent nach der Tiegelprobe	Enthält: Kieselerde	Kalkerde
Bispberg in Säthers Kirchspiel	Körnig, locker, beim Brennen äuſserlich roth, bisweilen glänzend, gerieſt. Mit Chlorit, Quarz, Strahlstein.	4,415	50,3	12,934 7,462	— 1,274
Björndahl in Södermannland	Mit Quarz gemengt, etwas Schwefel.			29,7	3,09
Christinae in Dalarne	Schimmert im Bruch; mit Kalkspath durchsetzt, Hornblende, Glimmer und dichter Granit	4,352	51,0	1,093 11,48 19,352	— 1,40 4,856
Dannemora. 1) Mellanfeldt 2) Silfbergs Grube	In grobkörnigem Gneis liegend innig mit feinem Chlorit bisweilen mit Braunspath und Kalkspath gemengt. Oft von klein schuppigem Kalkstein und dichtem Feldspath von röthlicher und grauer Farbe begleitet.			16,53 14,21	6,92 3,43
Förola in Nyköpings Län	Sehr grobkörnig mit weiſsem in's Nelkenbraune ziehen den grobkörnigen Quarz. Wenig Schwefel.			30,545 25,860	1,487 1,634
Grängjesberg in Dalarne.	Feinkörnig, regenbogenfarbig, locker, schwach magnetisch, rother Strich, eingemengt feinkörniger Apatit, blättriger Talk.		68,5	1,20 1,25 1,25 3,83	— — — 6,60
Gräsberg in Dalarne.	Magnetisch, doch Eisenglanzhaltig, mit dichtem Epidot, Granat und Quarz.			26,04 20,134	6,58 5.868
Gålarmåla in Roslagen.				19,4	0,95

Anmerkung. *) ist phosphorsaurer Kalk.

No. 7.

rerer Erze.

nach der Analyse:

Talkerde	Thonerde	Manganoxydul	Eisenoxydoxydul	Eisenoxyd	Kohlensaurer Kalk	Phosphorsäure	Titansäure	Schwefel	Glühverlust	Summa
3.996	—	7,896	75,227	—	—	—	—	—	—	100,053
1,359	0,511	2,540	86,297	—	—	—	—	—	—	99,443
3,20	0,90	1,50	61,54	—	—	—	—	—	—	99,91
4,808	0,293	11.317	71,755	—	11,200	—	—	—	—	100,46
7,33	1,64	—	76,09	—	—	—	—	—	0,50	98,44
0,260	1,220	7,156	68,534	—	—	—	—	—	—	101,378
4.37	0,68	5,71	63,73	—	—	—	—	—	2,06	100,000
3,51	1,47	5,07	70,75	—	—	—	—	—	1,96	100,00
),657	1,617	1,122	65,186	—	—	—	—	—	—	100,614
),387	0,717	1,812	69,199	—	—	—	—	—	—	99,600
—	0,50	0,80	99,18	—	—	1,38	—	—	—	102,96
0,16	—	—	—	92,25	—	5,84 *)	—	—	0,50	100
'0,16	—	—	—	94,08	—	2,75 *)	—	—	0,50	98,74
0,86	—	0,30	—	84,41	—	3,43	—	—	—	99,43
3,62	3,62	1,90	58,50	—	—	—	—	—	—	100,26
4,00	2,878	4,303	62,254	—	—	—	—	—	—	99,437
7,4	1,74	4,1	61,1	—	—	—	—	—	—	99,65

Namen der Erze	Beschreibung	spezifisches Gewicht	Enthält Eisen Prozent nach der Tiegelprobe	Enthält: Kieselerde	Kalkerde
Hemgrufva in Dalarne	Schwarzer Glimmer mit Hornblende, Quarz und Chlorit		44,5	27,22	5,550
Herräng in Stockholms Län				16,97	6,31
Hästberg in Dalarne				24,35	6,85
Idkärrberg				6,73	—
Inglamåla in Jönköpings Län	Muttergestein, Hornblende, worin die lichtgrauen Eisenkörner eingesprengt mit Schwefelkies			8,90	—
Liljebäck in Westerbotten				31,023	—
Morasterze von Höjmyren 1) ungeröstet				4,75	—
Morasterze von Höjmyren 2) geröstet in Särna Kirchspiel				4,485	1,500
von Löffläter ibid.				15,90	—
Nolsterby				14,10	4,63
Nyberg in Dalarne	Lichtgrau, feingnistrig mit weissem Kalk und etwas Schwefel		4,50	23,759	5,433
Nyängs in Gestrikland	Körnig, schwarze und graue Hornblende	4,186	52,46	15,600	3,021
Nätvequarn in Skärgården	Quarz in Rändern, wenig Schwefelkies (Granat?)			49,05 46,6	1,88 4,5
Näsberg in Norberg Bergslag				2,50	—
Ormstorp	Mit Amphibol gemengt			25,168	3,815
Petäng				12,25 28,693 27,8	1,07 11,312 5,2
Ryllshytta in Dalarne	Mit grünem Serpenthin und etwas weissem Kalk			13,25	—

Anmerkung. *) ist phosphorsaures Eisen. **) ist Kohlensäure.

nach der Analyse:

Talkerde	Thonerde	Manganoxydul	Eisenoxydoxydul	Eisenoxyd	Kohlensaurer Kalk	Phosphorsäure	Titansäure	Schwefel	Glühverlust	Summa
7,654	2,168	—	—	62,294	—	—	—	—	0,400	105,286
5,70	1,70	1,00	67,55	—	—	—	—	—	—	99,23
3,80	1,90	4,25	59,05	—	—	—	—	—	—	100,20
6,65	—	7,20	79,45	—	—	0,24 *)	—	—	—	100,27
0,45	1,89	1,18	71,72	1,23	—	—	4,16	0,20	—	99,73
1,717	—	3,878	63,331	—	0,459	—	—	—	Spur	100,408
14,07	—	6,76	—	69,19	—	1,66	—	—	3,575	100,00
2,195	0,600	4,150	85,060	—	—	0,433	—	—	4,0	102,223
10,54	—	11,59	57,41	—	—	1,73	—	—	—	99,54
2,51	1,05	0,71	77,13	—	—	—	—	—	—	100,13
0,642	1,530	4,534	64,878	—	—	—	—	—	—	100,776
5,910	1,229	—	73,387	—	—	—	—	—	—	99,147
2,60	1,35	2,11	58,43	—	—	—	—	—	—	100,64
2,50	1,18	2,75	43,13	—	—	—	—	—	—	99,22
6,10	0,50	12,10	—	66,90	—	—	—	—	16,06**)	104,16
6,803	1,080	—	64,123	—	—	—	—	—	—	100,989
5,46	3,04	1,00	75,06	—	—	—	—	2,78	—	100,69
6,023	4,861	—	49,569	—	—	—	—	—	—	100,485
5,3	3.8	1,00	56,10	—	—	—	—	—	—	99,2
7,90	0,50	8,40	69,30	—	2,92	—	—	Spur	—	102,47

Namen der Erze	Beschreibung	spezifisches Gewicht	Enthält Eisen Prozent nach der Tiegelprobe	Enthält Kieselerde	Kalkerde
Seeerze *)					
1) Gelserum Kirchspiel. Calmare Län				24,2	Spur
2) Lillaryd-Erz. Kronob. Län (Skraggmalm)				30,0	Spur
3) Penning-Erz von Kronob. Län				10,6	—
4) Erz von Läsebo				20,40	—
Siksjöberg. Dalarne	mit Talk gemengt			13,79	Spur
Sjögrufva in Svärdsjö Kirchspiel	feinblättrig, schwarzblau, hellgrün, Hornblende, Serpentin, Kalk	4,548	62,88	5,165	Spur
Spectivgr.	in Quarzreichen Glimmerschiefer		45,67	28,28	2,70
Stenebo	Magnetisch und mit Quarz, sehr feinkörnig, sehr strengflüssig			36,1 34,8	3,150 2,60
Taberg in Småland	Beimengungen von Talk		29,5	33,4	—
Torp in Småland				16,965	—
Tånglöth in Skärgården				31,82	10,24
Utö-Insel in Skärgården	Leicht kenntlich an den rothen eingelegten Schichten Jaspis, Blutstein, zieht aber noch Magneten, leichtflüss.			30,0 31,3 29,85 29,451	4,99 — 5,87 2,856
Vester Sillberg in Dalarne	Stahlerz			—	26
Vindkärn in Dalarne	Dunkelgrüne Hornblende, grüner Glimmer	4,4365	52,6	13,340	1,130
Wallgrund (?)				14,35	4,25

Anmerkung. *) Der Sand war mechanisch abgeschieden. **) Phos
lensäure.

nach der Analyse:

Talkerde	Thonerde	Manganoxydul	Eisenoxydoxydul	Eisenoxyd	Kohlensaurer Kalk	Phosphorsäure	Titansäure	Schwefel	Glühverlust	Summa
—	1,4	1,9	—	67,0	—	6,4 **)	—	Spur	—	100,9
—	1,6	0,8	—	61,0	—	4,0	—	—	—	97,4
—	2,8	4,4	—	78,72	—	1,0	—	0,01	—	97,53
5,80	—	2,60	—	62,56	—	0,68	—	—	7,50	99,54
7,47	0,61	0,71	—	77,51	—	—	—	—	—	100,09
4,305	1,305	3,463	83,784	—	—	—	—	—	2,600	100,622
0,09	1,62	1,59	64,47	—	—	—	—	—	0,10	99,24
2,020	1,01	2,500	55,620	—	—	—	—	0,006	—	100,406
1,88	1,35	2,11	58,43	—	—	—	—	—	—	100,67
13,0	5,0	4,6	39,5	—	—	—	4,2	—	—	99,7
9,180	13,48	7,440	43,118	—	5,612	1,690 †)	—	2,775	—	100,264
3,68	4,67	0,22	50,95	—	—	—	—	—	—	101,38
5,59	3,6	2,02	53,10	—	—	—	—	—	—	99,03
2,9	9,4	1,95	54,1	—	—	—	—	—	—	99,65
,65	3,88	1,84	52,92	—	—	—	—	—	—	99,01
,93	1,74	2,964	60,320	—	—	—	—	—	—	100,272
—	—	28	—	22	—	—	—	—	23 ††)	99
5,295	2,555	6,292	69,726	—	—	—	—	—	2,600	100,994
1,80	Spur	1,82	80,09	—	—	—	—	0,168	—	102,438

phorsaures Eisen. †) Phosphorsaurer Kalk. ††) Dabei sind 17,0 Koh-

Liste No. 8.

Analysen von Kalkarten die als Zuschlag gebraucht werden.

Wo der Kalkstein her?	Enthält Kieselerde	Kalkerde	Talk	Thon	Eisenoxydul	Manganoxydul	Kohlensäure	Summa
Tanså Hohofen	14,9	45,2	9,3	—	0,1	—	29,8	99,3
Gubbo Kalkbruch	3,69	53,46	1,31	0,49	—	1,09	39,95	99,99
Laxiö Hütte	7,48	46,74	2,83	2,94	4,25	0,34	36,12	100,80
Oestbjörk	1,75	52,19	1,42	0,63	0,79	0,92	40,30	98,00
Witnings-berg	3,2	53,9	—	1,6	0,5	—	41,59	100,7
Klakberg	4,50	49,37	1,33	4,88		0,66	37,99	98,73
Wånga	6,29	50,80	1,29	0,68	0,69	—	39,10	98,65
dito	10,23	36,65	16,20	1,03	1,45	—	37,0	102,64
dito	10,90	48,0	2,2	2,0		—	37,0	100,2
Narbeksbo	3,725	51,99	0,300	3,960		—	40,02	100,000
Ulriksberg	20,00	52,81	4,65	4,32	1,62	0,60	26,36	100,00

Liste No. 9.

Versuche mit gebranntem und ungebranntem Kalk als Zuschlag.

Jahr des Versuchs	Ganze verbrauchte Kohlenmenge in Cubikfufs	Verschmolzenes Erz in Centnern	Verbrauchter Kalk in Centnern gebrannt	Verbrauchter Kalk in Centnern ungebrannt	100 Gewichtstheile Roheisen brauchten Kalk	Das Roheisen war Prozent des Erzes	Kohlenmenge für 1 Centner Roheisen in Cubikf.	Bemerkungen
1820	51898	2820	727,5	—	25,8	28,2	64.4	7te Blasewoche
1820	22407	1467	382,5	—	26,2	29,7	51,4	10te Woche
1821	51128	2947	—	732,0	24,9	27,5	60,4	7te Woche
1821	21791	1528	342,8	—	24,2	25,9	48,3	10te Woche

Anmerkung. Maafs und Gewicht sind die Preufsischen.

Liste No. 10.

Verlust der Holzarten beim Trocknen.

Holzarten	Beschaffenheit	Spezifisches Gewicht	Verlust des trocknen Holzes gegen das frische Prozent
Eiche	frisch	1,210	—
	trocken	0,724	40,101
Birke	frisch	0,828	—
	trocken	0,552	33,332
Tanne	frisch	0,934	—
	trocken	0,543	41,863
Fichte	frisch	0,859	—
	trocken	0,518	39,698

Liste

Analysen schwedischer

No.	Namen der Hohöfen	Die Schlacke enthielt Kiesel	Kalk	Talk	Thon	Eisenoxydul	Manganoxydul	Schwefel
1	Gråsberg . .	61,06	19,81	7,12	5,38	3,29	2,63	—
2	Nafvequarn .	56,36	19,15	3,06	9,53	12,06	—	—
3	Rabbatsbenning	59,34	16,46	10,70	5,99	8,39	—	—
4	Gesberg . .	58,56	11,88	12,88	8,08	2,19	5,59	—
5	ibid	59,808	19,904	11,876	5,742	2,198	—	—
6	Nyshyttan .	55,212	33,38	4,272	2,336	1,092	4,003	—
7	Edsbro . .	52,52	16,98	19,402	3,516	2,964	3,956	—
8	Stafsjo . . .	61,4	19,20	3,9	4,70	8,1	4,1	—
9	Breven . .	54,54	27,155	6,648	6,581	1,870	1,570	—
10	Soderforss .	47,961	31,97	3,97	—	—	15,160	0,298
11	Edsbro . .	59,5	19,5	9,5	6,2	2,2	1,5	—
12	Hofors . . .	56,93	18,87	13,56	5,58	5,55	—	—
		56,74	21,48	8,11	6,04	5,33	3,122	—
13	Tanså . . .	56,6	27,9	5,3	6,5	2,3	0,9	—
14	Bornsbytta .	56,9	15,23	17,2	6,9	3,1	—	—
15	Stafsjo . . .	57,10	22,08	5,99	3,90	7,99	2,62	—
16	Laxsjo . . .	51,85	30,35	7,35	0,35	1,54	6,85	—
17	ibid.	56,03	26,20	6,74	7,15	1,65	1,81	—
18	ibid.	59,46	22,08	8,67	1,131	3,56	4,40	—
19	ibid.	58,95	21,99	10,80	3,04	3,08	1,73	—
20	Ulfsbytta . .	50,89	23,36	16,61	7,11	2,82	—	—
21	Ulriksberg .	57,22	23,00	8,78	8,58	1,16	1,14	—
22	Edsbro . .	58,1	18,4	13,5	5,1	1,0	4,4	—
23	Dormsjö . .	61,05	21,41	9,23	4,52	1,55	3,47	—
24	Gesberg . .	58,6	19,35	10,46	6,62	1,67	2,81	—

Anmerkung. Zur Erklarung dieser Zusammenstellung braucht Sauerstoff der Basen, je mit zwei oder drei multiplizirt ist, werden braucht.

No. 12.

Hohofenschlacken.

Summa	Sauerstoff der Säure	Sauerstoff der Basen	Formandeutung
		Kalk + Talk + Mangan = 8,898 (A)	A . 3 = 26,694
99,29	30,710	Eisenoxydul = 0,799 (B)	B . 2 = 1,498
		Thon . . . = 0,531 (C)	C . = 2,513
			30,705
100,16	28,35	13,76	. 2 = 27,52
100,81	29,85	13,207	. 2 = 26,414
99,12	29,457	13,808	. 2 = 27,616
99,53	31,052	13,82	. 2 = 26,74
100,195	28,666	13,218	. 2 = 26,436
99,338	27,268	15,46	. 2 = 30,92
101,4	31,9	11,8	. 3 = 35,4
98,368	28,32	14,05	. 2 = 28,10
		Kalk + Talk = 10,466 (A)	A . 2 = 20,932
99,181	24,902	Mangan . = 3,326 (B)	B = 3,326
			24,258
98,4	30,892	13,07	. 2 = 26,14
100,55	29,853	14,423	. 2 = 28,846
100,89	29,459	13,906	. 2 = 27,812
99,5	29,386	13,664	. 2 = 27,328
99,33	29,542	14,863	. 2 = 29,726
99,68	29,65	12,94	. 2 = 25,88
98,29	26,92	13,38	. 2 = 26,77
99,58	29,02	14,06	. 2 = 28,12
		Kalk + Talk = 9,55 (A)	A . 3 = 28,671
99,38	30,87	Thon + Eisen + Mangan = 2,304 (B)	B . 2 = 4,608
			33,279
		Kalk = 6,18 (A) die übrigen = 6,33 B	A . 3 = 18,54 B . 2 = 12,66
99,59	30,61		31,20
100,79	26,42	16,93	?
99,88	29,76	14,54	. 2 = 29,08
100,5	30,1	13,99	. 2 = 27,98
		Kalk = 6,103 (A) die übrigen = 6,27 (B)	A . 3 = 18,08 B . 2 = 12,55
101,29	31,70		30,63
99,51	29,476	13,576	. 2 = 27,152

nur noch gesagt zu werden, dafs in der Rubrik „Formandeutung" der
und das Produkt dann nur mit dem Sauerstoff der Säure verglichen zu

Liste No. 13.

Dimensionen der Stäbe zu den Gliedern der Ankerketten in preufsischen Zollen.

Nummer der Kette .	1.	2.	3.	4.	5.	6.	7.	8.	0.	01	02	03	04	05	06	07	08
Durchmesser des Stabes zum Gliede	0,68	0,66	0,63	0,60	0,54	0,47	0,40	0,36	0,72	0,75	0,79	0,82	0,85	0,89	0,92	0,96	1,00
Länge desselben . .	6,52	6,14	5,69	5,38	4,99	4,60	4,13	3,84	6,52	6,91	7,22	7,32	7,92	8,28	8,69	9,17	9,55

Druckfehler.

Seite 6 Zeile 1 von oben lies Pfund statt Kubikpfund
— 16 — 2 v. u. l. nur statt neue
— 46 — 1 u. 2 v. u. l. Roheisen statt Gufseisen
— 124 — 18 v. o. l. den statt das
— 147 — 19 v. o. l. er statt es
— 162 — 6 v. o. l. Hausmann, v. Buch statt v. Hausmann, Buch
— 166 — 5 v. o. l. er statt es
— 169 — 19 v. o. l. Erdsteine statt Erzsteine
— 178 — 17 v. o. l. hinter Grufva einen
— 187 — 3 v. u. l. und statt um
— 223 — 12 v. o. l. KM statt LM
— 223 — 15 v. o. l. ILN statt ILP
— 223 — 4 v. u. l. die Entfernung BC
— 261 — 5 v. u. l. untenstehenden statt nebenstehenden
— 297 — 4 v. u. l. Persberg statt Pers-

Kolibri 360 GmbH
Ferdinand-Jühlke-Straße 7
99095 Erfurt, Deutschland
produktsicherheit@kolibri360.de